本书为云南省哲学社会科学项目“明代中后期私人撰述本朝史研究”

阶段性成果

云南师范大学学术精品文库

明代中后期私撰史书研究

曹姗姗——著

社会科学文献出版社
SSAP
SOCIAL SCIENCES ACADEMIC PRESS (CHINA)

序

曹姗姗的著作《明代中后期私撰史书研究》要正式出版了，可喜可贺！这是她在博士论文的基础上，进一步修订完善的著作。姗姗嘱撰一序文，我有些犯难了。原因是，姗姗的博士论文是在导师张秋升教授的具体指导下完成的，他对姗姗博士论文的写作过程和具体内容最为熟知，请秋升教授来写序最为合适。但半个月后，姗姗再次提起此事，并告知张秋升教授近期工作任务实在太多，太忙，无暇顾及。我不好再推辞了。既然如此，何不借此机会谈谈我和姗姗的缘分以及初读著作的感受，向她的著作出版表示祝贺！

说来也巧，2011 年 3 月的一次课堂上，我结合“史学理论与方法”课，安排研究生就“直书、曲笔与史德”做一讨论，同学们发言积极，各抒已见，唯有靠窗而坐的一女生，听课认真，却不发言。我就直接点了她发言，结果讲得很好，既能抓住问题的实质，又表述清楚、逻辑清晰。但总感觉这位同学很面生，一问才知，原来她是来参加 4 月初研究生复试（面试）的考生，因有熟人在昆明，便提早过来，一是提前熟悉熟悉情况，二是偷偷地蹭蹭课（她说已经蹭了好几位老师的课）。这位面生的同学便是曹姗姗，她的好学精神给我留下了深刻印象。9 月新生开学后，在选择导师时，她选择了我，姗姗与我的缘分便由此而结下了。当年，鉴于长期以来学界对明代史学研究重视不够，我便建议他们上下两届共5位同学多关注关注明代史学，结果5位同学都选择了明代史学相关问题作为自己的硕士学位论文选题。攻读硕士期间，姗姗勤奋好学，博览群书，有悟性，读书往往有自己的独到之见，每个月按时提交读书报告和读史札记。记得一次读书报告会上，一位一直想做《廿二史札记》研究的同学谈了诸多读该书的困难。姗姗正好也在读《廿二史札记》，当问及她时，她表示没有困难，能读懂，吓得她师姐不敢再做《廿二史札记》研究。姗姗在广泛阅读中对明代史学家李贽产生了浓厚兴趣，抄读了李贽的《藏书》《续藏书》，提前半年多就完成了与李贽有关的硕士学位论文，并在答辩中受到答辩委员会的一致肯定。她的论文被推为当年的优秀硕士学位论文，次年又被评为云南省优秀硕士学位论文。她与明代史学的缘分也因此而结下了。2014年，姗姗硕士毕业，考取了张秋升教授的博士研究生，继续从事明代史学研究，完成了博士学位论文《明代中后期私撰史书研究》。2017年，她博士毕业后回到了母校工作，成了我的同事。

《明代中后期私撰史书研究》是姗姗在博士学位论文的基础上，历经三年的打磨而完成的。此著将明代中后期私修史书作为一个整体进行系统研究，具有突出的创新意义。

官方修史和私人撰史，在中国均有悠久的历史和传统，是中国传统史学发展的两条轨道，互有优缺利弊，不宜厚此薄彼。官方修史由官方出面组织，依靠行政手段，能够调动史学人才、确保文献充分、保障修史条件。但因受官府和监修大臣监督干涉，难以尽情发挥史家的个人专长，削弱了史著的思想性。反之，私人修史不受官府干预，史家撰述自由，可以直抒胸臆，尽显专长，成就“独断之学”，减少抵牾讹谬。但又受到资料查阅的影响，很难看到官方藏书、政府文件、各类档案等文献资料，加之史家个人视野和才识的局限，难免影响著述质量。官修和私撰是中国历史上长期存在的修史方式，恰能互为补充，并行不悖，共同推动了中国传统史学的发展和进步。

然而，以往的中国史学史研究更多地关注了官方修史，对私家撰史有所忽略，虽有研究，但相对薄弱，于明代史学，更为突出。姗姗敏锐地捕捉到了这一问题，并以此为切入点，专对明代中后期私撰史书做出系统探究，具有极好的创新意义和学术价值。

《明代中后期私撰史书研究》一书有不少新的认识和突破，值得重视。

一是以史学思想为突破口，开拓了明代中后期私撰史书的整体研究。细致划分了明代中后期私撰史书的发展阶段，并从横向上归纳总结这一时期史学思想的主要内容，分析其特征，更全面、客观地评价了明代史学的地位。

二是补充了王世贞、李贽等以外的其他史家及其私撰史书中的史学思想，使明代史学思想的研究更丰满，更具说服力。

三是揭示了明代中后期私撰史书中史学思想的变化，探讨了官修、私撰史书在明代中后期如何相互补充、相互促进，共同构筑明代史学的整体面貌。

四是肯定了明代中后期私撰史书的地位，指出私撰史书虽在史学思想和历史编纂上尚未形成系统的、新的理论，但能紧密结合明代的实际情况在多方面做出努力尝试，这对明末清初史学格局的形成有重要影响。

五是提出了应该辩证看待明代中后期私撰史书。修史者一方面不能摆脱旧的思想观念的影响；另一方面又积极适应社会新因素的要求，努力寻求新的突破，提出新的看法。一方面私撰史书多出自个人之手，史料搜集的局限、记载评价的偏颇、视野识见的狭隘等时有存在；另一方面修史者又主动介入时代生活，努力摆脱势贵干预，自由书写，独立思考，留下了丰富的著述和思想启示。

中国古代私撰史书的研究仍有许多问题值得探讨，期待姗姗在这方面有更多新成果面世。

是为序。

白　云

2021 年 1 月 20 日撰于昆明一得斋

目　录

绪　论

一　“私撰史书”的论域界定

中国古代的史学有官、私两条发展轨迹，二者的发展或此起彼伏，或分庭抗礼。在明代，私家撰史非常活跃，成果颇为丰富，其中也不乏名家名作。如何定义私撰史书，对研究明代史学有重要意义。只有界定了私撰史书的范围，才能对其进行研究，才能正确认识私撰史书的价值。

金毓黻认为孔子修《春秋》乃是“整齐官府之旧典，以下之于庶人，并以所创之义法，开后世私家撰史之风”。[①] 自孔子以下，各家所撰私史层出不穷，司马迁的《史记》、刘知几的《史通》、袁枢的《通鉴纪事本末》、马端临的《文献通考》等，质量上乘，各有特色。自唐代设史馆专门修史之后，官修史书的质量在很长一段时间内远远超过私撰史书。由此，也揭示了官、私史书最明显的不同，即修撰主体不同：由官方组织修撰的史书为官修史书，由个人独立完成的则为私撰史书。

但在史馆制度成立之前，很难按照编纂主体来判断某书是官修还

① 金毓黻：《中国史学史》，河北教育出版社 2000 年，第 39 页。

是私撰的性质。例如司马迁的《史记》完全是凭借一己之力完成的，属于私家撰史。但在修撰的过程中，除了家学渊源外，司马迁也利用了“太史令”的特殊身份，参阅国家藏书，才使得《史记》成为纪传体的经典之作。可知，史馆成立之前，史官个人的修史活动有时候与官方的修史活动有交叉重叠的地方。再如，班固任“兰台令史”，有校雠皇家图书的职责，因此，他的史书是在充分利用官方资料的前提下完成的，最终又被官方认可，成为断代本朝史的模范，不断地被后世效仿。在史馆制度确立之前，类似于这种由一人独立完成，又被官方认可的史书有很多。唐初官修八史中的《南史》《北史》《北齐书》等起初就是由私人撰写，唐官方修史时，或对其做简单修改，或奉诏继续完成修撰，最终它们都成了官修史书。不难看出，史馆正式成立之前，单纯从撰史的主体上区别官、私史书，界限模糊，难以清晰断定。

如何界定私撰史书，现代学者们聚讼不一。吴泽、杨翼骧在《中国历史大辞典·史学史》中定义“私史”：“私家撰写的史书，以别于官修者。”[①] 金毓黻认为孔子首开私家撰史之风，即认为史家以非史官的身份撰写的史书就是私撰史书。汪荣祖则认为“私人所修，所谓野史，诸如杂史、杂记、小说之类”。[②] 可知，《中国历史大辞典·史学史》将史书直接划分为官修和私家撰写两类；金毓黻以“非史官”的身份作为认定私家撰史的依据；汪荣祖则认为私撰史书就是“野史”。《中国历史大辞典·史学史》认为史书无外乎官、私两种，但其实官修史书的概念也很模糊。乔治忠曾对比官、私史学，认为“1. 制度化、规范化的记史和修史机构；2. 官方切实控制和管

① 吴泽、杨翼骧主编：《中国历史大辞典·史学史》，上海辞书出版社 1983 年，第 219 页。

② 汪荣祖：《史学九章》，生活·读书·新知三联书店 2006 年，第 97 页。

理下的史籍编纂；3. 官方的史料和官修史书”[①] 是官方史学构成的三个最基本的要素；与此对应的是他对私撰史书的界定，“只要不是在官方修史组织内进行，并且未受到官方切实的管理和控制，史书的内容、形式、材料取舍、思想倾向都出自私家胸臆，即属于私家史学”。[②] 按照此观点，官、私史书的最大区别在于是否在官方的严密组织下进行，这一划分标准是准确的，但相比之下，它更适用于史馆制度健全和完善时期对官、私史学的认识。

金毓黻以“身份”作为划分依据，也不妥帖。司马迁、班固、刘知几等都做过史官或是和史官职能密切相关的官，很难保证他们在修撰史书时没有利用职务之便。汪荣祖认为私撰史书是野史，如杂史、杂记、小说等，而杂记、小说多不在“史”的范畴内。为了叙述方便，暂且将汪荣祖所说“野史”定义为“杂史”。那么何谓杂史？《隋书·经籍志》中云：“灵、献之世，天下大乱，史官失其常守，博达之士，愍其废绝，各记闻见，以备遗亡。是后群才景慕，作者甚众。又自后汉以来，学者多钞撮旧史，自为一书，或起自人皇，或断之近代，亦各其志，而体制不经。又有委巷之说，迂怪妄诞，真虚莫测。然其大抵皆帝王之事，通人君子，必博采广览，以酌其要，故备而存之，谓之杂史。”[③]

《隋书·经籍志》对杂史含义的界定包含六层意思：从著史的背景上看，是天下大乱，史官不能忠于职守；从著史的主体上看，是“博达之士”和“群才”；从著史的目的上看，是“以备遗亡”，为官修正史储备资料；从史书的类型上看，有写当代史，也有“钞撮

---

① 乔治忠：《中国官方史学与私家史学》，北京图书馆出版社 2008 年，第 45 页。同见乔治忠《中国古代官方史学的兴盛与当代史学新机制的完善》，《河北学刊》2005 年第 2 期。

② 乔治忠：《中国官方史学与私家史学》，北京图书馆出版社 2008 年，第 49 页。

③ 魏征等：《隋书》卷 33《经籍志二》，中华书局 1973 年，第 962 页。

旧史”；从史书的体裁上看，则是依据所要表达的需要，各有不同；从史书的内容上看，纷繁复杂，真假相掺，但以与政治密切相关的君臣、士人之事为主。可知，汪荣祖所谓的“野史”基本包含了吴泽、杨翼骧和金毓黻所说的“私史”，大体上是指私人所撰的史书。《隋书·经籍志》分史书为正史、古史、杂史、霸史、起居注、旧事、职官、仪注、刑法、杂传、地理、谱系、簿录13类，《四库全书总目·史部》包括正史类、编年类、纪事本末类、杂史类、别史类、诏令奏议类、传记类、史钞类、载记类、时令类、地理类、职官类、政书类、目录类、史评类15个大类，均未见“野史”二字。但前文已述，汪荣祖所说“野史”与《隋书·经籍志》中所说“杂史”又是一致的，而在明代中后期的私撰史书中，又多见“野史”二字。那么，明人所谓的“野史”是否与汪荣祖的看法一致，则需进一步讨论。

明代中后期的王世贞分明代的史书为国史、野史、家史；明代晚期的谈迁认为明代“《实录》外，野史家状，汗牛充栋，不胜数矣”。[①] 谈迁的论述大致涵盖了他对当时史书分类的认识，即《实录》、野史两大类，是按照史书编纂者的身份不同而区分的。《实录》由官方组织专门人员，依据一定的程序集体修撰而成。而野史在谈迁的论述中，如陈建的《皇明通纪》、邓元锡的《皇明书》等，均是由民间士人或史官凭借一己之力撰写，内容以记录政治为主，有一定体例的史书著作。王世贞分史书为国史、野史、家史，推测他的划分标准，如若按照编撰者的身份划分，国史由官方组织编写，野史由个人独立编写，家史可由个人独立完成，也可由多人甚至几代人合修而成；如若按照编撰内容划分，国史是当代史史书，内容以政治为主，

① 谈迁：《国榷》卷首《义例》，中华书局1958年，第7页。

野史可以是断代史，也可以是通史，内容则包括政治、经济等各方面，家史则是一家之史，内容多以训示后代和表彰本家族的功绩为主。由此，无论按照何种标准来划分史书类别，国史、野史、家史之间都会有不同程度的重复、交叉。因此，很难明确王世贞的这一分法是按照什么标准划分的。

王世贞没有明确解释“野史”指什么，但可以从他对“野史”缺点的论述上，看出他是如何认识“野史”的。他曾说野史：“一曰挟郄而多诬，其著人非能称公平贤者，寄雌黄于睚眦，若《双溪杂记》《琐缀录》之类是也；二曰轻听而多舛，其人生长闾阎间，不复知县官事，谬闻而遂述之……三曰好怪而多诞，或创为幽异可愕，以媚其人之好，不核而遂书之。”[①] 可知，王世贞所论之“野史”有两个特点：一是“野史”主要指《双溪杂记》等笔记类著作；二是“野史”作品中的个人主观判断更强，还夹杂着道听途说、离奇怪异的事情。时人王穉登曾感叹：“自野史毓芜，家镂市锓好奇之夫，购求百出，于是巷语街谈，山言海说之流，一时充肆，非不纷然盛矣。”[②] 喻应益也叹：“野史之繁，亦未有多于今日者。然见闻或失之疏，体裁或失之偏，记载或失之略，如椽阙焉。”[③] 二人的论述与王世贞的看法大致相同，一方面认为野史的内容纷繁复杂，另一方面认为野史的结构、内容多失当。可见，王世贞等人对野史多持贬斥态度，其原因就在于野史的内容、取材、体例随意，多有不实。

王世贞虽然没有明确区分国史、野史、家史的概念，但他对三者的优劣做了论述：“国史人恣而善蔽真，然其叙章典，述文献，不可

① 王世贞：《弇山堂别集》卷20《史乘考误一》，中华书局1985年，第361页。

② 袁宏道参评，屠隆点阅：《虞初志》卷首《王穉登序》，中国书店1986年影印扫叶山房1926年版。

③ 谈迁：《国榷》卷首《喻应益序》，中华书局1958年，第4页。

废也；野史人臆而善失真，然其征是非，削讳忌，不可废也；家史人谀而善溢真，然其缵宗阀，表官绩，不可废也。”[①] 可知，王世贞区分的标准在于“真”的程度，而且每种史书都有各自不可替代的价值和意义。国史乃一国之史，保存了大量文献，是官方为宣扬统治思想、教化民众而修的史书，记载了一代的制度；野史乃各抒己见，可以补正国史避讳的地方；家史则展示了家族形象，树德于后人。可见，王世贞区分国史、野史、家史时是以史书的价值为标准进行划分的。

王世贞对明代国史之失、野史之继起有过论述。他认为“国史之失职，未有甚于我朝者也。故事有不讳，始命内阁翰林臣纂修《实录》，六科取故奏，部院咨陈牍而已。其于左右史记言动，阙如也。是故，无所考而不得书，国忸衮阙，则有所避而不敢书。而其甚者，当笔之士或有私好恶焉，则有所考无所避而不欲书，即书，故无当也”。[②] 可知，明代《实录》充当国史，但其取材皆文案陈牍，也没有起居注与之相佐证，甚至书写之人挟私好恶，于所记之人，事有所避，或曲笔记之，于是众多学者为追求史实被真实记载下来而撰写野史。焦竑也曾说：“古天子诸侯皆有史官，自秦汉罢黜封建，独天子之史存。然或屈而阿世与贪而曲笔，虚美隐恶，失其常守者有之。于是岩处奇士，偏部短记，随时有作，冀以信己志而矫史官之失者多矣。”[③] 自秦汉以后，官方撰史者或迫于权威，曲笔之事常有，士人为了纠正史官之失而撰史。

可知，明人论“野史”经常与“国史”或者与史官所作之史相

---

① 王世贞：《弇州山人四部稿》卷 71《皇明名臣琬琰录小序》，台北：伟文图书出版社 1976 年，第 3431 页。

② 王世贞：《弇山堂别集》卷 20《史乘考误一》，中华书局 1985 年，第 361 页。

③ 焦竑：《国史经籍志》卷 3《杂史类 · 序》，《丛书集成初编》本，商务印书馆 1939 年，第 67 页。

比较，论“国史”常以《实录》为例。现代学者姜胜利《明代野史述论》中也认为“所谓明代野史，是指由私家撰著的有关本朝历史的著作”。[①] 因此，是否可以认为“野史”就是除官修本朝史书之外的史书呢？如果是，那么明人所论的“野史”按照前文所述，就和汪荣祖所论的“野史”，即现代学者所说的“私撰史书”，在同一个概念范围内。其实不然，因为明人对“野史”的范围也有不同的认识。

焦竑所论“野史”比王世贞所论的“野史”范围相对小些。焦竑曾说：“今观古今稗说，不啻千数百家。其间订经子之讹，补史传之阙，网罗时事，缀辑艺文，不谓无取；而肤浅杜撰，疑误观听者，往往有之……国家之典制，师友微言，间有存者，当不以余之鄙而废之也，在览者择之而已。”[②] 焦竑在此处提到的“稗说”与前文他所论的“野史”是相同的意思。可知，焦竑认为野史的内容虽然广泛，但是也有重点和详略，证伪、补史、记事、艺文是其主要内容。例如焦竑的《国朝献征录》分类编排了自洪武至嘉靖时期的明人事迹；《国史经籍志》搜罗明代的典籍甚详；《玉堂丛语》记录万历以前翰林人物的言行；《澹园集》《焦氏笔乘》中也包含了证伪、评论、记事等丰富的史学内容。

焦竑、王世贞都认同“野史”是为补正国史而产生的，但王世贞所论“野史”中还有大量类似笔记的资料汇编，是记载街谈巷语的繁杂琐屑之作。王世贞的“野史”包括两类：第一类是有资料汇编性质的史著；第二类是以政治、经济、军事等内容为主，按一定体例撰写的史著。而焦竑提出的“野史”，其撰述的内容虽庞杂，却有侧重；撰述的主体均为个人，其中既有史官出身而私下作史的，也有

① 姜胜利：《明代野史述论》，《南开学报》1987 年第 2 期。

② 焦竑：《焦氏笔乘 · 焦竑自序》，上海古籍出版社 1986 年，第 1 页。

非史官的在野之人。焦竑认为“野史”的体例、条理等虽不如正史清晰，但它能够通过一定的体例安排反映出撰史者的“一家之言”，或者对正史的修撰有较大的助益，无论是在体例，还是在内容上。可知，汪荣祖所说的“野史”和焦竑所谈的“野史”在同一范围内，我们可以将明代的这部分“野史”称为“私撰史书”。

现代学者在讨论明代的史书时，除了用“私家修史”外，也常用“野史”一词。现代学者的“野史”是否与焦竑所说的“野史”一样，也值得商榷。谢国桢曾说：“凡不是官修的史籍，而是由在野的文人学士以及贫士寒儒所写的历史纪闻，都可以说是野史笔记，也可以说是稗乘杂家。”[①] 谢国桢将“野史”与“官修”的史籍作为两种对应的史书类别，并把“野史”和“笔记”连用，指出“野史”写作的主体和撰写的内容。他在《明清笔记谈丛》中所列的明代“野史笔记”均为明人私作的，有关于明代农业、手工业、商业、历史人物等的记述，包罗万象，但是体例杂芜，内容真假难辨。不难看出，在谢国桢的论述中，野史与笔记的内容相似，撰写的主体是在野的文人学士。谢国桢的这一理解与王世贞的“野史”内涵非常相似。

仓修良、魏得良《中国古代史学史简编》认为明代“编写野史的风气更加空前盛行”。[②] 他们把王世贞和李贽的史学思想、谈迁的《国榷》、张岱的《石匮书》、查继佐的《罪惟录》、计六奇的《明季北略》《明季南略》作为研究对象。该书探讨王世贞的史学思想以《弇山堂别集》《纲鉴会纂》为例，研究李贽则以《焚书》《续焚书》《藏书》《续藏书》为例。王世贞、李贽、谈迁等的著作，均乃以一己之力完成，但就其内容而言，《弇山堂别集》载明代典故；《纲鉴会纂》则着重强调史学思想，提倡据实直书和君主身端心诚；《焚

① 谢国桢：《明史研究论丛》第1辑《明清野史笔记概述》，江苏人民出版社1982年，第37页。

② 仓修良、魏得良：《中国古代史学史简编》，黑龙江人民出版社1983年，第424页。

书》《续焚书》是李贽个人的诗文集，收录了他所写的书信、杂著、史论、诗歌等；《藏书》是一部仿纪传体的通史著作，《续藏书》记明代人物，两书均兼人物评论；《石匮书》是一部纪传体明史著作；《罪惟录》是一部记南明史实的纪传体史书；《明季北略》《明季南略》记明末清初南北方事。仓修良、魏得良在论述这些“野史”时，以探讨它们的史学思想和对国史体例、内容的补正为主。傅玉璋、傅正《明清史学史》认为明代“野史不下千家，大多数作品不可信。其中可信者，称为最佳者有王世贞、邓元锡、谈迁、沈德符等史学家”。[①] 该书以“王世贞《弇山堂别集》”“沈德符《万历野获编》”“谈迁《国榷》”“李贽的史学思想”“陈建《皇明从信录》《皇明通鉴辑要》和邓元锡《明书》”为分标题，讨论了上述史作或史家的特点及其思想。可知，以上现代学者认为“野史”一是由私人所撰，二是或以体现史学思想为主，或以记载历史事实为主。

现代学者在论述明代的私史时用了“私家修史”和“野史”两词，明代史家则多用“野史”一词。但无论是明人还是现代学者，他们对“野史”或者“私家修史”范围的认识都有不同。总的来说可以分成两类，一类是包罗万象的笔记资料，另一类是有一定的体裁或体例的史著，两者的共同点是都由私人撰写而成。结合明人和现代学者对“野史”“私家修史”的认识，本书中的“私撰史书”在修撰主体上是个人，修撰的目的是补阙国史和张扬史家思想，史书内容则依据史家、史书体裁和社会形势的变化有所侧重（详见附录一）。

二 明代私撰史书的价值

从宏观上看，明代私撰史书的发展水平代表了明代史学发展的水

① 傅玉璋、傅正：《明清史学史》，安徽大学出版社 2003 年，第 45 页。

平，但清代对明代的私撰史书多有贬损。例如，清修《四库全书》认为陈建的《皇明通纪》有诸多舛误，不足征信，将其列入“全毁书目之首”；对李贽的《藏书》更是猛烈抨击，评价该书“排击孔子，别立褒贬，凡千古相传之善恶，无不颠倒易位，尤为罪不容诛”；[①] 等等。明人自己都说本朝私撰史书“所记益杂，何以起信于万世”。[②] 可见，早在明清时期，明代史学，尤其是私撰史书，一方面已经受到格外的关注，另一方面其弊端已经显现且被正视。但是，清人的评价未必公允、客观，不能就此论定明代私撰史书只有弊端，没有可取之处。20 世纪 80 年代以来，随着对明代史学研究的深入，明代史学的价值逐渐被学者认识，正如瞿林东所说：“明代私家所撰本朝史的盛况及成就，弥补了明朝仅有实录而无国史的缺憾，是明代史学的重要方面。”[③] 2000 年以后，钱茂伟《明代史学编年考》和《明代史学的历程》、傅玉璋和傅正《明清史学史》、杨艳秋《明代史学探研》先后出版，对明代主要私撰史书的类型、体例、体裁等做了基础性的研究工作。但这些研究基本是对某一史家或史书的单个研究，对私撰史书繁盛的原因只做了背景交代，没有深入分析私撰史书的发展阶段和每一个阶段私撰史书的发展状况及其原因，为进一步研究提供了可能和必要。

从微观上看，“史学思想活跃，这也是明代史学发展的重要表现”。[④] 但学者对于史学思想的研究，“明代是一个基本上被忽略的朝代，学界甚少论及，即使有所涉及，也是关于个别人物，主要是王世

① 永瑢等：《四库全书总目提要》卷 50 史部 6《藏书提要》，王云五主编：《万有文库》本，商务印书馆 1931 年，第 43 页。

② 陈子龙等：《明经世文编》卷 455《唐董二公集》，中华书局 1962 年，第 5001 页。

③ 瞿林东：《中国史学史纲》，北京出版社 1999 年，第 605 页。

④ 吴怀祺主编，向燕南著：《中国史学思想通史 · 明代卷》，黄山书社 2002 年，“导言”，第 5 页。

贞、李贽等人的史学见解。更以对明末清初的顾、黄、王三位大家进行评论的居多……在这种情况下，对明代史学思想的认识将是片面和不完全的”。[①] 可见，学者对明代史学思想的研究侧重于明末清初，而对明代中后期私撰史书中的史学思想缺乏整体研究。吴怀祺主编、向燕南著《中国史学思想通史·明代卷》以陈建、薛应旂、王世贞、李贽等人为代表，对他们主要的史学思想进行了论述和研究。但这种研究方式，不能完整地认识明代中后期史学思想的整体状况，对史学思想产生的原因也没有进行更细致的分析，容易忽略史学思想对后世的影响，也就不容易判断出史学思想的地位和价值。

私撰史书在明代中后期，即嘉靖、万历两朝发展迅速，数量多，留下了许多为人熟知的著作。判定史书质量的一个重要标准是其史学思想是否反映了时代的要求，是否促进了史学的进步。目前有关明代史学研究的成果很多，学者对明代史学的重视程度也越来越高，一方面给继续研究创造了有利条件，另一方面也对后辈如何突破前人的研究提出了更高的要求。但就明代史学的整体研究而言，学者没有进行细致的阶段划分，没有把明代史学的历程看成一个发展变化的过程。对史学思想的研究也多停留在对单个史家的研究上，没有从整体上研究明代史学思想的特点。此外，明代的官、私史书在撰修人员上多有重合，在史学目的上，求真、求训是他们共同追求的，但究竟以什么标准来选择内容、以什么价值判断来安排体例，都体现出官、私史学思想的差别，却鲜有学者对其进行研究。

三　相关研究和本书的旨向

现代意义上的“史学史”是在 20 世纪梁启超“新史学”的基础

① 杨艳秋：《明代史学探研》，人民出版社 2005 年，第 12 页。

上提出的，但学者一直比较关注汉唐等时期的史学。21 世纪以后，越来越多的学者开始研究明代史学，并在明代史学的研究领域内屡出成绩，对明代史学的认识经历了由消极批判到积极探索的过程。

第一，对明代史学地位的认识。研究明代史学，学者首先要回答的问题是，如何看待明代史学的地位。顾炎武曾引唐穆宗时殷侑之语："司马迁、班固、范晔三史为书，劝善惩恶，亚于六经。比来史学废绝。"而顾炎武又认为明代"史学废绝，又甚唐时"。[①] 仓修良认为明代史学"并无特殊建树，更谈不上有所创造发明"。[②] 葛兆光认为"元初到明中期二百余年间，史学日益衰微，不仅思想上保守、僵化，编纂技术上陈旧、刻板，史料的搜集、考辨、整理技术也受到了空前的冷落"。他把元、明史学看成一个整体，认为"明代史学本是继承元代史学而来，空洞、虚妄而且庸俗，封建伦理观念极为严格"。[③] 杨翼骧赞同葛兆光之说，只不过把明、清史学看成一个整体，认为它"像封建社会一样逐渐衰落，明清时期大多数的著作没有什么杰出的成就，创造性的著作少，多是因袭前人，水平大都不高，只在局部有所发展"。[④] 可见，多数学者认为明代史学在中国古代史学史上的地位不高，或者处于衰落的趋势。其衰微之势的表现，继光、陈静总结为：一是没有创造出新的史书体裁；二是原有史学体裁的继续与重撰，且很少出现质量高的史著；三是封建专制主义的暴虐和干预造成了官修史书中某些记载的严重失实及重大疏漏；四是摆脱不了"空疏"之风，不少著作辗转相抄，难以征信。[⑤]

---

① 顾炎武著，陈垣校注：《日知录校注》卷 16《史学》，安徽大学出版社 2007 年，第 925 页。

② 仓修良：《谈谈中国古代史学史分期问题》，《史学史研究》1983 年第 2 期。

③ 葛兆光：《明清之间中国史学思潮的变迁》，《北京大学学报》1985 年第 2 期。同见葛兆光《明代中后期的三股史学思潮》，《史学史研究》1985 年第 1 期。

④ 杨翼骧讲授，姜胜利整理：《杨翼骧中国史学史讲义》，天津古籍出版社 2006 年，第 97 页。

⑤ 继光、陈静：《明代史学述论》，《西北民族学院学报》1993 年第 4 期。

20世纪末以来，学者对明代史学的研究逐渐加深，有了新的认识。1983年，仓修良、魏得良《中国古代史学史简编》第四编“具有启蒙色彩的明清史学”中指出：“明朝中叶以来，由于封建社会内部发生了资本主义因素的萌芽，阶级斗争出现了新的特点。”“以褒贬人物为中心的传纪体史学，再一次地在明代获得了空前的发达。”① 瞿林东认为“明代私家所撰本朝史的盛况及成就，弥补了明朝仅有实录而无国史的缺憾，是明代史学的重要方面”，并指出明代史学的特点是“走向社会深层”。② 钱茂伟《明代史学的历程》于2003年出版，该书从理论的角度总结了宋明史学升沉递嬗的过程。他认为明代史学经历了由理学化到非理学化的转型，这一观点为明代史学的研究提供了新思路。杨艳秋《明代史学探研》于2005年出版，认为“当脱开从某个史家、某部史著来苛责明代史学的观念，将明代的史学置身于整个中国古代史学发展的轨迹中时，我们会发现，研究的空间竟是如此的开阔”。③ 白寿彝主编《中国史学史》将明清史学作为一个整体进行考察，也认为整个明清史学有“走向社会深层”的趋势，但就明代史学而言，它“最大的特点是没有出现多少光芒四射的巨星，而是像夏夜的天空布满了繁星，它们也许不那么夺目，甚至使人眼花缭乱，但对于认识中国古代一个重要朝代的社会状况却提供了大史学家不可能留下来的遗产”。④

综上，学者对明代史学地位的认识，经历了由偏见到重视的过程，并总结了明代史学的若干特征，如“走向社会深层”“非理学化”等，但没有论述其产生的原因和意义，影响了对明代史学地位

---

① 仓修良、魏得良：《中国古代史学史简编》，黑龙江人民出版社1983年，第380、392页。
② 瞿林东：《中国史学史纲》，北京出版社1999年，第605页。
③ 杨艳秋：《明代史学探研》，人民出版社2005年，第11页。
④ 白寿彝主编，向燕南、张越、罗炳良著：《中国史学史》第5卷《明清时期（1840年前）》，上海人民出版社2006年，第19页。

的客观评价。钱茂伟认为明代史学基本完成了向非理学化史学的转型，从理论高度对明代史学做了阐述。但这一论断过于绝对，因为在明代中后期仍然存在很多主张义理的私撰史书。因此，明代史学的历史地位没有完全被后人认识，有继续研究的价值。正确评价明代史学的地位，应当从整体上梳理和认识它的流变、产生的原因、特点及其思想的变化等，从而全面地了解明代史学发展的面貌，给予其客观公正的评价。

第二，对明代史学分期的认识。明代共有二百六十余年的历史，其史学在不同时期的发展程度、方式不一。如何划分明代史学的发展阶段，体现了学者对明代史学发展的不同认识。合理地划分阶段有助于深入理解明代史学的特点，明确其在中国古代史学发展中的地位。

继光、陈静《明代史学述论》认为："明代社会的政治、经济形势，决定了明代史学发展的基本趋向。从总体上来说，以正德、嘉靖为界，明代史学亦可分为前后两个时期。"[①] 钱茂伟认为，"洪武至正德是明代史学的前期"；"正德至万历初期（1506—1593），时间约 80 年左右，明代社会进入一个转型的时期，史学也一样"；"万历二十二年（1594）官修正史开始，至清朝康熙三十四年（1695）黄宗羲卒，约 102 年左右，是我们所谓的明末清初时期"，"这个时期的史学，新旧夹杂"，史学有了近代化趋势。[②] 傅玉璋、傅正认为："明初到明中叶，史学出现低潮……万历以后……史学亦逐渐摆脱困境，出现新的发展趋势。"[③] 杨艳秋"以明代发展 100 余年为界，分成前（洪武至正德朝）、后（嘉靖以后）两个时期来描述明代的史学状

---

① 继光、陈静：《明代史学述论》，《西北民族学院学报》1993 年第 4 期。

② 钱茂伟：《明代史学的历程》，社会科学文献出版社 2003 年，第 21、99、259 页。

③ 傅玉璋、傅正：《明清史学史》，安徽大学出版社 2003 年，第 7 页。

况”,[①] 并且将正德朝以后的私撰史书作为研究重点，认为这是明代史学的转折和特色的开始。[②]

可见，大部分学者认为洪武至正德末年是明代史学发展的第一个阶段。因为这一时期“正值极端严酷的文化专制政策奉行最力之时，史学领域一派肃杀，除政府组织纂修《元史》等几部官书外，基本上没有别的成果可言”。[③]“明代前期史学是宋元史学的延续”，“有的只是扭曲了的纲常化史学作品”，“理学化程度比较高”。[④] 在这一时期，史学整体呈现出与宋元史学相同的特征，即尊崇封建伦理纲常，没有新的建树。尊崇封建伦理纲常，在南宋朱熹以后逐渐达到极致，并向史学渗透，从而在宋元时期出现了理学化史学，又称义理史学。义理史学认为“天理（伦理道德）是历史的决定者，是历史发展的原动力，是衡评历史人物与事件是非的尺度”。[⑤] 因此在洪武至正德末年，无论是官方修史，还是私人著史，都以宣扬伦理纲常为主。

综上，史学界一致认同明代史学大致分为前、后两个时期，但关于前、后期的分界以及后期的截止，学者存在不同意见。本书以“明代中后期”为题，把时间范围限定在了嘉靖、隆庆、万历三朝。

正德年间的史学著作仍以宣扬忠、孝、节、义的名臣录为主，前期和后期的变化出现在嘉靖朝。嘉靖、隆庆、万历三朝的史学著作，无论是官修史书还是私撰史书都呈现出与前代不同的特点。就官修史书而言，官修万历《大明会典》改变以往官修史书的编纂方法和体例，至清代仍被沿用；就私撰史书而言，编纂“体裁全而又有所创

---

① 杨艳秋：《明代史学探研》，人民出版社 2005 年，第 30 页。

② 杨艳秋：《明代史学探研》，人民出版社 2005 年，第 49—51 页。

③ 继光、陈静：《明代史学述论》，《西北民族学院学报》1993 年第 4 期。

④ 钱茂伟：《明代史学的历程》，社会科学文献出版社 2003 年，第 21 页。

⑤ 钱茂伟：《论李贽对义理史学的系统批判》，《学术月刊》1999 年第 7 期。

新”,[①]“史学风气至嘉、万时期丕变，由空疏转向谨严”,[②] 史学思想的发展与社会的变化紧密相连，初步出现史学“经世”的意识等，表明这一时期的史学开始发生明显的变化。

万历朝以后，天启至崇祯年间谈迁《国榷》、刘振《识大录》、张岱《石匮书》等明史著作先后完成；朱明镐《史纠》纠历代正史中所记之事的抵牾，倡导“纪略传详，史体固然；过加删削，毋乃太简”,[③] 志“上关王政，次系国体”,[④] 表“闰朔相殊”“使后之观者，了若指掌”,[⑤] 论“苟无创论别闻，与本传相左右者，作传之后，不必作论”,[⑥] 列传“凡立一传，必使名实允协”,[⑦] 总结了明代对历代正史研究的成就；郑郊《史统》是一部杂合《藏书》《函史》体例的通史性著作。可知，晚明（天启至明亡）私撰史书内容和体例的形成，基本上是对嘉靖至万历时期史书成果的总结；在史学思想上，由于明代正遭受着灭亡的危机，总结兴亡的原因、反对君主专制等成为主流，与嘉靖、万历时期的史书以改革为主不同。

因此，明代史学以朝代划分大致有三个时期：洪武至正德年间、嘉靖至万历末、天启至明亡。姜胜利《明代野史述论》中把嘉靖至明朝灭亡这一阶段称为明代“野史”撰写的一个时期；[⑧] 钱茂伟《论

---

① 钱茂伟：《中国传统史学的范型嬗变》，黑龙江人民出版社 2010 年，第 44 页。

② 向燕南：《焦竑的学术特点与史学成就》，《文献》1999 年第 2 期。

③ 朱明镐：《史纠》卷 4《玄宗纪》，《景印文渊阁四库全书》第 688 册，台北：台湾商务印书馆 1983 年，第 501 页。

④ 朱明镐：《史纠》卷 2《释老志》，《景印文渊阁四库全书》第 688 册，台北：台湾商务印书馆 1983 年，第 483 页。

⑤ 朱明镐：《史纠》卷 5《辽金二史》，《景印文渊阁四库全书》第 688 册，台北：台湾商务印书馆 1983 年，第 523 页。

⑥ 朱明镐：《史纠》卷 3《苏夔传》，《景印文渊阁四库全书》第 688 册，台北：台湾商务印书馆 1983 年，第 498 页。

⑦ 朱明镐：《史纠》卷 5《总论》，《景印文渊阁四库全书》第 688 册，台北：台湾商务印书馆 1983 年，第 522 页。

⑧ 姜胜利：《明代野史述论》，《南开学报》1987 年第 2 期。

明中叶当代史研撰的勃兴》一文称嘉靖中叶以后为“明中叶”,[①]《论晚明当代史的编撰》将“晚明”定为“上起万历，下迄崇祯”。[②]综合以上几位学者的观点，自嘉靖朝起为明代“中叶”无疑。杨艳秋《明代中后期私修当代史的繁兴及其原因》，虽没有明确提出“明代中后期”的时间断限，但在文中多次出现“嘉靖、万历时期”。[③]因此，诚可将嘉靖至万历末称为“明代中后期”。虽然以朝代作为划分明代史学阶段的依据似有不妥，但在皇权专制的古代社会，一朝的政治、文化形势会随着皇帝的更替而发生较大的变化，而且明代社会大致也是以嘉靖至万历时期作为转折和过渡时期。所以，在明代大致以朝代作为史学阶段的划分依据，有一定的合理性。以嘉靖至万历末这一承上启下的阶段作为研究的时间范围，主要是为了突出明代史学的变化，以便发现其特点。

第三，对明代官修史书的认识。自唐代以后，史馆修史制度一直被后世沿用，但明代史馆在修撰史书方面的力度显然不足。首先，在修史制度上起居注时有时无，史官多参与翰林院的政治事务。白寿彝主编《中国史学史》认为明代的史官制度是“趋于萎缩的”，对史学发展有“消极影响”。[④]其次，在官修史书的种类上，明代中后期以《实录》为主。杨艳秋认为“明代前期的传统史学衰落”，“明代后期，除了《大明会典》的续修外，官方没有再出现过一部像样的史书”。[⑤]可知，学者判定明代官方史学没落，主要缘于鲜有高质量的史著出现和忽视起居注、以实录代替国史、仅编纂政治制度等。

① 钱茂伟:《论明中叶当代史研撰的勃兴》,《江汉论坛》1992年第8期。

② 钱茂伟:《论晚明当代史的编撰》,《史学史研究》1994年第2期。

③ 杨艳秋:《明代中后期私修当代史的繁兴及其原因》,《南都学坛》2003年第3期。

④ 白寿彝主编，向燕南、张越、罗炳良著:《中国史学史》第5卷《明清时期（1840年前）》，上海人民出版社2006年，第43页。

⑤ 杨艳秋:《明代史学探研》，人民出版社2005年，第30、139页。

尽管如此，仍有学者认为不能忽视明代官方史学的价值。原瑞琴认为万历《大明会典》的修撰“为后世积累的官修史书丰富经验，以及所体现出的奋发有为的改革精神，都对后人具有重要的借鉴意义”。[①] 李小林《万历官修本朝正史研究》一书，对万历朝官修本朝正史活动的过程、失败原因、成就、现存成果等方面做了详细考察。修史活动没有形成一部完整的著作，并不意味着此次活动彻底失败，“陈于陛主持的修史活动所取得的成果，对后世史书编纂产生了很大影响”，因此它在中国古代史学上也应有一席之地。[②] 谈迁《国榷》、傅维鳞《明书》、查继佐《罪惟录》、王鸿绪《明史稿》以及清代官修《明史》等史书在修撰过程中，都将此次修史活动及其以后所撰写完成的史书当作重要的参考和借鉴，甚至有不少篇卷直接袭用了这些史书的原文。例如焦竑《国史经籍志》中关于图书目录的三级分类法，“虽非独创，但却是继承了我国古代关于目录学的研究和实践的优秀成果，搞得既相当科学合理，又十分详细而明确，既便于反映图书的内容和性质，又便于查找，对于指示读书门径，实是大有作用”。[③]

综上，学者对明代中后期官修史书的评价可分为两类：一类是从史书数量和修史制度上看，认为该时期的官修史书呈衰落的趋势；另一类是从修史活动上看，认为官修史书仍有可称道的地方。但是，学者并没有明确指出官修史书衰落的原因，而且在论述明代中后期官修史书的成就时，研究对象基本只有万历官修《大明会典》和万历朝官修正史活动。因此，吾辈进行研究时应补充明代中后期其他的官修史书，论述其史学思想，明晰官、私史学思想的区别，阐述两者的关

① 原瑞琴：《张居正与万历〈大明会典〉纂修》，《江南大学学报》2013 年第 2 期。

② 李小林：《万历官修本朝正史研究》，南开大学出版社 1999 年，第 221 页。

③ 李小林：《万历官修本朝正史研究》，南开大学出版社 1999 年，第 44 页。

系，更全面地展示明代中后期史学的发展状况。

第四，对明代私撰史书的认识。对私撰史书的研究，一直是学者研究明代史学的重点。白寿彝主编《中国史学史》认为“明代是古代史学史上私人撰史的发达时期”。[①] 谢国桢《增订晚明史籍考》对明代万历至崇祯年间绝大部分的野史稗乘进行了细致考证，对初步了解明代中后期私撰史书大有裨益。杨绪敏《明末清初私家修史之分类及对传统史书体裁的改造》一文把涉及的明代万历晚期以后的私撰史书按类别分为旧史的续写、改造和整理，当代史的修纂，学术思想史，外国史地研究，军事斗争史，史评类著作六类，较谢国桢《增订晚明史籍考》对私撰史书的分类更系统，指出“这一时期私家修史者在纂修史书的过程中，开始有意识地改造传统史书的体例，力求避免传统史书单一体例所造成的缺陷”。[②] 杨艳秋《明代史学探研》把明代中后期的私撰史书分为“私修纪传体当代史的编纂”“私修编年体当代史”“明当代人物传记”“明代建文史籍的编撰”“经世文的汇编”五类，主要介绍和论述每类中主要的私撰史书及其内容、体例体裁特点等。但总体来看，明代私撰史书的体裁没有多大变化，只是内容较前代有所扩展。正如廉敏《明代历史理论研究》在梳理了历代史书体裁发展完善的过程后所指出的那样：“我国史体在宋代已经完备，清代在史裁上也没有突破前人，不应该独责备明代诸人。”[③]

葛兆光认为明代中后期及其以后私撰史书兴盛的主要原因有三个。一是“《实录》中的严重失实现象”促使“当时一些颇有责任感

① 白寿彝主编，向燕南、张越、罗炳良著：《中国史学史》第5卷《明清时期（1840年前）》，上海人民出版社2006年，第78页。

② 杨绪敏：《明末清初私家修史之分类及对传统史书体裁的改造》，《徐州师范大学学报》2009年第3期。

③ 廉敏：《明代历史理论研究》，中国社会科学出版社2012年，第4页。

的史学家如郑晓、郎瑛、王世贞”“奋起抨击这种现象”，“在沉闷的史学领域中掀起了一股改革的潮流”。二是市民阶层的数量日益增多，冲击着古老的传统文化，“在史学领域中与这一狂飙的风气相呼，对传统史学进行批判”。李贽《焚书》《藏书》、贺详《史取》等是其中的代表。三是“万历之后政治、经济、军事上的巨大危机所引起的社会思潮的变化”，“‘经世实用’思想却迅速崛起”。[①] 冯应京《皇明经世实用编》、徐光启《农政全书》、钟惺《史怀》等是反映这一思潮的代表作。杨艳秋也认为：“嘉靖、万历以来，时代的动荡，政治、经济、思想上的巨大变化，特别是阳明心学和此后实学的兴起都对史学产生了深远影响。”[②]

可见，学者对明代中后期私撰史书的数量、类型、体裁的变化都已经做了较多研究，为后人继续研究明代史学奠定了基础。虽然明代中后期私撰史书的体裁没有太多变化，但其体例和前代相比还是有较大变化，体例的变化体现了内容的变化，也体现了史学思想的变化，这是学者很少论及的。此外，学者们虽普遍承认明代中后期私撰史书繁盛，但在分析原因时，大多从社会思想的角度分析，没有注意到地理因素的影响，没有看到不同阶段史学发展的不同原因，也未注意官方修史对私家撰史的影响。

对明代私撰史书的研究，从个案上看，对李贽、王世贞等的史学研究已经相对成熟，成果也较多。1975 年由厦门大学历史系主编的《李贽研究参考资料》，在资料上为后来学者研究李贽的史学及其思想做了准备。1999 年，任冠文在其著作《李贽史学思想研究》一书中精细考证了《续藏书》是否李贽所作，论证了《史纲评要》系一

---

① 葛兆光：《明清之间中国史学思潮的变迁》，《北京大学学报》1985 年第 2 期。同见葛兆光《明代中后期的三股史学思潮》，《史学史研究》1985 年第 1 期。

② 杨艳秋：《明代史学探研》，人民出版社 2005 年，第 55 页。

部“假托李贽之名所为”[①] 的伪作，对李贽的历史观和史学思想形成的条件、治史目的、史论特点等做了论述，最终认为《藏书》的独到之处在于体例的编排和史论，而在史料保存上无足称道。孙卫国《王世贞史学研究》于 2006 年初版，对王世贞出入官场的经历进行了考述，并分析这些经历对王世贞的影响，还探讨了王世贞史学对朝鲜的影响，是研究王世贞及其思想的重要著作。除了对李贽和王世贞的史学进行研究外，学者也对明代中后期的其他私撰史书和史家进行了研究，如向燕南《焦竑的学术特点与史学成就》、展龙《论焦竑〈献征录〉的史料价值》、钱茂伟《童时明〈昭代明良录〉述略》、钱茂伟《朱国祯及其〈史概〉再探》、钱茂伟《晚明史家吴士奇史学述略》、陈丽萍《晚明学人张萱及其〈西园闻见录〉》、刘天振《论王圻〈稗史汇编〉之编纂及其“史稗一体”观》等，但这些文章研究的重点多放在史书的结构上，没有与他书进行比较，发现其进步的地方。

可见，学者对明代私撰史书的研究，除了对个别史家或史书的研究较深以外，对大部分私撰史书的研究基本仅限于体例体裁、内容等的研究，对史书深层次的史学思想的研究较少。在以后的研究中需致力于从整体上研究明代中后期私撰史书中的史学思想，体例体裁的研究是基础，史学思想的研究是重点。

第五，对明代史学思想的认识。所谓史学思想，简单地说就是人们对史学的看法。吴怀祺认为“史学思想包括两部分：一是史家（包括思想家）对客观历史的认识；二是关于史学工作方面的认识”。[②] 瞿林东、李珍则认为，史学思想是关于史学本身的性质及其

① 任冠文：《李贽史学思想研究》，广西师范大学出版社 1999 年，第 42 页。

② 吴怀祺主编，吴怀祺、林晓平著：《中国史学思想通史 · 总论　先秦卷》，黄山书社 2005 年，第 156—157 页。

与社会关系、史家修养与批评的理论。[1] 本书所使用的"史学思想"是广义上的概念，既有关于史学本身的性质及其与社会关系的认识，也有史家对客观历史的认识。在近代史学史上，李大钊是最早把史学思想作为专门学问研究的学者，他于1920年在北京大学等高校开设"史学思想"课程。但其所讲的史学思想大多是19世纪至20世纪欧洲的史学思想。而关于中国古代的史学思想，尤其是明代史学思想的研究，从20世纪80年代以后才开始深入。

其一是对史学思想内容的研究。杨翼骧、乔治忠《论中国古代史学理论的思想体系》对中国古代史学思想的内容体系做了勾勒，认为"古代史家和学者对于史学宗旨、史学地位、史学方法、史家标准、治史态度、修史制度、史籍优劣、史学流变等问题，都有明确的论断、深刻的剖析和多方面的探讨，构成了一套完整的思想体系"。[2] 但是，在实际的研究中，由于所处的社会环境、史学发展状况等不同，史学思想的具体内容也是不断变化的，任何史学思想的提出都不可能脱离社会而独立存在，同一种史学思想在不同社会环境中的内涵也会不同，有明显的时代烙印。因此，史学思想并不像哲学思想一样抽象，没有可以"定万世之理"的思想。

根据广义的史学思想的概念，明代中后期私撰史书中的主要史学思想，包括了史学观念，如史学地位、史学功用、编纂观念等，也包括了历史观念，如天人关系、历史变化观念等。史学获得独立地位是史学大发展的首要因素，而史学功用、编纂观念等的发展是和明代中后期私撰史书的发展脉络相一致的。明代中后期私撰史书在不同的发展阶段体现出的史学思想也不尽相同，但总的特点是随着社会需要的

① 瞿林东、李珍：《范晔评传》，南京大学出版社2006年，第112—114页。

② 杨翼骧、乔治忠：《论中国古代史学理论的思想体系》，《南开学报》1995年第5期。

变化而变化。关于明代史学思想的研究，杨艳秋以焦竑为例，在《明代史学探研》一书中对他在史学功用、史文繁简、史馆修史等方面的认识做了论述。吴怀祺主编的《中国史学思想通史》被众多学者推崇，其中《明代卷》由向燕南著，认为“史学思想的活跃，这也是明代史学发展的重要表现”。[①] 向燕南以时间为线索，以人物为标目，在探讨明代中后期的史学思想时，依次论述了陈建、薛应旂、王世贞、李贽、焦竑的史学思想及其特点。向燕南认为，陈建的史学是经世史学，主要表现为它对明代社会的批判；薛应旂是理学家的同时又是史学家，他的史学思想表现出“出入朱陆”的特点；王世贞的史学批评表现为对历史、对现实的批评，主张改良；李贽则是大胆地批评历史和现实，明确提出反对传统的评价人物的标准，与其说他是史家，不如说他是思想家；焦竑的史学是以博综为特点的。这几位史家的史学思想基本代表了明代中后期私撰史书中的史学思想的主要观点。

可见，在论述史学思想时，学者大多习惯以某个史家为代表，这样做的目的固然能够清楚地阐述某一史学思想的内容，但不容易找出史学思想的整体特征。以向燕南的书为例，书中所列举的顺序基本是按照陈建、薛应旂、王世贞、李贽、焦竑所处年代的先后顺序排列的，他们的思想也基本反映了当时明代的史学思想。但在该书中，每个人的思想都是单独论述的，因此，他们对同一问题的认识和对同一史学思想的不同认识就无法清晰地显示出来，也无法清晰地看到明代史学思想发展变化的历程、史学思想发展之间的相互联系和全貌。最终认识到的仍是史家个人史学思想的内容，不免给人留下片面的印象。

---

① 吴怀祺主编，向燕南著：《中国史学思想通史·明代卷》，黄山书社 2002 年，第 5 页。

因此，为了突出史学思想的变化，本书不再采用论述单个史家的史学思想的方式，而是阐述每种史学思想在明代中后期的变化，从整体上归纳史学思想的变化，并扩大研究对象，在更大范围内研究私撰史书中的史学思想，以便更准确地认识明代史学思想的内容和特点。

其二对史学思想产生原因的认识。葛兆光《明清之间中国史学思潮的变迁》认为，“经过了两个半世纪停滞不前的低潮时期，中国史学终于在明代中叶发生了变化，史学领域里出现了新的演变趋势，相继出现了三股与保守、空疏史学相背离的史学思潮”。[①] 这三股思潮分别是维护史学客观性、严肃性的思潮，对传统史学进行批判的思潮，以经世实用为口号的思潮。这三股思潮在史学界掀起了一股改革的潮流，促使一大批有见识的史家著书立说，王世贞《弇山堂别集》、沈德符《万历野获编》、李贽《藏书》等，都是与这三股思潮相呼应的私撰著述。杨艳秋也认为史学思潮是史学思想变化的原因之一，她在《明中后期的史学思潮》中认为批判程朱理学、重新认识经史关系、以史经世三股史学思潮“冲破了理学笼罩史坛的局面，使得明代中后期的史学形成了与前期截然不同的特色”，[②] 且三股思潮之间相辅相成，“随着批判程朱理学史学思潮的发展，重经轻史倾向受到了人们的批判”，[③] 刺激学者们重新讨论经史关系，认为“经史无二”，提高了史学的地位。以史经世思潮的出现与嘉靖、万历时期的社会危机密切相关，也催生史学领域内诞生众多攸关时务的史论著作。钱茂伟《明代史学的历程》一书认为反义理化史学思潮出现

① 葛兆光：《明清之间中国史学思潮的变迁》，《北京大学学报》1985年第2期。同见葛兆光《明代中后期的三股史学思潮》，《史学史研究》1985年第1期。

② 杨艳秋：《明中后期的史学思潮》，《史学史研究》2001年第2期。

③ 杨艳秋：《明中后期的史学思潮》，《史学史研究》2001年第2期。

于明代中后期，成为推动史学领域内出现一批反义理史学的史著和士人的思想动力。

可见，学者们认为不同的私撰史书的出现是受不同思潮的影响，史学思想的流变离不开外部时代思潮的变化，而思潮对史学思想的影响程度，又受到史家的生活环境、际遇、政局等因素的影响。因此，在论述史学思想产生的原因时，不能单从思潮入手，而是要全方位地考虑各种影响因素。

其三是对个别史家史学思想的研究。关于明代史学思想研究的个案很多，鲍永军《王世贞的史学思想》、钱茂伟《论王世贞对理学化史学的批评》、徐彬《论王世贞的考辨史学》、王燕《王世贞史学研究——兼论明代中后期的私人修史》、孙卫国《王世贞史学研究》等，把王世贞的史学思想研究引向成熟。鲍永军认为王世贞的史学思想包括博古通今、崇尚直书、重视史料考辨等；钱茂伟认为王世贞批评春秋笔法、否定正统论等，在反对义理史学方面做出了重要贡献；徐彬则从史料学入手，论述了王世贞的史学成就；王燕认为“经世”和“求实”是王世贞史学思想的特点；孙卫国对王世贞的史学研究颇为全面，包括王世贞的史学批评思想、历史编纂理论、明史研究等。

李贽的史学思想也有较多学者进行研究。董宏卫《试析李贽的史学思想》、任冠文《李贽史学思想研究》、任冠文《〈续藏书〉的史论特色》、朱志先《李贽汉史批评述论》、陈欣雨《李贽以史观〈易〉思想探微》、贾新奇《论李贽的德才观及其社会哲学意蕴》等，基本以《藏书》《续藏书》为研读对象，探究李贽的史学思想。董宏卫认为李贽的史学思想主要体现在四个方面：一是提出经史相为表里的主张；二是倡行经世致用；三是打破传统观念的束缚；四是将功利作为评价历史的标准。任冠文《李贽史学思想研究》一书在详解李贽的众多著作后，认为李贽史学的真正价值在于他敢在理学仍有巨大影响力的时候，独树一帜，甚至对日本的史学产生影响，其魄力值得后人称赞。任冠文《〈续藏书〉的史论特色》一文，认为李贽《续藏书》的史论所表现出的史学思想与《藏书》一致，只不过采用了褒中寓贬的方式，使人误解其史学思想发生了变化。朱志先认为李贽在“研读汉史文本的基础上，对其中的人物、事件展开富有个性的批评，对明代晚期的史论产生很大影响”，虽“较少言及他者，但其目的却是为了经世”。[①] 陈欣雨认为李贽把《易经》的核心思想“变”作为史学评论的方法，很好地阐明了“经史相为表里”。贾新奇仍主要论述李贽贬抑德性，对传统义理史学进行批判的思想。

可见，无论是对王世贞还是对李贽，学者研究的成果已经很多。但对王世贞史学思想的研究仍主要集中在他的经世、求实思想上，对李贽史学思想的研究主要集中在他反传统的一面上。如何把这些前人的成果应用到明代史学思想的整体研究中，如何正确看待王世贞等人的史学思想在明代史学思想中的地位和作用，将是未来需要解决的问题。

此外，学者的研究也涉及明代其他私撰史书中的史学思想。孟凡云《瞿九思的生平及学术特性》、刘天振《论王圻〈稗史汇编〉之编纂及其“史稗一体”观》、向燕南《薛应旂的史学思想》、王海妍《明代学者郎瑛思想探析》、林家豪《沈德符史学思想研究——基于〈万历野获编〉的史料记载》等对其他私撰史书中的史学思想做了初步探索。孟凡云以瞿九思《万历武功录》为研究对象，认为此

① 朱志先：《李贽汉史批评述论》，《兰州学刊》2011 年第 3 期。

书“以独特视角关注民生，关注社会，直面社会问题”，[①] 补充了明代史著内容上的不足；刘天振认为王圻《稗史汇编》综合运用典制体和综合类书的体例，是对“史稗一体”思想的一次尝试；[②] 向燕南主要论述了薛应旂对经史关系的认识，认为他注重发挥史学“维持人心之不坏”的作用；[③] 王海妍认为郎瑛的史学已经表现出“经世”的思想；林家豪认为沈德符的《万历野获编》体现了明代中后期史学重“秉笔直书”的思想。

可知，明代中后期私撰史书中史学思想的研究范围在不断扩大。但每挖掘出一个新的史家或一部史书，往往夸大它的价值，只见树木，不见森林。只有进行整体研究，才能客观地看到每一部私撰史书在明代史学中的地位和价值。

其四是关于编纂思想的认识。向燕南《陈建〈皇明资治通纪〉的编纂特点及影响》、刘天振《论王圻〈稗史汇编〉之编纂及其“史稗一体”观》、吴漫《明代宋史撰述的历史编纂学成就研究》、屈宁和王曼《明中后期历史编纂思想领域的新进展》等，对明代中后期私撰史书中的编纂思想进行了研究。向燕南、刘天振都是对某部史著的编纂方法进行研究，体现的是个别史书编纂方法的变化；吴漫以明人改编的《宋史》为研究对象，指出他们别创义例、综合各种体裁，体现出求实致用的编纂特点；屈宁和王曼从编纂思想的角度论述了明代中后期史家在论述史学功用、史家素养、撰史方法等方面的创见，并指出这些思想“从根本上讲，与明中期尤其是嘉靖、万历以后统治危机逐渐加深，社会问题日益严重的时代特点以及由此引发的学术

---

① 孟凡云：《瞿九思的生平及学术特性》，《民族史研究》第 6 辑（总第 8 辑），民族出版社 2005 年。

② 刘天振：《论王圻〈稗史汇编〉之编纂及其“史稗一体”观》，《复旦学报》2011 年第 4 期。

③ 向燕南：《薛应旂的史学思想》，《史学史研究》1999 年第 3 期。

风气、治学旨趣的重要转变是紧密相关的”。[①] 吴漫、屈宁、王曼的研究虽已逐步向整体研究过渡，且注重分析编纂观念产生变化的原因，但仍然只是对个别史书或某种类型的史书的研究，没有深入挖掘明人在编纂思想上的理论认识，缺少编纂思想的变化和对后世影响的研究。

研究明代史学，首先必须对明代史学有客观的认识，需对明代史学的基本状况和成就做简单的梳理，这是正确评价明代史学的前提。明代中后期，政治上宦官乱政、党派之争等造成了朝局混乱，但各利益团体为争夺话语权在朝堂上利用史学论证观点，反而激发了人们对史学的兴趣；经济上，新的生产方式萌芽，给迷惘的学者带来了憧憬；思想上，明代后期心学开始分裂，注重日用之道的学派冲决宋明理学的束缚，追求人性和天性的解放。因此，纵观“有明一代两百多年，其间史学研究既有迎合政治导向的应时性，又有遭际思想冲击的多变性”。[②] 在此情况下，要想更深入地探究明代史学的真实面貌，评价明代史学的地位，就不能停留在一般地阐述史学的发展过程及其规律上，还要深入探索明代学者以怎样的思想去完成史书的修撰，并探讨史学思想与社会政治、思想等的关系，明晰史学思想的社会价值。

总的来说，本书期望通过研究实现以下几个目标。一是以史学思想为突破口，开拓明代中后期私撰史书的整体研究。细致地划分明代中后期私撰史书的发展阶段，并从横向上归纳总结这一时期史学思想的主要内容，分析其特征，力图更全面、客观地评价明代史学的地位。二是补充王世贞、李贽等以外的其他史家及其私撰史书中的史学

① 屈宁、王曼：《明中后期历史编纂思想领域的新进展》，《淮阴师范学院学报》2012 年第 3 期。

② 朱志先：《雅俗共赏：明人汉史学研究述论》，《学术探索》2010 年第 4 期。

思想，使明代史学思想的研究更丰满，更具说服力。三是揭示明代中后期私撰史书中史学思想的变化，发挥史学思想的社会价值。四是探讨官、私史学在明代中后期如何相互补充、促进，共同构成明代史学的整体。两者在史学地位上没有高低之分，只有所处立场的不同。五是明确明代中后期私撰史书的地位。虽然明代中后期私撰史书在史学思想和历史编纂上没有形成系统的、新的理论，但在紧密结合明代的实际情况的基础上在各方面都努力做了尝试，对明末清初史学的形成有重要影响。

第一章　私撰史书兴盛的背景

史学的发展是由多种因素共同促成的。在中国古代社会，私撰史书的大发展多出现在动乱年代。春秋末年，“学在官府”的传统被打破，一些诸侯国的史官流亡到民间，为私撰史书的发展做了人才和资料的储备。孔子《春秋》就是在这一背景下完成的，成为当时私撰史书的代表。东汉末年，社会再次陷入动乱，魏晋南北朝时期私撰史书纷纷问世，史家希冀从历史经验中寻求鉴戒，“以正一代得失”。[①] 两宋之际的私撰史书也很多，内容多记两宋之交及宋与少数民族政权的交往，反映了当时民族关系复杂的情形。可知，历史上私撰史书的快速发展时期，多处于官方控制力下降，社会思想相对活跃的时期。

第一节　应对危机的挑战

傅玉璋、傅正《明清史学史》分析明代中后期私撰史书兴盛的原因时，认为“在新的经济环境中，在王学左派思想影响下，尤其在西方学术思想影响下，万历以后的中国封建文化发生了变化，史学

---

① 范晔：《后汉书》附录《狱中与诸甥侄书》，中华书局 1965 年，第 2 页。

亦逐渐摆脱困境，出现新的发展趋势……从嘉靖到明末，野史崛起”。[①] 他们只阐述了私家史学发展的思想因素，没有阐述政治对史学发展的影响。在中国古代社会，政治对社会各方面的影响是首要的。在史学领域内，当政治稳定时，官、私史学往往并肩发展，共同促进史学的发展。相反，当社会处于动乱、政局频现危机时，官方借助修史极力维护统治，而私撰史书则表现出两种态度，或者附和官方之说，或者批评弊政。明代中后期宦官之害、党争之祸逐渐显露，而官修史书又不振，私撰史书便逐渐兴盛起来。

一 政治与私撰史书

在中国古代社会，因私撰史书触犯皇权的史家或史书招致不幸的例子有很多。司马迁写《史记》时，汉武帝曾让其将孝景及自己的本纪拿来过目，看后大怒，“削而投之，于今（西晋）此两纪（孝景本纪、武帝纪）有录无书”；[②] 东汉末年，王允曾劝汉献帝诛杀蔡邕，理由是“昔武帝不杀司马迁，使作谤书，流于后世”；[③] 北魏崔浩《国史》中因为真实地记载了拓跋氏的历史，而被太武帝“诛清河崔氏与浩同宗者无远近，及浩姻家范阳卢氏、太原郭氏、河东柳氏，并夷其族，余皆止诛其身”；[④] 隋文帝时曾下令“人间有撰集国史，臧否人物者，皆令禁绝”；[⑤] 唐太宗贞观年间正式确立了史馆修史的制度，自此官修史书得到了长足的发展；明代初期，明太祖朱元璋对文字的控制更强于以往朝代，士人多畏酷法而不敢随意以史发声。可见，历朝历代官方控制民众思想的重要方式之一就是控制私家撰史，

① 傅玉璋、傅正：《明清史学史》，安徽大学出版社 2003 年，第 7 页。
② 陈寿：《三国志》卷 13《魏书·王肃传》，中华书局 1959 年，第 418 页。
③ 范晔：《后汉书》卷 60 下《蔡邕传》，中华书局 1965 年，第 2006 页。
④ 司马光：《资治通鉴》卷 125《宋纪七》，中华书局 1956 年，第 3943 页。
⑤ 魏征等：《隋书》卷 2《高祖纪下》，中华书局 1973 年，第 38 页。

使之符合官方的意识。如果私撰史书中有可以为己所用的，则加以鼓励、支持。例如，班固写《汉书》之初曾被告发私修国史，汉明帝阅读书稿后，一是惊叹于班固的才华，二是班固“断代为书”的形式有利于皇朝意识的加强，而这一宣汉思想正好可为官方所用。于是班固被拜为“兰台令史”，掌管和校定皇家图书，受诏继续修撰《汉书》。

（一）明代中后期的政治状况与私撰史书

明代中后期官员贪污腐败、宦官干政等现象明显。嘉靖朝“大礼议”之争后，皇帝倦怠朝政，宠信奸猾；万历朝张居正改革被破坏、立太子一事中皇帝与朝臣的较量等，致使皇帝端坐深宫，不理朝政。

嘉靖帝即位之初，首先不是整肃朝局，而是忙于为生父争得身后之尊位。嘉靖即位之前是藩王之子，也未做过太子，以首辅杨廷和为首的大臣认为皇帝应该尊孝宗弘治皇帝为皇考，而以张璁为首的中下级官员认为皇帝应当继统不继嗣，尊嘉靖帝的亲生父亲兴献王为帝。这场与人民福祉毫无关系的争议持续了四年，最终中下级官员取得了胜利，首辅杨廷和被罢官。自此，嘉靖至万历朝的内阁首辅之位几乎都是通过激烈的政治斗争取得的。而随着张璁等人被重用，朝堂之上的趋炎附势之人渐增。此外，此次事件完结后，嘉靖帝对政治的关心程度下降，崇奉道教，曾封道士邵元节为礼部尚书。孟森认为嘉靖朝“奉道之祸毒正人，则远过于议礼”。[①] 万历初期朝局一度好转，这主要得益于张居正在各个方面施行的改革。但在万历十年张居正死后，不但他的改革措施被破坏，万历皇帝也失去了能够对自己有些许震慑力的监督。万历帝还因为不能立自己喜欢的孩子为太子，对朝臣采取不合作的态度，二十几年不郊、不庙、不朝、不见、不批、不讲。自

① 孟森：《明史讲义》，中华书局2009年，第197页。

此，明代的政治开始停滞不前，没有出现新的变革。

面对明代中后期的弊政，私撰史书者敢于直接记述其状况，希望统治者有所警醒。薛应旂《宪章录》曾言嘉靖时期的吏治，称："当时罢职官员，唯无赃犯重情其有可用者，并听举用。自严氏擅权，遂以考察中伤善类，倡为不许举之说。自是玉石不分，一犯宰臣之怒者，皆禁锢。"[①] 自嘉靖帝宠信严嵩之后，一改可以重新起用除犯贪污重罪之外的罢职官员的旧例，严嵩利用考察官员的权力中伤或者剔除非亲信者，培植亲信。即使是在有重要防卫职责的边境也"多逐锥刀之利，民不聊生。欲稍为振起，彷徨四顾，并无可委之人"。[②] 私撰史书中也有对万历朝政治的批判，如瞿九思《万历武功录》记万历朝的用兵之事，看似称赞万历皇帝的武功，实为讽刺。瞿九思曾调查军饷被匿事件，又主持赈灾活动，同时又不得不镇压乡民的起义，但最终被诬陷入狱，对政治的失望和反思促使他在撰写史书时注重对社会现实的记载。当政治出现危机时，官方只是一味地打压，而不注重改革，明代中后期的政治局势日益严峻。

（二）政治威势下私撰史书的谨小慎言

明代中后期私人史家的身份不一。如陆深、于慎行、焦竑、朱国祯等曾为史官；陈建、高岱、薛应旂、李贽等都曾为官；吴朴、郎瑛、邓元锡、沈德符等虽未做过朝廷正式封授的官吏，但也都是举人出身（具体见附录二）。史官修撰史书必定要在官方政治的监控之下，为官者是政治的实践者，无官职者也因其接受的教育而长期受到官方统治思想的影响。可见，明代中后期的私人史家几乎全部受到政治直接或间接的影响，他们在修撰史书时都无一例外地受到政治的束缚。

---

① 薛应旂：《宪章录》卷 26"景泰三年二月"按语，全国图书馆文献缩微复制中心 1988 年。

② 薛应旂：《宪章录》卷 2"洪武三年春正月"按语，全国图书馆文献缩微复制中心 1988 年。

明代中后期私人史家有因慑于政治淫威而著书以避祸者。杨慎在明代中后期以记诵之博、著述之丰而闻名，《明史》称其“十一岁能诗，十二拟作《古战场文》《过秦论》，长老惊异”。[①] 杨慎是首辅杨廷和之子，曾为翰林院修撰，参与了《武宗实录》的编修。但嘉靖初年的“大礼议”之争改变了他本可平步青云的仕宦生涯。杨慎的政治观点与其父一样，力谏皇帝不要尊兴献王为帝，结果两次遭受廷杖，流放至云南。终嘉靖一朝，六次大赦，杨慎均不在列，最终于嘉靖三十八年（1559）逝世于云南永昌。在云南期间，地方官员、名士等因其在“大礼议”中表现出的气节而对他多加照拂。在云南沐氏的庇护下，杨慎谪戍期间基本都是在云南安宁读书著述。杨慎的著述大致可分为两类：一是记述云南的风土人情、历史沿革等，如《云南山川志》《南诏野史》《滇载记》等；二是论古考订，如《丹铅》诸录、《六书博证》等。可见，杨慎的著作以学术为主，基本不涉及政治立场的表达。

明代中后期私人史家也有因为得罪权贵而以著述躲避官场者。薛应旂曾任考功清吏司郎中，于嘉靖二十四年奉例考察南京五品以下官员，结果因秉公考察，没有接受严嵩的拉拢而被诬，被贬为建州通判，直至严嵩倒台后才辗转升迁，但薛应旂执意请求致仕还乡，以著述度过余生。薛应旂曾修撰《宋元通鉴》，借用汉、宋的历史批评明代的政治风气，认为：“党锢兴而汉社屋，玄谈盛而晋室倾，清流浊而唐祚移，学禁作而宋舟覆。其初文雅雍容，议论标致，不过起于一二人之猎胜，而其究乃至于怨恶腾沸于寰中，干戈相寻于海内，而溃败不可收拾。”[②] 因此，致仕之后的薛应旂虽然没有直接参与政治活

① 张廷玉等：《明史》卷192《杨慎传》，中华书局1974年，第5082页。

② 薛应旂：《方山先生文录》卷16《识势》，《四库全书存目丛书》集部第102册，齐鲁书社1997年，第387页。

动，但在暗中扶持东林党人，希望能给腐朽的政治开一剂良药。

明代中后期私人史家还有因为畏惧权势而延缓撰史者。明代中后期首先开始私撰明史的是郑晓，但他的《吾学编》成书却晚于陈建的《皇明通纪》。郑晓《吾学编》始撰于嘉靖二十年，至嘉靖三十五年书稿已经完成了大半。但此时其顶头上司李默因耿直而得罪了严嵩，严嵩的亲信赵文华就告讦李默在策试选人时有“汉武征四夷，而海内虚耗；唐宗攻淮蔡，而晚业不终”之语，有诽谤嘉靖之意，李默最终被诬死于狱中。李默事件对郑晓的触动很大，他也担心自己的言行得罪权贵，就准备烧毁书稿，但被其子阻止。嘉靖末年严嵩倒台后，郑晓才又继续修撰该书，并于隆庆二年刊刻完成。李默事件之前的郑晓对政治怀有一颗热忱之心，他在“大礼议”之争中也曾“公抗章谏，且偕诸司跪左顺门，恸哭不已。上怒，下锦衣狱，杖阙下”。[①] 在嘉靖十四年他还曾作文公开指责嘉靖朝政治的弊端：军事日紧、分封太广、赏功太滥、士风邪横和党派之争。并感叹当世“吏治日偷，民生日困，而举刺之风，裁日落莫也”。[②] 郑晓曾任文选郎，“秉公持鉴，一切无所徇”，[③] 但因此前他还弹劾过赵文华，所以李默事件后他对权臣严嵩的忌惮更深一层。嘉靖三十五年后，郑晓收敛锋芒，他此后的著作如《今言》“反映作者的皇朝意识和正统思想”，“有浓厚的天命观”，[④] 虽其中也有反映痛恨奸佞之臣的言论，但并不多见。他曾批评“今吏部复尔专权鬻爵，肆行欺罔，臣等如不复言，皇上深居九重，何由知其弊之若是。臣等非不知触犯权臣，祸不能免，但朝廷耳目，所系甚重，岂可知有权臣不知有陛下，知有

① 焦竑：《国朝献征录》卷45《刑部尚书端简公晓传》，上海书店1987年，第1876—1877页。

② 郑晓：《端简郑公文集》卷7《书西墅卷后》，《四库全书存目丛书》集部第85册，齐鲁书社1997年，第301页。

③ 郑晓：《今言》附录3《海盐县图经·郑晓传》，中华书局1984年，第207页。

④ 李庆勇：《郑晓〈今言〉探析》，硕士学士论文，河南师范大学，2011年，第40页。

身家不知有朝廷！”[①] 可见，郑晓虽然批判奸臣当道，但却认为造成这一现象的原因与皇帝无关，对此现象的斥责也不严厉，只是倡言臣子应当履行劝谏之责，不敢过分指摘政治。

朱国祯《皇明史概》始撰于万历中期，但因政治压力而一度不敢公开撰写。朱国祯于万历二十五年入史馆修史未果而立志私撰明史。但在万历二十九年，他因为主张改革被土豪劣绅曲解的“一条鞭法”，提出“均田便民”，结果被打伤，家中房屋也被烧毁。这一事件打击了朱国祯参议朝政的热情，也断送了他在万历朝的仕途，《皇明史概》的撰写也只能在私下悄悄进行。直到天启年间他再次被起用，并在友人叶向高的鼓励下拿出已经修订了十分之三的书稿，继续撰写。

明代中后期部分私撰史书在权贵和皇权的政治威势夹击下步履维艰。政治权势对私人史家的迫害，打击了他们直陈政治利害的积极性，即使是公开刊刻的私撰史书也会不自觉地避开敏感的政治话题，或者以隐讳的方式表达不满。在政治威势面前，私人史家及其史书处于劣势。

（三）史权与君权的较量

廷杖作为明代的法外刑，是皇权对臣属绝对权威的体现。先秦信奉的是“刑不上大夫”，而在明代，尤其嘉靖朝以后，皇帝不但经常对臣子施行廷杖，被杖死者也有很多，仅“大礼议”之争中就有七十多人命丧当场。士人的自主意识被磨灭，奴性增强，“只是在方孝孺、解缙和李贽等个别非主流和悲剧性人物身上，还能看到宋儒精神的回归弘扬及其对独裁专制淫威的努力抗争”。[②] 在理想化的理论中，

① 郑晓：《今言》卷4，中华书局1984年，第168页。

② 李治安：《元和明前期南北差异的博弈与整合发展》，《历史研究》2011年第5期。

史权对君权有重要的监督作用，“史书作为史实流传后世、树德教化的重要载体”。[①] 焦竑曾论史权之重：“史之职重矣！不得其人不可以语史，得其人不专其任不可以语史。故修史而不得其人如兵无将，何以禀令？得人而不专其任如将中制，何以成功？苏子谓：史之权，与天、与君并，诚重之也！”[②] 史权同君权一样重要，没有修史的专门人才，就如同打仗没有将领一样，而有其才者又不专任其职，就如同将领打仗处处受掣肘一般。万历朝曾恢复起居注制度，“一日，神宗顾见史官还宫，偶有戏言，虑外闻自失，曰：‘莫使起居闻知，闻则书矣。’起居之有益于主德如此”。[③] 万历皇帝在宫中偶有戏言，还担心被史官记入史书中，影响自己的名声。鉴于史书的这一特殊作用，在中国古代社会，拥有绝对政治统治权的君主严格地控制史书的内容、思想等，君权与史权的冲突不断。

在明代，君权对史权肆意支使的例子也不在少数。早在明初修《元史》时，宋濂就称该书是“准《春秋》及钦奉圣旨事意”。[④]《元史》是按照朱元璋的旨意编修的，只有纪、志、表、传，没有任何的论赞之词，这在“二十四史”中也是特例。自汉代起，历代都有起居注记录皇帝言行，且皇帝不能干涉史官的记录，而明代的起居注则时有时无，且皇帝对官修《实录》多加干涉。永乐帝为了给自己的即位寻找合法理由，二改《太祖实录》，三换总裁，最终抹去建文朝年号，以“洪武三十二年至三十五年”附入《太祖实录》；成化皇帝也不承认景泰帝，将其以“郕王”的身份附入《英宗实录》；嘉靖帝为其没有做过皇帝的生父修撰《恭穆献皇帝实录》；等等，都是明

① 曹姗姗、张秋升：《明代中后期的政治与私修史书》，《南昌大学学报》2016 年第 3 期。

② 焦竑：《澹园集》卷 4《论史》，李剑雄点校，中华书局 1999 年，第 19 页。

③ 孙承泽：《春明梦余录》卷 13，北京古籍出版社 1992 年，第 162 页。

④ 宋濂等：《元史》附《纂修元史凡例》，中华书局 1976 年，第 4676 页。

代中后期君权对官修史书的横加干涉。不仅如此，君权对私撰史书也不例外。明代中后期官方就曾对陈建《皇明通纪》、李贽《藏书》等加以焚毁。明代的史官属于翰林院官员，参与处理国家重要的政治事务，不专司其职，即使史权有重要的作用，迫于君权，也无法发挥史学应有的功用。

（四）政治事件刺激私撰史书

明代中后期私撰史书呈阶段性发展，在某一时期会集中出现某一类型的私撰史书，而这类史书的出现往往是受到了当时政治事件的刺激。嘉靖年间的“大礼议”之争就刺激了私人撰史对前代史进行研究。谈迁曾论张璁在议礼时“能以辨博济其说，即论星历，亦援据不穷”。[①]“护礼派”和“议礼派”在争论时常以宋英宗的事件为例。“护礼派”认为宋英宗也并非宋仁宗之子，即位后依然尊宋仁宗为皇考；“议礼派”认为嘉靖帝自小在藩王府邸长大，没有被弘治皇帝养于宫中备为皇嗣，理应尊兴献王为皇考。“双方的论证变得更老练、更明晰、更复杂。官方文献中所记载的朝廷实际做法的历史成了注意的一个中心，这久而久之促成了研究历史先例（掌故）和研究本朝历史的普遍兴趣。”[②] 嘉靖帝在取得“大礼议”之争的胜利后，为修《恭穆献皇帝实录》做准备，下令整理各朝《实录》，为明代中后期《实录》首次在史官以外的人群中流传开启道路，而《实录》的外流又为以后的私撰明史提供了资料（详见第一章第三节）。“大礼议”之争中出现了对前代史的研究，以宋代史为主，除了要借鉴宋英宗一事外，还与嘉靖朝和北方蒙古民族的关系紧张有关。明代所面临的边境危机恰好与宋代相似，在这两种因素的影响下该时期的私撰史书改编前史以宋史为主，且强调夷夏之防。王洙《宋史质》、柯维骐《宋

① 谈迁：《国榷》卷53“嘉靖六年十月”，中华书局1958年，第3364页。

② 〔美〕牟复礼、〔英〕崔瑞德：《剑桥中国明代史》，中国社会科学出版社1992年，第489页。

史新编》、薛应旂《宋元通鉴》、王宗沐《宋元资治通鉴》等是这一时期私人史家改编宋史的代表。

鉴于万历朝对起居注和建文年号的恢复，万历朝私撰当代史增多。张居正改革中对史馆的一项重要改革是恢复起居注，设立日讲起居注官，“令日讲官日轮一员，专记注起居，兼录圣谕、诏敕、册文等项及内阁题稿”，“经筵日讲，则讲官即记注起居，亦不必另用侍班”。[①] 即在日讲官中每天送一人轮值，专记皇帝的言行，上朝时由日讲官与其他三位史官共同记录君臣言行，但记录内容的范围仅限于圣谕、诏敕、册文等，比前代巨细皆记大大缩小。起居注是编纂《实录》的重要参考资料，《实录》又为私撰史书提供资料，而《实录》又在万历朝大规模外流。明代自正统年间始，对建文朝的避讳有所松动，万历即位之初便“诏赦天下，祀建文朝尽节诸臣于乡，有苗裔者恤录”。[②] 一个月后，万历又褒扬建文朝死节之臣“忠于所事，甘蹈刑戮，有死无二”。[③] 官方的这一态度无疑极大地鼓舞了私人撰述建文朝历史的热情，其内容也以赞扬建文朝臣子的忠心为主（详见第二章第二节）。在这两种因素的影响下，建文朝史籍、《明大政纂要》、《皇明典故纪闻》、《国史纪闻》等私撰明史大量出现。

明代中后期宦官专权、权臣之争等都在腐蚀着明代的政治，然而官方为维护统治，对私撰史书的修撰施加了很多压力。虽然官方没有明令禁止私人撰史，但私人史家慑于政治权威，不得不谨小慎微。政治上的些许变动就会引来私人史家的关注，究其原因是希望对当世有所裨益，但政治的变化是转瞬即逝的，私人史家跟随政治的变动而改

---

① 张居正：《张太岳集》卷 39《议处史职疏》，上海古籍出版社 1984 年，第 492 页。

② 张廷玉等：《明史》卷 20《神宗本纪》，中华书局 1974 年，第 261 页。

③ 《明神宗实录》卷 3“隆庆六年七月”，台北：中研院历史语言研究所 1962 年影印，第 117 页。

变撰写内容，当新的政治情况出现时，私撰史书的社会价值就会有所下降。

二　地域差异与私撰史书

明代中后期私撰史书的发展受到各方面因素的影响，客观环境为私撰史书的发展既提供了机遇，也造成了阻碍。中国古代社会的经济自隋朝以后，逐渐形成了南方超过北方的格局，明朝最初建都南京就是为了利用长江下游地区优越的经济条件。永乐帝迁都北京后，虽然使得全国的政治中心转移到了北方，但这并不影响南方的经济地位。明代南北政治、经济地位的差异对史学的发展也产生了影响，活跃在江浙、北京等地的史家有一定的优势。

（一）江浙地区的文化优势

明朝江浙一带的文人学士多于北方。因为洪武十三年（1380）发生的“南北榜案”而最终在宣德、正统年间确立“分地而取”的原则，但即使是按照南北方分开考试的方式，南方——尤其是江浙地区——的进士数量也远远超过北方。根据陈国生《明代人物的地理分布研究》一文统计，明代进士籍贯的分布按数量多少排列，依次是浙江、江苏、江西、南直隶、福建、山东、北直隶、河南、湖广、四川、山西、陕西、广东、云南、广西、贵州。[①] 进士的数量不能完全代表这一地区的文化水平，但至少显示出该地区具有一定的人才优势。王会昌曾作《明代儒生、文士统计表》，各地的儒生、文士数量由多到少，依次是江苏、江西、浙江、福建和河南、山东和广东、湖广、陕西、山西和四川。[②] 由两人的统计不难看出，明代的儒生、文士数量以南京为中心向四周递减。儒生、文士作为文化的传承者和传

① 陈国生：《明代人物的地理分布研究》，《学术研究》1998 年第 1 期。

② 王会昌：《中国文化地理》，华中师范大学出版社 1992 年，第 162—163 页。

播者，对一地的文化发展必定产生影响。明代中后期，科举考试的状元等，在入仕之初必须任史官成为定制，因此文士的聚集地基本也是私人撰史发展较繁盛的地方。当时，黄佐、张时彻、陈建、薛应旂、王世贞、焦竑、谭希思等都在江浙一带做过官，当地的文化氛围对他们私撰史书起到了激励作用。

南方受政治束缚的程度低于北方，为南方私撰史书提供了宽松的环境。儒家士大夫有“修身、齐家、治国、平天下”的责任意识，当社会面临危机时，北方士子们迫于政治压力，不得不谨守传统思想，而南方士子因远离天子之地，思想所受到的外部压力小，能够主动地承担起新思想建构的责任，并付诸行动。从明初的“南北榜”到武宗朝焦芳的《南人不可为相图》，恰从侧面说明了南方政治思想控制弱于北方，因思想活跃才受到官方的打击。明代中后期首先开始私撰明史的是浙江的郑晓，但第一个完成私撰明史的是在福建为官的陈建，因为他距离北京更远，所受干扰小，撰史速度比较快。此后，如福建吴朴、浙江朱国祯、南直隶薛应旂与王世贞、江西雷礼、广东尹守衡、江西邓元锡等，都是私撰明史的代表（详见附录二）。

明代中后期南方出现了一个重要的文化现象，即出版业的迅速发展，这对史学的传播产生了积极影响。明代官方一直有自己的刊刻机构，如南、北国子监和司礼监经厂等。民间的刻坊“集中在金陵、苏州、福建、杭州、徽州、湖州、北京等地，其中最突出的是福建和苏州”,[①] 这也是史学在江浙和福建地区流传快速、广泛的原因。李诩出生于弘治十八年，曾说：“余少时学举子业，并无刊本窗稿……今满目皆坊刻矣，亦世风华实之一验也。”[②] 他举子业时大概 20 岁，由时间推算，出版业的兴盛出现在嘉靖中叶以后。万历时期的胡应麟

---

① 缪咏禾：《明代的出版事业》，《出版科学》1999 年第 2 期。

② 李诩：《戒庵老人漫笔》卷 8《时艺坊刻》，中华书局 1982 年，第 334 页。

也称："余所见当今刻本，苏、常为上，金陵次之，杭又次之。"[①] 明代刊刻的书目数量非常多，《明史·艺文志》载有108974卷，这还不包括重刊的古籍，相比《隋书·经籍志》7290卷，已经是非常庞大的数字了。唐顺之、王世贞等不仅是史学家，还是藏书家。焦竑、王世贞、顾起元等经常为他人刊刻的史籍写序，不仅介绍史书作者、史书内容，还抒发自己的史学情感和思想等，这些都是出版业的进步对史学产生的积极影响。

刊刻条件便利也会产生负面影响，"明代，特别是中后期，商业出版空前繁荣"，但商业出版会有盗版翻刻、托名作伪、妄加删改、肆意拼凑等弊端。[②] 例如李贽的著作在坊间很畅销，许多书商就托名李贽出版书籍，就连李贽的《续藏书》也未能幸免。焦竑曾说："李宏甫《藏书》一编，余序而传之久矣，而于国朝事未备，因取余家藏名公事迹绪正之，未就而之通州。久之宏甫殁，遗书四出，学者争传诵之。其实真赝相错，非尽出其手也。"[③] 不分质量好坏，只要有资金就可以刊刻，书商们为了赚取金钱，假托李贽之名刊刻书籍，使得市面上李贽的著作真假难辨。商业出版的兴盛使私撰史书在市场上良莠并现，一定程度上误导人们认为私家撰史质量低下。

此外，江浙地区私人藏书也非常丰富，为私人撰史提供了史料。例如朱睦㮮是明代藩王之后，喜好购买书籍，在自己家中建"万卷堂"，先后积书五万卷，为他修撰《革除逸史》提供了便利。郎瑛的好友之一顾璘曾做过南京刑部尚书，家中藏书甚丰，郎瑛时常去他家

---

① 胡应麟：《少室山房笔丛》卷4《经籍会通四》，中华书局1958年，第59页。

② 张献忠：《明代商业出版的历史定位及启示》，《贵州社会科学》2014年第2期。

③ 焦竑：《续藏书序》，李贽：《续藏书》卷首，中华书局1959年，第1页。

中看书。[①] 因此，郎瑛的《七修类稿》经常引经据典，参考的书目甚多，还是嘉靖末年最早在私人著作中提及参考过《实录》的史书。王世贞建有“小西馆”“尔雅楼”“九友斋”三座藏书楼，藏书多达三万卷，为他编撰《弇州史料》《弇山堂别集》等提供了极大便利。浙江人项笃寿，家业丰厚，筑“万卷楼”收藏、刊刻图书，自己也著有《今献备遗》《全史论赞》，并刊刻了郑晓的《今言》，为后人留下了珍贵资料。

嘉靖中叶以后，南方整体的文化水平是高于北方的，且文化氛围也比较宽松，在为南方私家撰史的发展提供人才储备的同时，也有利于史学思想避免受政治的干扰，展现出多元化的色彩。尤其是南方出版事业的发展，对史学在南方地区的发展产生了重要影响：一是为私撰史书提供了人才储备；二是扩大了史书流传的范围；三是增加了史书的商业价值，使更多的人投入史学活动中。例如朱国祯的遗稿就是被同镇的庄廷鑨买去，庄廷鑨依据朱国祯的遗稿组织撰写《明史辑略》，庄氏还设史局修史，“计字每千，酬金三十两”，吸引有才学的人修撰史书。

（二）京师地区的私撰史书

明代中后期私撰史书众多的地方除了江浙以外，就是北京地区，主要缘于该地区的文化地理优势。京城历来是吸引士子聚集的地方，从而具有无比优越的人文优势。即使被认为是“异端”的李贽也是在北京任礼部司务期间才得以结交众多心学学者，对他以后的学术生涯和思想产生了重要影响。

史家在北京地区修撰史书的另外一个便利条件是，在京师可以接触到其他地区接触不到的资料和书籍。沈德符虽是浙江人，却“生

① 郎瑛：《七修类稿》续稿卷5《广陵散》，上海书店出版社2001年，第584页。

长京邸，孩时即闻朝家事，家庭间又窃聆父祖绪言，因喜诵说之。比成童，适先人弃养，复从乡邦先达剽窃一二雅谈，或与陇亩老农，谈说先辈典型及琐言剩语，娓娓忘倦”。[①] 沈德符的父亲沈自邠官至翰林院检讨，是个史官，曾参与编修《大明会典》。沈德符深受其影响，又同当时的士大夫及故家遗老、中官勋戚多有来往，因此，他非常熟悉明代的时事和朝章典故。沈德符十二岁时父亲去世，遂跟随母亲回到家乡，由祖父亲自教导，在家中的藏书楼内终日读书。这些经历使沈德符得以对明代社会有全面、清晰的认识，为他日后写《万历野获编》打下良好的基础。《实录》是明代官修最权威的本朝史，其手抄本在嘉靖末时开始流传，只是“非士大夫累数千金之家不能购”，[②] 但在京师地区，一些内阁大臣如徐阶、吕本、余继登等就有机会参阅。王世贞就曾到徐阶处借得部分《实录》，余继登《皇明典故纪闻》就是依托《实录》加以润色而成的。嘉靖年间的高岱，曾任刑部郎中，所以他的《鸿猷录》大量参考了官方资料。史继偕曾参与万历年间官修纪传体本朝史的活动，负责《兵志》的撰写，修史活动停止后，他继续完成《皇明兵制考》，这部私撰史书基本上是依靠官方记录的史料完成的。可知，京师地区比其他地方更具优势的一个地方是有大量的官方史料可以利用。

身处京师地区，私撰史书者大多亲身经历了王朝政治的变动，对国家的政治形势有深刻的认知。王圻曾任御史，其“奏议为赵贞吉所推，张居正与贞吉交恶，讽圻攻之，不应。高拱为圻座主，时方修隙徐阶，又以圻为私其乡人不助己，不能无恚，遂摭拾之”。[③] 王圻

① 沈德符：《万历野获编·序》，中华书局 1997 年，第 3 页。

② 顾炎武：《顾亭林诗文集》之《亭林文集》卷 5《书吴潘二子事》，中华书局 1959 年，第 120 页。

③ 张廷玉等：《明史》卷 286《王圻传》，中华书局 1974 年，第 7358—7359 页。

被赵贞吉、高拱推信，但张居正与赵贞吉、高拱与徐阶皆有嫌隙，所以他的奏议多不被采用，后乞归，作《续文献通考》。该书在典章制度中加入很多人物事迹，以帮助官员养成正确的行为方式，而不是以政治立场作为处事的标准，希望从制度上整顿政治。嘉靖中期“北虏”之患严重，许相卿身为兵科给事中，曾作《革朝志》记建文朝君臣，表彰忠义；王洙任刑部尚书郎，撰《宋史质》，阐明“以明继宋”的观点，列辽、金为外国，表现出明显的夷夏之别的观点。他们的目的都是唤起士人的民族感情，抵御外侵。再如，“大礼议”后，邵经邦上疏劝谏嘉靖帝：“议礼贵当，临政贵公……用人行政，则当辨别忠邪，审量才力，与天下之人共用之，乃为公耳。今陛下以璁议礼有功，不察其人，不揆其才，而加之大任，似私议礼之臣也。”[①] 结果被贬至福建，天下大赦时也不在被赦行列。他在此后撰写史书《弘简录》时强调史书“其大要须存《春秋》之义”，[②] 与官方统治思想一致，失去了对现实社会的批判，只是对前史进行简单改造。

北京独特的政治地位，一方面增长了史家的学识，为私撰史书提供了其他地区很难获得的资料；另一方面史家迫于政治压力，大多失去了反抗暴力、直言不讳的勇气，变得中规中矩。即使有些史家有整肃不良风气或思想的愿望，最后也会遭受残酷的政治高压威逼，而变成纯粹的为写史而写史，思想的火花也就此淹没在权力的威势之下。

（三）其他地区的私撰史书

明代中后期除了江浙、京师地区外，其他地区也存在私家撰史，据前文中提到的陈国生、王会昌的统计，以福建为最。明代最早完成

① 张廷玉等：《明史》卷206《邵经邦传》，中华书局1974年，第5451—5452页。

② 邵经邦：《弘简录》卷首《读史笔记》，《续修四库全书》第304册，上海古籍出版社1996年，第182页。

私撰明史的，就是在福建为官的陈建，但他的《皇明通纪》曾被朝廷禁毁，理由是其内容“时更二百年，地隔万余里，乃欲以一人闻见臧否时贤，荧惑众听”。[①] 不仅如此，时人也评此书“采掇野史，及四方传闻，往往失实”，“俚浅舛讹，不一而足”。[②] 可见，对《皇明通纪》的评价主要集中在其内容的可靠性上。由于地处偏远，没有足够的史料来源，也不能参考《实录》，因而史书出现疏漏是在所难免的。从总体上来看，福建地区对私人撰史还是有有利条件的。首先，该地区远离北京，官方对思想意识的控制较弱，能够为私撰史书提供较为宽松的氛围；其次，该地区由于海上贸易的原因，对新兴事物有很好的接受能力，敢于大胆地开明代中后期私撰本朝史的先例。

此外，同样是福建的史家柯维骐，他虽然考中进士，却没有做官，而是立志读书，最终完成《宋史新编》。由于他经历过倭乱，对外族的入侵有痛切的感受，因此对以汉族统治为主的宋代刻意维护，而贬低辽、金、元等少数民族建立的政权。《宋史新编》以宋为正统，附辽、金本纪，并且把南宋的流亡政权也列入帝纪中，隐隐有视元代为非正统、南宋流亡政权为正统之意。书中除了强烈的民族情感外，还大力褒扬忠义之臣。元修《宋史》没有把文天祥、徐宗仁等归入忠义传中，柯维骐则对其大力颂扬，对后周降宋的大臣范质、王溥等颇有微词。《宋史新编》中体现的这些思想都与柯维骐的经历息息相关。书成后由同乡黄佐、康大和作前、后序，两人均在京师翰林院担任史官，因此《宋史新编》很快为世人所知。福建另一位史家张燮作《东西洋考》，主要载海国之通互市者，但在篇末的评论中却多称功颂德。可知，福建地区的史作，其内容和思想都与作者所处的

---

① 《明穆宗实录》卷 61“隆庆五年九月辛巳”，台北：中研院历史语言研究所 1962 年影印，第 1491 页。

② 沈德符：《万历野获编》卷 25“焚《通纪》”条，中华书局 1997 年，第 638 页。

地理位置直接相关。因为面临倭患的威胁，所以改编前史时充满民族主义的情绪。此外，福建地区的出版业发达，史作完成后就可以在当地刊刻，因此本地作者的史书流传广泛，如果借助知名人士的推荐或为其作序，史书向北方流传的速度还会加快。

福建地区最为后人熟知的是李贽。但李贽的前半生几乎是浮沉于宦海之中，“自弱冠，糊口四方，靡日不逐时事奔走”。[①] 李贽曾在河南、京师、云南等地做过官，晚年辞官后隐居湖北麻城潜心著述。李贽的一生极为坎坷，幼年丧母，中年丧女，晚年著作被禁，被捕入狱，用剃刀自杀，三天才亡。他的学术生涯也复杂多变，小时候跟随父亲阅读儒家经典，中年以后先后接受心学、泰州学派的主张，与当时士人的翘楚耿定向进行了长达十年的论战，最终被冠以“异端”的名号。所以在李贽的著作中，有很多表达愤懑、迷惘和不满的情绪，甚至对当时的统治思想提出质疑，公开宣扬“无以孔夫子之定本行罚赏也”。[②]

其他地区如安徽的吴士奇一直任职于地方，作《皇明副书》既没能参考《实录》，思想也相对正统；陕西冯从吾《元儒考略》基本是以《元史·儒学传》为主改编而成；开封范守己《皇明肃皇外史》是在陈建《皇明通纪》、郑晓《大政记》、薛应旂《宪章录》、高岱《鸿猷录》等基础上取长补短，编记明世宗一代的朝政，思想上也无甚发明。相比之下，江浙一带的史家如郎瑛、王世贞、焦竑、薛应旂等，不仅自家藏书众多，还能参考到官方《实录》。郎瑛以布衣身份修史，且嘉靖年间《实录》还未外流，他的《七修类稿》中就已有对《实录》的参考；薛应旂身兼理学家、史学家的双重身份；王世贞身兼文学家、史学家的双重身份；焦竑在明代中后期被称为除了杨

---

① 李贽：《续焚书》卷1《与焦弱侯》，中华书局2009年，第41页。

② 李贽：《藏书》卷首《世纪列传总目前论》，中华书局1974年，第18页。

慎之外最博学的人。整体来说，江浙一带的史家无论是视野还是拥有的资源，都比其他地区有优势。

总之，江浙一带由于文化、经济上的优势，私家撰史的外部环境相对良好，史家的知识素养相对较高，史学也表现出丰富多彩、切合时务等特点。福建等东南沿海地区虽然经济相对富庶，出版业兴盛，却受着倭寇的骚扰和破坏，使该地区的史家或限于官方资料的缺乏而有错舛之处，或怀着对外敌侵扰的憎恶抒发出明显的夷夏之别的情感。而以京师为代表的北方地区，距离政治中心较近，受到政治的干扰大，修撰史书虽然可以参考《实录》，但史学思想多与官方政治保持一致。因此，改编前史，删润《实录》就成为北京地区史家撰史的特点之一。但无论哪一地区的史学，明代中后期的出版事业都为其发展做出了重要贡献。京师地区私撰史书者多为进士，地位与财富是他们撰史的有力后盾。明中后期身居首辅之位的于慎行、张居正、徐阶等的史书和文集被刊刻的很多，其他如修撰《皇明肃皇外史》的范守己曾为按察司佥事，作《元儒考略》的冯从吾曾为御史、左副都御史等。他们不是史官，所任官职也与翰林的写作之职相距甚远，所修撰的史书之所以能很快刊刻并被保留至今，很大部分原因在于他们的政治影响力。

（四）南北经济差异与史学

总体来说，明代中后期南方地区私人撰史的发展程度好于北方。除了政治、地理因素外，最主要的原因是南方的经济发展水平高于北方。

明代中后期，南北经济发展水平的差距增大。明代中后期社会经济总体呈现上升趋势，得益于明初的一系列恢复经济的措施，劳动力得以从官营手工业中解放出来。洪熙、宣德年间以后，全国也不再有强行迁徙、打击富户的行为。嘉靖帝是一位从小生长在南方的皇帝，在“大礼议”之争后崇奉道教，修斋建醮，建宫作室，耗费了大量钱财，为了增加财政收入不得不加派赋税，“（嘉靖）三十年，京边岁用至五百九十五万，户部尚书孙应奎蒿目无策，乃议于南畿、浙江等州县，增赋百二十万，加派于是始”。[①] 又“中年以后，营建斋醮，采木、采香、采珠玉宝石，吏民奔命不暇……又分道购龙涎香，十余年未获，使者因请海舶入澳，久乃得之”。[②] 嘉靖帝增赋的地区主要集中在江浙一带，又依赖从南方获得珠宝、熏香等，反映出南方经济发展优于北方。万历年间张居正改革促进了南方商品经济因素的增加，南方经济发展水平明显高于北方。以张居正推行“一条鞭法”为例，早在万历九年之前，即张居正在全国范围内施行“一条鞭法”之前，类似的措施已经在江浙一带执行。但北方官员对此措施的评价却不高：“其法在江南犹有称其便者，而最不便于江北，如近日东阿知县白栋行之，山东人心惊惶，欲弃地产以避之。”[③] “近乃定为一条鞭法，计亩征银，不论仓口，不问石数。吏书夤缘为奸，增减洒派，弊端百出……愿敕所司，酌复旧规。”[④] “一条鞭法”主要是把田赋、徭役等总为一条，合并征收银两，这种赋税征收的方式在商品经济发达的地方减轻了人民的负担，劳动力不再被束缚在土地上。而北方自耕农占大多数，得到白银困难，从土地上空闲下来的劳动力也没有可安置的地方，反而增加了人民的负担。“一条鞭法”在实施之前就受到江浙等地的欢迎，而在官府强制实施后仍遭到北方的反对，印证了明代中后期南方商品经济的发展水平高于北方。

北方经济发达的地区主要是京师，但京师地区有大量的官员，也

---

① 张廷玉等：《明史》卷 78《食货志二》，中华书局 1974 年，第 1901 页。

② 张廷玉等：《明史》卷 82《食货志六》，中华书局 1974 年，第 1993—1994 页。

③ 《明神宗实录》卷 58“万历五年正月辛亥”，台北：中研院历史语言研究所 1962 年影印，第 1338 页。

④ 张廷玉等：《明史》卷 214《葛守礼传》，中华书局 1974 年，第 5667 页。

有众多的庶民，还有从事商业活动的人员等，成分复杂，不同阶层的人经济条件各不相同。耿定向曾说："（万历中期）今里中身有完服，面无菜色，父子兄弟相聚而无愁叹声者盖鲜。"[①] 但在统治阶级的上层，如生前在万历皇帝眼中非常节俭的张居正，死后被抄家，搜得黄金、白银等十余万两。时人詹涛指出"司马光以天地生财，止有此数，不在官则在民。自今日观之，不在官，不在民，皆在权贵贪黩之家也"。[②] 京师地区处于上层的士人可以通过各种途径获得经济利益，"今之士子，今之居官人，所得较前十百千万矣。天地生财，止有此数，丰于此必歉于彼。乡士夫则富若此矣，而欲小民之裕于衣食也，其可得乎？乃今小民困苦之多，乃今乡士夫富足之多为之也"。[③] 京师地区的这种经济获得方式与南方商品经济的获得方式完全不同，一旦失去政治权势，其经济利益也就随之消失。如嘉靖末年的郎瑛出身官宦之家，但在其父去世后，郎瑛只得回老家读书，其著作《七修类稿》因经济困难只刊刻了一次，在当时社会并没有产生很大的影响。

江浙一带商品经济的发展对史学产生了另一番影响。"明代中叶，世道承平，物力阜厚，文化繁荣，以及新兴商人阶层对士大夫生活方式的钦慕与模仿，使追求高雅的文化消费成为当时富室商贾一种时髦的文化风尚。"[④] 士人、商人互惠互利，他们之间的交往日益频繁，归有光曾论当时苏州地区的士人与新安商人交往的情形："古者四民异业，至于后世，而士与农商常相混。今新安多大族，而其地在山谷之间，无平原旷野可为耕田，故虽士大夫之家，皆以畜贾游于四

① 张萱：《西园闻见录》卷13《廉洁·前言》，明文书局1940年，第509页。
② 谈迁：《国榷》卷51"武宗正德十六年"，中华书局1958年，第3217页。
③ 《海瑞集》上编《兴革条例》，中华书局1962年，第95页。
④ 刘晓东：《明代士人本业治生论——兼论明代士人之经济人格》，《史学集刊》2001年第3期。

方……程氏（一个商人）由洺水而徙，自晋太守梁忠壮公以来，世不乏人，子孙繁衍，散居海宁黟歙间，无虑数千家，并以诗书为业。君岂非所谓士而商者欤?”[①] 程氏作为商人，却以诗书为业，又喜欢与士大夫交往，可谓亦商亦士。李贽的祖上也是商人，从他父亲开始研习儒学；汪道昆家族以盐业起家，他在嘉靖丁未年中进士，曾说：“大江以南……其俗不儒则贾，相代若践更，要之，良贾何负闳儒!”[②] 经济的发展、士人与商人的交往影响了士人对“利”的看法。传统儒学，尤其朱子理学重视道德修养，贬低对财富的追求，士人与商人的接触使士人看到商业、经济为史学带来的益处：利用出版业可以留名于当世和后世，可以扩大影响，可以更方便地阅读到书籍。

但经济的发展也给史学带来一些负面影响，“嘉靖及万历之世，朝政不纲，而江左承平，斗米七钱。士大夫多暇日，以科名归养望者，风气渊雅，其故家巨族谱系多闻人，或剞一书，或刻一帖，其小小异同，小小源流，动成掌故，使倥偬拮据，朝野骚然之世，闻其逸事而慕之，揽其片楮而芳香恻悱”。[③] 商贾富户为了改善家族的形象，不惜重金润色、刊印有关家族历史的书籍，其中不免有夸大的成分。史书与经济利益结合，书商们更愿意刊刻简短又有市场的书籍，“大略小具，可抱可持，可囊可匣，可挈可依，轻斋远适。一夫携之，时餐与飧，时沐与休。愁，读之而舒；倦，读之而爽，亦足以广闻见，助发挥，虽不睹全书可矣”。[④] 这些史书的编撰只需要抄略原书即可，“正如今人之铸钱，古人采铜于山，今人则买旧钱，名之曰废铜，以

---

① 归有光：《震川集》卷13《白庵程翁八十寿序》，《景印文渊阁四库全书》第1289册，台北：台湾商务印书馆1986年，第200—201页。

② 汪道昆：《太函集》卷55《诰赠奉直大夫户部员外郎程公暨增宜人闵氏合葬墓志铭》，《四库全书存目丛书》集部第117册，齐鲁书社1997年，第652页。

③ 《龚自珍全集》第3辑《江左小辨序》，上海人民出版社1975年，第200页。

④ 陈深：《诸史品节》卷首《凡例》，《四库全书存目丛书》史部第132册，齐鲁书社1996年，第4页。

充铸而已。所铸之钱既已粗恶，而又将古人传世之宝舂锉碎散，不存于后，岂不两失之乎！”[①] 赵维寰《读史快编》、马维铭《史书纂略》、张九韶《元史节要》等都是节略前书，不再旁搜他书，成为“快餐式”的史书，基本失去了史书的学术价值。

南北地区经济的差异对南北方私家撰史起到了不同的作用。经济的新变化无疑给沉闷、严肃的史学带来了一丝清新，人们更愿意以愉悦、轻松的方式接受史学。“百姓日用”“吃饭穿衣”都成为史学研究的范围。经济的发展使更多的普通人接触到史学，扩大了史学的影响范围。

第二节　思想界的新气象

明代中后期政治风云变幻，经济领域内出现新因素，文化思想也经历着洗礼，并呈现出转型的迹象。南宋至明初，程朱理学独霸思想界，明代科举考试也以朱子之学为准。但自嘉靖朝始，先后出现以陈献章为代表的“江门之学”和以王守仁为代表的“姚江之学”（阳明心学）反对程朱理学，最终王守仁的学说逐渐发展壮大，大有取代程朱理学之势。嘉靖朝至万历末年心学的发展演变影响了社会思想的变化，再加上文学等其他领域内思想的促动，赋予这一时期私撰史书中的史学思想以活力。

一　心学的发展演变与私家撰史

孔子开创的儒家学说先后经历了汉代经学化、魏晋时期玄学化、宋代理学化过程，一直是中国古代社会的统治思想。儒学利用哲学的

① 顾炎武：《顾亭林诗文集》之《亭林文集》卷4《与人书十》，中华书局1959年，第97—98页。

思维方式糅合了释、道的思想发展成为理学，南宋朱熹是理学的集大成者。心学作为儒学的一门学派，由北宋程颢开端，南宋陆九渊大启其门径，王守仁首度以“心学”命之，并提出心学的宗旨是“致良知”，由此心学成为一个独立的学派。元代许衡、吴澄等使朱子之学在北方得到广泛传播，明初以程朱为标准，编《五经大全》《四书大全》《性理大全》，作为国家的统一法理和准则，程朱理学获得了独尊地位。但自嘉靖朝起，理学内部出现了反对程朱的声音，以王阳明为代表的“心学”声望日盛。

（一）嘉靖朝心学的崛起

心学作为儒学的一门学派，南宋陆九渊启其门径，与朱熹的理学分庭抗礼。至明代，王阳明首先提出了“心学”两字，心学开始有了独立的发展脉络。王阳明认为：“天地气机，元无一息之停。然有个主宰，故不先不后，不急不缓，虽千变万化，而主宰常定，人得此而生。”[①] 天地万物固然是由气的运动而生成的，但在众多的运动中始终有一个不变的主宰，那么这一主宰又是什么呢？王阳明回答是“心”。“经，常道也。其在于天谓之命，其赋于人谓之性，其主于身谓之心。心也，性也，命也，一也。通人物，达四海，塞天地，亘古今，无有乎弗具，无有乎弗同，无有乎或变者也。”[②] 即心是天、人所共有的，是古往今来不变的存在。王阳明不但看重心，更看重“人心”，认为人心不但与自己的身体同体，还是天地的心，如果“没有我的灵明（心），谁去辩他吉凶灾祥？天地鬼神万物离却我的灵明，便没有天地鬼神万物了”。[③] 如果没有了人心，就不能辨别天地万物，那么天地万物也就不存在了，有心就有物，无心则无物。

---

① 王守仁：《王阳明全集》卷 1《传习录上》，上海古籍出版社 1992 年，第 30 页。
② 王守仁：《王阳明全集》卷 7《稽山书院尊经阁记》，上海古籍出版社 1992 年，第 254 页。
③ 王守仁：《王阳明全集》卷 3《传习录下》，上海古籍出版社 1992 年，第 124 页。

心学与朱子之学最大的不同在于对宇宙的绝对权威的认识不同。朱子之学与心学都承认万物有一个不变的“理”，朱子的理是先验的，是在“未有天地之先就已存在了的神圣而不可侵犯的理，然后再把他所理想的社会政治秩序和道德伦常赋于理的先验性和神圣性”。[①] 而心学则主张以“吾心”来判断是非，而人心是随时可变动的，因此是非的标准也不可能是一成不变的。人心的变动是由事物的变动引起的，“我的灵明离却天地鬼神万物，亦没有我的灵明，如此，便是一气流通的”。[②] 进而，王阳明又倡导“知行”是“合一”的，“若离了事物为学，却是着空”。[③] 王阳明之前的陈献章也主张以心直探事物本原，提出“小疑则小进，大疑则大进。疑者，觉悟之机也”，[④] 举起怀疑的大旗，开启自由之先声。但陈献章主张从内省中玄想，明末罗钦顺曾指其不足，称他以“静坐”的方式“徒见夫至神者，遂以为道在是矣，而深之不能极，几之不能研，其病在此”。[⑤] 王阳明则主张心、物合一，即知行合一，更注重笃实。

嘉靖年间是心学与朱子之学较量最为激烈的时候，私人史家也因其观点不同而产生不同的史学思想。郑晓和陈建是明代中后期私撰明史最早的两个人，陈建是批评心学的急先锋，郑晓则是支持心学的。针对阳明心学的兴起，陈建指出：“天下莫大于学术，学术之患莫大于蔀障。近世学者所以儒佛混淆而朱陆莫辨者，以异说重为之蔀障，而其底里是非之实不白也。”[⑥] 认为学术思想是社会意识形态的重要构成，直接关系到伦理纲常的巩固，而心学是儒佛学说混合的产物，

① 许凌云主编：《儒学与中国史学》，山东大学出版社 1992 年，第 259 页。
② 王守仁：《王阳明全集》卷 3《传习录下》，上海古籍出版社 1992 年，第 124 页。
③ 王守仁：《王阳明全集》卷 3《传习录下》，上海古籍出版社 1992 年，第 95 页。
④ 《陈献章集》卷 2《与张廷实主事十三》，孙海通点校，中华书局 1987 年，第 165 页。
⑤ 黄宗羲：《明儒学案》卷 5《白沙学案上》，沈芝盈点校，中华书局 2008 年，第 80 页。
⑥ 陈建：《学蔀通辨·总序》，《文渊阁四库全书》子部第 11 册，上海古籍出版社 1987 年，第 12 页。

是学术思想的蔀障，应当清除。因此在史学上，陈建是认同纲常伦理的评价标准的，《皇明通纪》“不责皇帝，只责大臣”[①] 的做法与郑晓不同。郑晓是倾向于支持心学的，他曾赞许王阳明“才高学邃，兼资文武，近世名卿，鲜能及之”。[②] 他的《吾学编》在体例上勇于创新，还敢于直言嘉靖帝用张璁掌权、开后世攀附权贵的不良风气，这种精神状态与心学敢于怀疑程朱是一致的。在嘉靖朝，心学刚刚兴起，所起到的作用有限，所以阳明心学和朱子之学的斗争并未在史学内部掀起巨大波澜。但随着越来越多的学者接触到心学，心学对史学的影响也在逐渐扩大。

薛应旂则在朱子之学和心学之间徘徊。薛应旂“自童子时即有志于学。三十年前，从事举业，出入训诂，章分句析，漫无归着。一旦闻阳明王公之论，尽取象山之书读之，直闯本原，而工夫易简，正如解缠缚而舒手足……遂以为道在是矣。如是者又三十年，然每一反观，居常则觉悠悠，遇事未见得力……及罢官归……日以孔孟之书反复潜玩。赖天之灵，恍然而悟，始知朱子之言，孔子教人之法也；陆子之言，孟子教人之法也……道本一致，学不容二，两先生实所以相成而非所以相反也”。[③] 可知，薛应旂为应举而学朱子，入仕后接触到陆王心学，致仕后又潜玩朱子之学，最终形成了“所见出入朱陆之间”[④] 的学术特点。所以在史学思想上，他以阳明心学批朱熹“经精史粗”的观点，强调史学。但朱子之学和心学都强调躬身与经世的结合，所以他在《宋元通鉴》中认为历史的真实性是第二位的，

---

① 钱茂伟：《明代史学的历程》，社会科学文献出版社 2003 年，第 234 页。

② 郑晓：《吾学编》卷 28《名臣记》，《北京图书馆古籍珍本丛刊》第 12 册，书目文献出版社 1990 年，第 484 页。

③ 薛应旂：《考亭渊源录》卷首《书考亭渊源录后》，《续修四库全书》第 517 册，上海古籍出版社 2002 年，第 567—568 页。

④ 吴怀祺主编，向燕南著：《中国史学思想通史 · 明代卷》，黄山书社 2002 年，第 234 页。

是服务于致用性的。而关于史书的致用性，他又回到了朱子之学那里，认为史学首要的目的是“求道”，从纲常伦理的角度评价历史，认为宋代亡于小人。

（二）万历年间心学的兴盛

万历十二年，王阳明从祀孔庙，王学的政治地位空前提高，其学说也随之广泛流传，许多史家接受其学说，并运用到史书的修撰中。深受阳明心学影响的李贽，从个体的“心”出发，追求人格独立，评价历史人物坚持“无以孔夫子之定本行罚赏”[①] 的方法。同时期的焦竑也主张“学道者当尽扫古人之刍狗，从自己胸中辟取一片乾坤，方成真受用，何至甘心死人脚下”。[②] 其史作《国史经籍志》《国朝献征录》等在当时都很受欢迎。与此同时，完全按照朱子理学思想撰写的史书，其影响力逐渐下降。例如，始撰于万历二年，完成于万历十七年的魏显国的《历代史书大全》是一部完全按照朱子理学思想修撰的史书，于魏、蜀、吴中，正蜀；于晋、南北朝中，正晋、南朝；于宋、辽、金中，正宋。此书完成后只刊刻了两册总论，原因是其书中“正统的历史观念、纲常伦理思想及从劝惩出发的撰史宗旨，堙塞了魏显国通史著述内容的广度与认识的视野”。[③] 因此，该书在当时没有产生很大的影响。这说明纯粹的朱子理学的思想在当时社会已经不受欢迎，人们更愿意接受表达新思想的史书。

阳明心学在万历前期发展至鼎盛，它解放了士人的思想。在新思想的指引下，史学也开始改造前史，以己心论史、写史等现象层出不穷。钱茂伟《明代史学的历程》、杨艳秋《明代史学探研》等均认为

① 李贽：《藏书》卷首《世纪列传总目前论》，中华书局 1974 年，第 18 页。

② 焦竑：《焦氏笔乘》卷 2《支谈上》，上海古籍出版社 1986 年，第 230 页。

③ 乔治忠：《魏显国的通史著述与史学思想——日本藏本〈历代史书大全〉书后》，《史学史研究》2004 年第 3 期。

嘉靖、万历以后史学内出现了一股反义理史学的思潮。所谓“义理史学”是“理学兼史学家朱熹，则将‘天理’‘义理’引入史学，把史学作为自己建构理学体系的工具。朱熹的‘理’，其精神实质仍是等级尊卑的礼法名教秩序”。[①] 可知，“伦理道德化”是义理史学的史学形态，其特点是“天理（伦理道德）是历史的决定者，是历史发展的原动力，是衡评历史人物与事件是非的尺度”。[②] 万历年间，反对义理史学之风的兴起与心学的兴盛不无关系。薛应旂、焦竑、王世贞、陈邦瞻、李贽等都基本接受了心学的思想，他们的史书都表现出了不同于以往的史学思想，或反对朱子史书中坚持的伦理纲常，或对现实政治猛烈抨击，或批判前史，师心自裁，表达自己的独立见解。李贽甚至否定“四书五经”的神圣地位，认为它们只不过是“道学之口实，假人之渊薮”。[③] 随着对朱子理学批判的愈演愈烈，官方不得不出面张扬宋儒之学，称“祖宗维世立教，尊尚孔子；明经取士，表章宋儒。近来学者不但非毁宋儒，渐至诋讥孔子，扫灭是非，荡弃行简，安得忠孝节义之士为朝廷用”。[④] 可知，心学在万历年间发展迅猛，还引起了官方的忌惮，但它确实为史家抒发己意提供了理论基础。

王门心学兴起后，形成浙中王门、江右王门、南中王门、楚中王门、北方王门与粤闽王门，其中影响最大的是浙中王门。浙中王门的创始人王畿的“先天正心之学，在明代思想史上发极大之声光”。[⑤]

---

① 吴怀祺主编，汪高鑫著：《中国史学思想通论 · 经史关系论卷》，福建人民出版社 2011 年，第 148 页。

② 钱茂伟：《论李贽对义理史学的系统批判》，《学术月刊》1999 年第 7 期。

③ 李贽：《焚书》卷 3《童心说》，中华书局 2009 年，第 99 页。

④ 《明神宗实录》卷 370“万历三十年三月乙丑”，台北：中研院历史语言研究所 1962 年影印，第 6925 页。

⑤ 汤一介、李中华主编，张学智著：《中国儒学史 · 明代卷》，北京大学出版社 2011 年，第 195 页。

“先天正心之学”强调“念而离念”，即君子要追求无念，无念并非朱子之学的禁欲，而是使心时时与无善无恶的本心一致。这与先秦孟子、荀子的性善论、性恶论不同，认为性无善无恶。“人心无一物，原是空空之体。形生以后，被种种世情牵引填塞，始不能空。吾人欲复此空空之体，更无巧法，只在一念之知处用力……吾人护心如护眼，好念头、不好念头俱着不得。”[①] 这一学说对士大夫的自我修养提出了要求，去伪存真成为他们追求的目标。泰州学派中门人多布衣之士，关注日常生活比理论多，因此王艮提出“百姓日用之道”的命题。他认为道的内涵不外乎百姓日用、民生之事，君子首先应该做一个了解民间疾苦并解救疾苦的人，离开这一点就是异端。

王艮的学术在当时流传广泛，“上自师保公卿，中及疆吏、司道、牧令，下逮士庶、樵陶、农吏，几无辈无之”。[②] 许多史家受其学说的影响，一方面史书的修撰内容得到大大扩展，百姓日用、风俗文化、诗文学术、国事奇谑等都在史书记载的范围内。如《皇明典故纪闻》《万历野获编》《涌幢小品》《西园闻见录》等都是这类包罗万象，但也注重史实的真实性，兼有考证的私撰史书。由于注重日用之道，很多史家更多地关注当下的社会，关注本朝史，以便更准确地考察日用之道。这也是私撰当代史多集中在万历年间的原因之一。嘉靖年间私撰明史如《皇明通纪》《鸿猷录》《吾学编》等，万历年间的私撰明史数量大大增加，如《宪章录》《革除逸史》《今献备遗》《弇山堂别集》《皇明大政记》《皇明副书》《国史纪闻》《明大政纂要》等（详见第二章第二节）。另一方面，促进私撰史书按己意评史。王艮之子王襞曾师事王畿，在王畿“先天正心之学”的影响

① 《王畿集·九龙纪诲》，吴震编校，凤凰出版社2007年，第57页。

② 王士纬：《心斋先生学谱》，王艮：《王心斋全集》，陈祝生等点校，江苏教育出版社2001年，第109页。

下，提倡为学者首重率性，“学者自学而已……万物皆备于我，而仁义礼智之性，果有外乎？率性而自知自能，天下之能事毕矣”。[①] 人性是天命，生而有之，只需要顺循不矫揉造作即可。李贽直接师承王襞，因此他同时受益于王畿和王艮的学术，为他在日后提出“童心说”奠定了基础。“童心说”主张真实坦率地表露心声，成为他作史的指导原则。他的《藏书》批评士大夫表里不一，评价历史人物时按己意评价，不拘泥于已有的惯例，同时又能做到就事论事，公正客观，都是受王门心学影响的表现。

但史家对心学的推崇也使部分学者以心论事、随意评判、高谈阔论，空疏的弊端逐渐显露。明人王廷相曾就万历末年心学对士风的不良影响做出批评，道：“近世好高迂腐之儒，不知国家养贤育才，将以辅治，乃倡为讲求良知，体认天理之说，使后生小子澄心白坐，聚首虚谈，终岁嚣嚣于心性之玄幽，求之兴道致治之术，达权应变之机，则黯然而不知。以是学也，用是人也，以之当天下国家之任，卒遇非常变故之来，气无素养，事无素练，心动色变，举措仓皇，其不误人家国之事者几希矣。”[②] 万历末年，学习心学的学者逐渐走向空谈、好高骛远之路，待国家急需人才保境安民之时，很少有人能够主动承担责任。清修《明史》也评价此时的心学使当时的学术“经学非汉、唐之精专，性理袭宋、元之糟粕，论者谓科举盛而儒术微，殆其然矣”。[③]

明末清初黄宗羲在分析万历末年以后心学走向空疏的原因时称：“阳明先生之学，有泰州（王艮）、龙溪（王畿）而风行天下，亦因

① 王艮：《王心斋全集·语录遗略》，陈祝生等点校，江苏教育出版社 2001 年，第 215 页。
② 《王廷相集·雅述（下篇）》，王孝鱼点校，中华书局 1989 年，第 873 页。
③ 张廷玉等：《明史》卷 282《儒林传一》，中华书局 1974 年，第 7222 页。

泰州、龙溪而渐失其传。”[①] 阳明心学之盛是因为王畿、王艮之学，心学之衰也是因王畿、王艮。为什么黄宗羲会有这样的论断呢？王艮的泰州学派以“狂放”的议论而著称，反对束缚人性。王畿、王艮学说讨论的一个重要问题是“性”。一方面他们主张循心，那么此心是善是恶？如果是恶，是否也要循心？由之前的论述可知，王畿、王艮所论之心无善无恶，既然无善无恶，是否就无心可循呢？诸如此类的疑问使学者空谈心性，吵吵嚷嚷而不知其所论。另一方面，泰州学派追求日用之道，更多地关注现实，而非抽象的哲学思想，阳明心学的思辨色彩也由此渐渐沉寂。

焦竑一生奉心学为正，但对万历末年心学的衰落也颇有感慨，曾说：“先生（王阳明）既没，传者浸失其真。或以知解自多，而实际未诣；或以放旷自姿，而检柙不修；或以良知为未尽，而言寂言修，画蛇添足。呜呼！未实致其力，而借为争名挟胜之资者，比比皆是！”[②] 自王阳明死后，学者对心学的解释各抒己见，甚至有狂放妄言者，以此为自己挣得名声。从焦竑的论述中可以看出，万历末年谈论心性成为一种时尚，但各家言各语，只是做口头上的争论而并不认真体会阳明心学的真谛。明末方以智也曾抨击王学末流不读“六经”原文，空言心性的做法：“慈湖（杨简）因象山（陆九渊）谓‘六经注我’，而遂以文行忠信非圣人之书，则执一矣……执此而禁人诗书，则六经必贱而不尊，六经既不尊，则师心无忌惮者群起矣……圣人收拾万世聪明人，正在诗书礼乐足以养之、化之，鼓舞不倦……今皆以扫除是道，市井油嘴皆得以鄙薄敦诗书、悦礼义之士，为可伤叹。”[③] 方以智道出了明末心学空谈心性的学术源头，即陆九渊的弟

---

① 黄宗羲：《明儒学案》卷 32《泰州学案一》，沈芝盈点校，中华书局 2008 年，第 703 页。

② 焦竑：《澹园集》卷 14《刻传习录序》，李剑雄点校，中华书局 1999 年，第 132 页。

③ 方以智著，庞朴注：《东西均注释·道艺》，中华书局 2001 年，第 185 页。

子杨简主要发扬了“六经注我”的观点。这一观点认为评判事物的标准是心，即使是“六经”也是为阐述自己的思想服务的，以致王学末流以心为标准，随意议论，出现空疏学风。

（三）心学与朱学的异同及其对史学的影响

1. 心学与朱子之学的异同

明初以程朱理学为代表的儒学成为官方指定的统治思想。至明中叶，陈献章首举怀疑的大旗，阳明心学后来居上，发展迅猛。但至万历末年，越来越多的学者认为阳明心学空谈心性，以至明末清初出现了重返朱子之学的趋势，清人更是指责心学末流的空疏清谈有误国之害。

无论是朱子之学还是阳明心学，最初都是为了挽救颓势，还朝政以清明坦荡。朱熹是南宋理学的集大成者，十九岁中进士，一生仕宦生涯坎坷，晚年被卷入政治斗争，其学术被定为伪学。朱熹在死后才得以配享孔庙，其地位才得以提升。朱熹思想的核心是“理”，“未有天地之先，毕竟也只有理。有此理，便有此天地；若无此理，便亦无天地、无人无物，都无该载了”。[①] 朱熹以这样的理论指导自己的史学，认为在社会政治中，必有一个先验的“理”存在，而道德伦理纲常是“理”的外在表现，是“理”的必然要求。朱熹生活的南宋，内部党争激烈，奸相迭出，吏治腐化，外有蒙古等的威胁。朱熹提出“理”是希望从思想上拯救社会，从士大夫个人修养入手，人人遵守同一种道德规范。他的史学著作《通鉴纲目》意在辨正统、立纲常、扶名教。钱穆曾评其书：“若不先在义理之大本大体上用功，而仅注意于史学，此为朱子所不许。”[②] 不难理解，朱熹辨明正统就是为了抬高宋的地位，贬低周边少数民族政权。立纲常、扶名教

---

① 黎靖德编：《朱子语类》卷1《太极天地上》，王星贤点校，中华书局1986年，第1页。

② 钱穆：《朱子学提纲》卷28《朱子之史学》，生活·读书·新知三联书店2002年，第188页。

就是为了“存天理，灭人欲”，从而使人人都为这一个“理”服务，不藏私心，如此才能使社会有一个清明的局面。但事实上，人是不可能没有私心的，朱熹希望通过这种外在的强制手段控制人的欲望，其结果只能是适得其反。

心学的兴起修正了朱子之学的弊端。明代科举考试以朱子之学为依据，只需要记诵就可以登榜，学子只需读朱子的注解，而不用关心经典的原文。所以，士子所行之文渐渐失去讨论的载体，只知空谈，加之朱子之学本身就有“道本文末”“文道统一”的特点，从而加剧了空谈而不注重实践的弊端。明代中后期也是各种社会危机显露的时期，士大夫们为寻找解决的途径而努力，而朱子之学的弊端日益显露，不能适应新的形势。朱子之学推崇的纲常伦理，自制力强的人尚可能做到知行合一，但到后期，大部分人只是流于在表面上讲仁义道德，却没有实际的行动。阳明心学追求知行合一，克服了这一弊端，避免了朱子之学思想僵化的后果，随“心”而定的特点能够适应复杂的变化。王阳明曾说：“逮其（朱熹）后世，功利之说日浸以盛，不复知有明德亲民之实。士皆巧文博词以饰诈，相规以伪，相轧以利，外冠裳而内禽兽，而犹或自以为从事于圣贤之学。”① 但心学在明晚期也走向了没落，原因是过于求己心，过于关注分散、琐屑的事物，不注重考察经典原文和从整体上思考等，朱子之学有重新抬头之势。万历末年，东林党人顾宪成赞朱熹：“孔孟既没，吾道不绝如线。至宋而始一光，发脉得一周元公，结局得一朱晦翁。”② 同时，批评心学末流失之偏颇：“以姚江为宗，其弊也荡……荡者无所不为……荡者人情所便，逆而挽之为难……此其所以逊朱子也。”③ 即

① 王守仁：《王阳明全集》卷8《书林司训卷》，上海古籍出版社1992年，第282页。

② 顾宪成：《小心斋札记》卷1，广文书局1975年，第2页。

③ 顾宪成：《小心斋札记》卷3，广文书局1975年，第4页。

心学虽然主张张扬个性，注重抒发个人的情绪体验，但“最大的流弊在顺任自然，轻视兢业修为之实地功夫”。[1]

朱子之学与阳明心学产生的原因、目的、流变过程都大致相同。朱子之学在明中期遭到反对，一方面是因为科举制加剧了朱子之学的保守气息，士大夫们谨守朱子划定的范围，使学术越来越僵化；另一方面是明代中后期社会状况发生了变化，朱子之学难以应对新的局面。阳明心学在明代中后期经历了一系列变化，一方面是因为它能够改革朱子之学的流弊，给予思想界以新鲜血液；另一方面阳明心学衰落的原因是矫枉过正，对社会的发展产生了不利影响，最终也流于空疏。可知，朱子之学与阳明心学本身并无优劣高下之分，只要能够满足社会的需求，就可以兴盛起来。相反，当其不适应社会的发展时就会被淘汰。

2. 心学对私家撰史的影响

心学在明代中后期得到普遍发展，它的发展演变对当时社会的风气、思潮都产生了影响。同时，众多史学家因接受、理解心学的程度不同，其编撰史书的史学思想也有差异。

以嘉靖末年的陈建和郑晓为例。陈建撰写的《皇明通纪》和郑晓撰写的《吾学编》是明代中后期最早的两部私撰明史，两书都注重对现实问题的思考，体现了“经世致用”的史学思想。但陈建《皇明通纪》的史论很有特色，经常指责皇帝不遵循祖宗之法，以至于明代中期以后社会出现各种弊端。例如，宣德初，曾任太子太保的吕震多次乞官，陈建认为这是皇帝不恢复祖宗“圣君知之，贤相举之”[2] 之法造成的。又如，他认为明代在正统朝开始转盛为衰，原因

① 汤一介、李中华主编，张学智著：《中国儒学史·明代卷》，北京大学出版社 2011 年，第 533 页。

② 陈建：《皇明通纪》卷 11“宣德五年”按语，中华书局 2008 年，第 574 页。

是"（正统初）中官势炽，中外之权一归于司礼监矣。自此而武备浸弛，胡虏跳梁，而边患日作矣；自此而承平玩愒，纪纲百度，浸以变易怠隳矣"。[①] 陈建把明代中期开始转盛为衰的主要原因归结为中官专权。宣宗为了万寿节要增加赋税，陈建就赞扬朱元璋"厚下裕民"，[②] 以此讽谏宣宗不应该加税。可知，陈建在《皇明通纪》中对明代中期以后的许多社会现实问题进行了批评，而他提出的解决办法就是恢复明初的政策，而明初政治清明的原因在于谨守朱子之学并将其作为统治思想，去除欲望。郑晓是嘉靖年间少数接受心学的史家，《吾学编》基本是在阐述史实，没有议论。嘉靖末年官方还没有恢复建文年号，但《吾学编》中已经用小字注出了建文年号；《吾学编》不局限在以往带有民族主义倾向的夷夏之别的理论中，而是以自然地理来区分夷夏，认为："天地华夷之界真有意，大漠限北狄，流沙限西戎，沧海限东夷，溪岭限南蛮"。[③] 郑晓这种不掺杂主观情感，只叙述历史事实，又敢于打破旧观念的做法，是受到当时刚刚兴起的心学的"无善无恶"、敢于批判朱子之学、敢于怀疑一切的精神的影响。

万历中后期的焦竑、李贽都继承和发展了心学支流——泰州学派的学说，提出要打破程朱理学，认同王阳明"人人可成尧舜"的思想。但他们关于"上学而下达"的不同理解，影响了其史学道路的发展方向。焦竑在给他恩师耿定向的信中曾说："某所谓尽性至命，非舍下学而妄意上达也。学期于上达，譬掘井期于及泉也。泉之弗及，掘井何为？性命之不知，学将安用。"[④] 焦竑认为"上达"，即知

---

① 陈建：《皇明通纪》卷11"宣德十年"按语，中华书局2008年，第599页。

② 陈建：《皇明通纪》卷11"宣德六年"按语，中华书局2008年，第577页。

③ 郑晓：《古言》下卷，明嘉靖四十五年郑氏刻本。

④ 焦竑：《澹园集》卷12《答耿师》，李剑雄点校，中华书局1999年，第80页。

性命是“下学”的最终目的，“下学”是“上达”的必经过程，两者是可以相互转化的，即普通人只要努力就可以成为圣人。李贽却不以为然，认为“下学自是下学，上达自是上达。若即下学便以为上达，亦不可也”。[①] 他认为“下学”和“上达”是分开的，两者之间不能转化。在《批下学上达语》中他还说能达到“上达”的自古只有孔子一人，即使是孔子最看重的颜回也只是在不断地追求“达”而已。因此，只需做个普通人就好，但“凡民既与圣人同其学矣，则谓满街皆是圣人”。[②] 可知，焦竑和李贽最终都认为“人人皆可为圣人”，但焦竑主张通过个人的努力成为圣人，李贽则认为圣人与普通人没有差别，故人人皆为圣人。由此，焦竑和李贽的史学也展现出不同的色彩。焦竑为了达成“上达”，不断地充实自己，努力“下学”。他一生的著述颇丰，《国朝献征录》《熙朝名臣实录》《国史经籍志》《玉堂丛语》《焦氏笔乘》等史著，涉及文献学、考据学、目录学等，其学问广博精深，在明代也是少见。而李贽认为普通人和圣人所学都一样，人人都是圣人，实际上是将圣人从高高在上的位置拉到了与众人同等的地位上。因此他在史著中劝诫世人不要迷信圣人，迷信经典，在其史著《藏书》中公开宣扬“无以孔夫子之定本行罚赏”，[③] 以全新的标准评价人物。

二　社会风气的变化与史学

社会风气及社会思潮与史学思想的关系极为密切。首先，社会风气和社会思潮的发展进步为史学思想的变化提供契机；其次，史学思想反映了社会风气、社会思潮的发展。通过史学思想的变化，可以更

---

① 李贽:《焚书》卷4《批下学上达语》，中华书局2009年，第138页。

② 李贽:《焚书》卷4《批下学上达语》，中华书局2009年，第139页。

③ 李贽:《藏书》卷首《世纪列传总目前论》，中华书局1974年，第18页。

好地了解社会风气、社会思潮的客观情况，社会风气、社会思潮的变化又影响史学思想的变化。葛兆光认为明代后期有三股史学思潮：一是要求加强史学的严肃性和客观性；二是对传统史学进行批判；三是经世实用的史学思潮。[①] 杨艳秋认为明中后期出现了批判程朱理学、重新认识经史关系、以史经世三股史学思潮。[②] 二人都以史学思潮为对象考察明代中后期的史学，为后来研究明代的史学思潮奠定了基础，但在各自的论述中，三股史学思潮互有交叉，且都未能论述史学思潮与当时社会状况的关系，史学思想的影响也就未能清晰地表达出来。

（一）社会风气的转变

社会风气是指在一定时期内，社会上流行的或者争相仿效的观念或习惯。明代中后期出现了四股与史学相关的风气。

一是反思想权威的社会风气。思想权威主要指以程朱理学为核心的统治思想，"明初，学者崇尚程朱……自良知之说起，人于程朱敢为异论，或以异教之言诠解《六经》，于是议论日新，文章日丽"，[③] 以致中叶以后学者中多有"放荡不羁，每出名教外"[④] 的行为。从陈献章敢于怀疑的精神，到阳明心学的产生和兴盛，都体现了对程朱理学的不满。反思想权威最典型的当数李贽，李贽不但反对程朱理学，还公开反对孔子，认为"六经"是士大夫们假仁假义之言行的渊薮。事实上，李贽反对孔子的目的仍是反对程朱理学，他不止一次地表达过对朱熹的厌恶，认为朱熹对"四书"的解释有时候不免眉下添眉，又讽刺朱熹在南宋王朝凋敝之时，"吾意先生（朱熹）当必有奇谋秘

---

① 葛兆光：《明清之间中国史学思潮的变迁》，《北京大学学报》1985 年第 2 期。

② 杨艳秋：《明中后期的史学思潮》，《史学史研究》2001 年第 2 期。

③ 张尔岐：《蒿庵闲话》卷 1，北京图书馆藏清康熙徐氏真合斋磁版印本。

④ 赵翼：《廿二史札记》卷 34《明中叶才士傲诞之习》，中国书店 1987 年，第 494 页。

策，能使宋室再造，免于屈辱……人告尔后，而直以内侍为言，是为当务之急与?"[①] 反对思想权威风气的产生，是在明代中后期国家机器运转效率低下，谄媚、奢靡之风盛行的情况下。失落、迷惘的情绪萦绕于社会之中，越来越多的士大夫试图摆脱官方条条框框的束缚，每一个新的进步，必然表现为对以往崇奉事物的叛逆。

反思想权威主要有两方面的表现，一是反对宋儒的义理之学，二是主张恢复先秦儒家的思想。以明代中后期的考据学为例，杨慎曾尖锐地批评宋明理学肆意发挥义理，以致后世学者唯以做表面文章为尊："近日学者之病，宁得罪于孔子，而不敢得罪于宋儒，类如此。虞文靖公云：'今人但见宋儒六经，而不知宋儒以前六经。'有味其言哉。"[②] 明人因科举等将宋儒之论奉为不刊之论，甚至不去研究原始文献的真实含义，只以宋儒的解释为标准。焦竑对这种不读经典的空疏学风甚为不满，强调不能舍弃经典，"盖经之于学，譬之法家之条例，医家之难经，字字皆法，言言皆理，有欲益损之而不能者。孔子以绝类离伦之圣，亦不能释经以言学，他可知已"。[③]"六经"乃儒家核心思想的集中阐释，即使是孔子对它内涵的解释也是在时代的变迁中损益而形成的，不能视为不刊之论，更何况是其他人。

二是考信博古之风。嘉靖七年之后，张邦奇奉旨校勘"二十一史"，并陆续刊刻，嘉靖十三年《史通》刊刻，十六年崇正书院刊刻了《汉书》和《后汉书》，十六年《史记题评》也被刊刻，十八年闻人诠自行刊刻《旧唐书》，二十七年《两汉纪》被刊刻，二十九年《通志略》被刊刻，"传统经史原著的重刊，标志着学风的变化。古

① 李贽：《藏书》卷35《赵汝愚传》，中华书局1974年，第2029页。

② 杨慎：《丹铅总录》，《景印文渊阁四库全书》第855册，台北：台湾商务印书馆1986年，第475页。

③ 焦竑：《澹园集》续集卷1《邓潜谷先生经绎序》，李剑雄点校，中华书局1999年，第759页。

籍的重刊，促成了明朝博古考信风的形成”。[①] 重刊古籍的目的是对以往史书进行更加细致的研究。重刊的古籍以汉代为主，一方面是倾慕于汉代史书著作的翔实、可信；另一方面，集中对汉代史书、历史进行考证，补偏足全，为今后学者的考据提供经验和方法。考信博古之风的形成主要是为了转变明代中后期的空疏学风，开始把更多的注意力放在博闻、考证上。焦竑曾引黄莘阳之语：“‘多闻择其善者而从之，多见而识之’，是孔子所自言，岂非圣学？孔子之博学于文，正以为约礼之地。盖礼至约，非博无以通之。故曰：博学而详说之，将以反说约也。”[②] 他主张成为博学之才，这是孔子所支持并亲身实践的。明代中叶首开考信之风的是杨慎，他博览群书，治学严谨。杨慎之后，胡应麟、焦竑、王世贞等一批以考据著称的学者，推动了明代中后期考信博古之风的发展，他们“博综典籍，谙习掌故，终不同于空疏者流”。[③]

三是读史之风。明代中后期私撰史书众多，有许多是对前史的改编或续写，例如许诰《通鉴纲目前编》、邵经邦《弘简录》、王圻《续文献通考》、冯从吾《元儒考略》、陈邦瞻《宋史纪事本末》等，要完成这样的著作，就必须阅读以前的史书。万历三十八年王志坚中进士后，授南京兵部主事，迁员外郎、郎中，“暇日要同舍郎为读史社”。[④] 除此之外，明代的科举分三场，第一场考“四书”义、经义，第二场考试论、判、诏等，第三场考经史时务策。可知，论、史论在科举考试中是固定出现的，时人曾评论明代科举以论试士，“罢诗

---

① 钱茂伟：《论明中叶史学的转型》，《复旦学报》2001 年第 6 期。
② 焦竑：《澹园集》卷 48《古城问答》，李剑雄点校，中华书局 1999 年，第 733 页。
③ 嵇文甫：《晚明思想史论》，东方出版社 1996 年，第 147 页。
④ 张廷玉等：《明史》卷 288《王志坚传》，中华书局 1974 年，第 7401 页。

赋，中场易之以论，盖即所谓议论体也，文制既新，士习亦变”。[①]科举制的刺激，促使士大夫们不得不阅读前史。时人评明代中后期的读史之风时称：“东汉以后，好学之士，莫盛于宋。然《通鉴》既出，温公尝苦人不读，能讫一遍者惟王胜之，余多睡去。今古学大开，史鉴诸书家贮一本，览诵不倦，为胜之者往往而有，窃谓此事可以傲宋。”[②]

四是空疏学风。明代中后期还有一股与考信博古之风相反的风气，即空疏学风。“明中叶以后，讲学之风已为极敝，高谈性命，直入禅障，束书不观，其稍平者则为学究，皆无根之徒耳。”[③] 明代中期以后，尤其是万历末年，阳明心学开始衰落。心学内部分出许多支流，各学派主要围绕性善、性恶等问题讨论，各自引经据典，却不追究引用话语的出处。与此同时，科举制在明代也进入鼎盛时期，它要求以八股文的形式作答，从“四书五经”中摘选文句作为题目，只能以阐述义理为内容，其义理主要是由朱熹注解的“四书”等演变而来的。杨慎曾批评明代科举：“本朝以经学取人，士子自一经外，罕所通贯。近日稍知务博，以哗名苟进，而不究本原，徒事末节。五经诸子，则割取其碎语而诵之，谓之‘蠡测’。历代诸史则抄节其碎事而缀之，谓之‘策套’。其割取抄节之人，已不通经涉史，而章句、血脉皆失其真。”[④] 儒家经典已经不再是士人修身、治国的必读之书，而是被切割、重组成“蠡测”“策套”等，以备科举之用，其

① 薛瑄：《敬轩文集》卷 13《论选序》，《文渊阁四库全书》第 1243 册，上海古籍出版社 1987 年，第 238 页。

② 张溥：《史书序》，姚允明：《史书》卷首，《四库全书存目丛书》史部第 150 册，齐鲁书社 1996 年，第 2—3 页。

③ 全祖望著，朱铸禹汇校集注：《全祖望集汇校集注·甬上证人书院记》，上海古籍出版社 2000 年，第 1059 页。

④ 杨慎：《升庵集》卷 52《举业之陋》，《文渊阁四库全书》第 1270 册，上海古籍出版社 1987 年，第 601 页。

经典中所要表达的意思已经不完整，人人只知照本宣科。与前代相比，“先辈读书博且精，不似后生之束书不观，游谈无根也”。[①] 科举考试中只需记诵先贤词句，甚至剽窃他人的只言片语，不用研读全篇就能中式。“四书五经”成为士子获得功名利禄的工具，其本身的内涵已不重要，导致时人以“谈玄课虚，争自为方。而徐考其行：我之所崇重，经所绌也；我之所简斥，经所与也”。[②] 众人只知谈玄，但考察经典，才发现所争论的与经典的含义并不相符。

明代中后期社会风气发生了变化，甚至出现两种风气相互碰撞的现象。反思想权威、考信博古、读史之风和空疏学风等共同构织成明代中后期一幅复杂多变的思想画卷，对史学的发展也产生了影响。

（二）社会风气的转变对史学的影响

社会风气的转变和嘉靖以后社会政治发生的变革是这一时期史学变化和史学特点形成的土壤。社会风气的影响作用涉及社会的方方面面，就史学而言，首先，促进了史学内部出现以实学思想为宗旨的私撰史书。

所谓实学有两方面的含义：一是实事之学，即追求事物的社会价值；二是实在之学，即追求事物的真实性。追求事物的社会价值，使“那些从事史学撰述的士人，已不再仅仅追求‘立言’以求不朽的终极意义，而是‘欲为当世借前箸筹之’”，“并逐渐形成颇具声势的经世史学思潮”。[③]

明代中叶以后，社会危机不断冲击着士人的思想，士大夫们在

---

① 杨慎：《升庵集》卷52《卲公批语》，《文渊阁四库全书》第1270册，上海古籍出版社1987年，第605页。

② 焦竑：《澹园集》续集卷1《邓潜谷先生经绎序》，李剑雄点校，中华书局1999年，第760页。

③ 向燕南：《从“主于道”到“主于事”：晚明史学的实学取向与局限》，《学术月刊》2009年第3期。

“内圣”与“外王”之间徘徊，越来越多的人选择“外王”，选择参与社会实际事务，以期对挽救危机做出实实在在的补救。这突出表现为明代中后期大量出现方志、边防图籍等。朱纨《茂边纪事》、魏焕《皇明九边考》、赵汝谦《平黔三记》、诸葛元声《两朝平攘记》、李贽《藏书》《续藏书》、邓元锡《皇明书》等书都专门为“经济名臣”（《藏书》中为“富国名臣”）列传，表明实学思想在史学领域内也备受关注。宋征璧在《明经世文编》中批评儒者“幼而志学，长而博综，及致治施政，至或本末眩瞀，措置乖方，此盖浮文无裨实用，拟古未能通今也”。[①] 焦竑也有过类似的论述：“余惟学者患不能读书，能读书矣，乃疲精力于雕虫篆刻之间。而所当留意者，或束阁而不观，亦不善读书之过矣。夫学不知经世，非学也；经世而不知考古以合变，非经世也。”[②] 可知，宋征璧、焦竑等批评当时士大夫只知读书，不会运用书中之法，即使知道如何运用所读之书，也不会触类旁通，不能算是真正的经世。正如李贽赞赏孟尝君的门客既可以学“鸡鸣狗盗”之声，助孟尝君渡过难关，又会参禅，于日常的论道中启发孟尝君[③]所要表达的观点一样，经世的核心内涵是急世之所急的同时，又能提出行之有效的措施拯弊除恶。以史经世，既注重从历史中寻求经验教训，也注重对现实问题进行分析。因此，在明代中后期出现了许多私撰当代史，郑晓《吾学编》、陈建《皇明通纪》、谭希思《明大政纂要》、张铨《国史纪闻》、邓元锡《皇明书》、朱国祯《皇明史概》等，都对明代社会出现的问题进行记载和分析，并提出改革措施。

实学思想的另一个含义是追求事物的真实性，史书只有在真实的

① 陈子龙等：《明经世文编·凡例》，中华书局 1962 年，第 49 页。

② 焦竑：《澹园集》卷 14《荆川先生右编序》，李剑雄点校，中华书局 1999 年，第 141 页。

③ 李贽：《藏书》卷 23《孟尝君》，中华书局 1974 年，第 1236 页。

基础上才能让后世有所借鉴。空疏学风最主要的表现就是摘取圣人或先贤的只言片语，用以解释自己的言论，却不审思原句的含义。这种做法与当时科举考试的形式有很大关系，因此它的消极影响几乎覆盖了整个士人群体。再加上当时人有读史的风气，因此，许多人把抄书的目光放在了史书上。明代中后期出现许多史钞类的史书，只要把原有的史书进行简单的分割、删减、组合，就可以成为新的史书。顾炎武曾批评明代的史钞类书籍“其所著书，无非盗窃而已”。[①] 根据《明史·艺文志》，明代史钞类史书有两百多部，数量之大，其水平影响了明代史学的整体质量。

明代中后期史学中的考信博古之风是在空疏学风的刺激下产生的，史学成为士子转变学风的一种重要手段。焦竑曾痛心疾首地说：“今子弟饱食安坐，典籍满前，乃束书不观，游谈无根，能不自愧？”[②] 因此，在空疏学风的刺激和读史之风的影响下，杨慎、焦竑、王世贞、胡应麟等一批史家研索旧闻，致力于考证，希望纠正史学界的不良风气。“凡著述贵博而尤贵精，浅闻眇见，曷免空疏，夸多炫靡，类失卤莽”[③] 的观点在当时大部分的私人史书中得到认同。郎瑛《七修类稿》，引用书籍多标出处，游移不定者便抄录以留待后来人考证；应廷育《金华先民传》取金华历代人物，每传之下各注明用某书；王世贞《弇山堂别集》、焦竑《澹园集》中都有许多翔实的考证；朱国祯《皇明史概》中设“存疑”一目，专门收录未能辨别真假的史料，并记录它们在各个史书中的表述，以备后人考证时参考；郑晓《吾学编》、焦竑《玉堂丛语》、朱国祯《皇明史概》等，都采取比较严谨的著述态度，既考览国故，又参以野史家乘，力求做到真实可靠。

---

① 顾炎武著，陈垣校注：《日知录校注》卷 18《窃书》，安徽大学出版社 2007 年，第 1037 页。

② 焦竑：《焦氏笔乘续》卷 4《韩献忠》，上海古籍出版社 1986 年，第 300 页。

③ 胡应麟：《诗薮》外编卷 3《唐上》，上海古籍出版社 1979 年，第 163 页。

其次，反思想权威的风气刺激史学以新的视角评价历史。反思想权威的风气首先是从儒学内部的争论开始的。明代中后期的儒学经历了程朱理学到心学的发展过程，在心学的影响下，史学也开始反对以程朱理学为指导思想的义理史学。祝允明《祝子罪知录》一书最早开批判义理史学之风，坚持评判历史要“本自心师，非劳旁启”，[①]希望史家张扬个性，不受旧思想的束缚。王世贞的读书札记《读书后》卷3《书五代史后》、卷4《书冯道传后》，《弇州山人四部稿》卷112《读宋史》等，都表达了“是非之变若棼丝”[②] 的观点。

反思想权威的实质是批评宋儒以程朱理学的伦理纲常为评价标准。例如朱熹在评价汉高祖反秦和唐高祖、唐太宗反隋时，认为他们都是反抗暴力的，是“公天下”，而唐高祖却以立“恭帝”来掩饰，就不如汉高祖光明正大。[③] 李贽《藏书》从历史事实的角度分析，认为汉高祖是“神圣开基”，唐高祖、唐太宗是“英主肇兴”。对以往史书所批评的秦始皇也是积极肯定他的功绩，认为他“混一诸侯”，对中国古代社会的统一做出了重要贡献（第四章第三节详述）。表面上看，李贽是反对孔子的，倡导“无以孔夫子之定本行罚赏”，[④] 实际上他反对的是经过宋儒包装的孔子，李贽曾说：

> 自颜氏（颜回）没，微言绝，圣学亡，则儒不传矣……况继此而为汉儒之附会，宋儒之穿凿乎？又况继此而以宋儒为标的，穿凿为指归乎……（今日学者）阳为道学，阴为富贵，被

① 祝允明：《祝子罪知录·自序》，《四库全书存目丛书》子部第83册，齐鲁书社1995年，第612页。

② 王世贞：《祝子罪知录序》，祝允明：《祝子罪知录》卷首，《四库全书存目丛书》子部第83册，齐鲁书社1995年，第609页。

③ 黎靖德编：《朱子语类》卷136《历代三》，王星贤点校，中华书局1986年，第3244页。

④ 李贽：《藏书》卷首《世纪列传总目前论》，中华书局1974年，第18页。

服儒雅，行若狗彘然也。[①]

颜回死后，自汉至宋，学者对孔子之学进行了多次改造。宋儒以后，道学者常以圣人自居，却像商人一样谋求私利。而真正的“孔子之道，其难在以天下为家而不有其家，以群贤为命而不以田宅为命，故能为出类拔萃之人，为首出庶物之人”。[②] 此后，王志坚《读史商语》、贺详《史取》等都表现出反对理学和推崇先秦儒家君子人格的思想。

明代中后期社会风气中出现了反传统的因素，史家不再迷信程朱理学，经学对史学的控制力逐渐下降，史家的自我意识得到发挥。此外，得益于出版业的发展，史学在社会上的流传范围扩大，越来越多的人参与到史书修撰的过程中。但修撰史书的水平参差，一些史家为保证史学的可靠性，致力于考证。随着明代中后期社会危机的加重，史家除了考证前代史的真实性外，还注重对现实问题的解决，出现了私撰当代史的热潮。总之，明代中后期社会上出现了反思想权威、考信博古等风气，促进了私撰史书的多元化发展。

第三节 《实录》外流与私家撰史

明代中后期官方组织的大规模的修史活动明显减少。万历年间曾开展一次官修本朝纪传体正史活动，但仅持续了三年就终止了，没有官方承认的成果留存。不过，参与撰修的史官因此做了大量的准备工作，遗留下许多史学著作，如焦竑《国史经籍志》、史继偕《皇明兵

① 李贽：《续焚书》卷 2《三教归儒说》，中华书局 2009 年，第 75—76 页。

② 李贽：《焚书》卷 3《何心隐论》，中华书局 2009 年，第 88 页。

制考》、吴道南《国史河渠志》等。李小林《万历官修本朝正史研究》一书对此次史学活动做了详细研究，不再赘述。而明代官修史书中延续时间最长的是历朝修撰的《实录》。

一　历朝《实录》的修撰

在明代，修撰《实录》是每一位新皇帝证明其继承皇位合法性的重要举措之一。明代近三百年的历史中，官方修撰了自《太祖实录》到《熹宗实录》共十三部《实录》，其中建文帝和景泰帝的《实录》分别附于《太祖实录》的本纪和《英宗实录》之后。明代历朝《实录》是后人了解和研究明史最基本、最权威的史籍，其史料基本来自官方的档案，以编年记事，时间、地点、人物、事件都有较为准确的记载。但明代《实录》的修撰也受到帝位之争、宦官干政、党派斗争等因素的影响，其部分史实的真实性在明代就已经受到质疑。另外，《实录》主要记载有关国政的大事，其内容难免支离，虽在时间上连续性强，但关于某一事件的始末或者文化等方面的记载轻重失宜。李建泰曾指出明《实录》的缺陷："止书美而不书刺，书利而不书弊，书朝而不书野，书显而不书微。且也序爵而不复序贤，避功而巧为避罪。"① 可见，《实录》有明显的政治教化的意图。

历朝《实录》是明代官修史书的重要组成部分，其所表现出的史学思想也比较一致。以永乐帝下诏重修《太祖实录》的敕文为例："昔皇考太祖高皇帝顺天应人，开基启运。自布衣提三尺剑，十数年间削刘群雄，平一六合。功成治定，制礼作乐，身致太平垂四十年。功德之盛，亘古莫伦。"又谕修《实录》官曰："自古帝王功德之隆

① 李建泰：《名山藏序》，何乔远：《名山藏》，《续修四库全书》第 425 册，上海古籍出版社 2002 年，第 434 页。

者，必有史官纪载，垂范万年。”[①] 最后，朱棣在《太祖高皇帝实录序》中道：“朕命史臣修纂《实录》，垂宪万世，使子孙臣庶仰而承之，尊而守之，可以维持天下于悠久。”[②] 明晚期的冯元飚也曾说：“至若《实录》，则万世是非之衡，亦一时劝惩所恃也……贤者有所劝，而不忠不孝之臣有所畏，至盛典也。”[③] 在他们的论述中，修撰《实录》有两个目的：一是记载祖辈功德，垂范万世；二是提出是非衡评的标准，让子孙尊而守之。

官修《实录》最主要的目的就是维护统治。新皇帝即位在史学上首先要做的就是为前朝撰修《实录》，以此体现自己继承帝位的合法性；《实录》的内容也只选取与统治相关的事件，对有损皇帝权威或不利于教化民众的则会删改。如《太祖实录》在建文元年时就已经开始修撰，建文三年修成，但建文四年燕王朱棣发动“靖难”，夺取了亲侄子的帝位，杀《太祖实录》总裁方孝孺，下诏重修《太祖实录》，永乐九年、十六年《太祖实录》又被两次重修。重修的《太祖实录》没有了建文帝的年号，建文朝的历史被附于洪武朝之后。再如嘉靖帝乃藩王之子，因正德皇帝无后而被选为皇帝，但因为从小未在皇宫中成长，与亲生父母的感情好，即位之后便有意追尊没有做过皇帝的生父为“皇帝”，并最终于嘉靖五年修成《恭穆献皇帝实录》，希望借《实录》的修撰抬高生父的地位。

明代中后期官修《实录》以万历朝的《世宗实录》为优。清代

① 《明太宗实录》卷 13“洪武三十五年（建文四年）十月己未庚申”，转引自杨翼骧编著，乔治忠、朱洪斌订补《增订中国史学史资料编年（元明卷）》，商务印书馆 2013 年，第 139 页。

② 《太祖高皇帝实录序》，《明太祖实录》，台北：中研院历史语言研究所 1962 年影印，第 1—2 页。

③ 《明实录附录·崇祯实录》卷 9“崇祯九年冬十月壬申朔”，台北：中研院历史语言研究所 1962 年影印，第 292—293 页。

徐乾学对明代历朝《实录》做了总体评价："洪、永两朝最为率略；莫详于弘治，而焦芳之笔，褒贬殊多颠倒；莫疏于万历，而顾秉谦之修纂叙述，一无足采；其叙事精明而详略适中者，嘉靖一朝而已；仁、宣、英、宪胜于文皇、正德，隆庆劣于世庙。"[①] 从中可以看出，明代历朝《实录》中存在缺陷的，总裁应当负主要的责任。《世宗实录》的修撰成功应当归功于张居正改革。万历初年，张居正认为自起居注在明初被废止后"遂失朝夕记注之规，以致累朝以来，史文阙略"，请求恢复起居注制度。[②] 至于史馆如何修撰史书，张居正也提出了"专任图程""立程责效"的方法："盖编撰之事，必草创、修饰、讨论、润色工夫，接续不断乃能成书，而职任要紧又在于副总裁官……立为限程，每月各馆纂修官务要编成一年之事，送副总裁看详；月终，副总裁务要改完一年之事，送臣等（总裁）删润。每年五月间，臣等将纂完稿本各进呈一次。十月间又进呈一次。大约一月之终，可完一年之事；一季之终，可完三年之事。"[③] 张居正明确了正、副总裁不同的职责，总裁负责史书修撰体例的确立、人员的调动、删润史文等，副总裁主要是协助总裁并监督他人。这种分层管理的方式提高了修史的效率，使得《世宗实录》、《穆宗实录》、万历《大明会典》同修，并分别于万历五年、二年、十三年修撰完成。

明代的《实录》虽不是纪传体正史，但与以往的断代纪传体正史有一致的史学思想，即追述先皇功业和垂宪后世。每一位新皇帝都要为上一位皇帝修《实录》，以此体现皇位继承的合法性。《实录》总裁的修养和能力对《实录》的质量有直接影响。

---

① 徐乾学：《徐健庵修史条议》，刘承干编著：《明史例案》卷2，文物出版社1982年，第11页。

② 《明神宗实录》卷35"万历三年二月丙申"，台北：中研院历史语言研究所1962年影印，第826页。

③ 张居正：《张太岳集·张太岳文集》，上海古籍出版社1984年，第474—475页。

二 《实录》外流与私撰史书

明代中后期官方持续修撰《实录》，对私撰史书也产生了影响。明代有流传至今的两千九百多卷编年性质的历朝《实录》，这是明代史学的一大特色，为后人修撰明史提供了庞大、可信服的史料。但《实录》在明前期被严密地保存在内府之中，除皇帝和史官外，其他人不得见。例如雷礼《国朝列卿纪》记洪武至嘉靖间官员事迹，大致于嘉靖四十五年完成，在采择史料时，“官之志录，析在列署，家之谱牒，散在四方，遽未易睹”。[①] 嘉靖朝以后，《实录》才开始外流，接触《实录》的人群范围逐步扩大，对明代中后期的私撰史书产生了重要影响。

（一）《实录》外流对私撰史书的影响

明前期《实录》重在秘藏。历朝《实录》修成后，正本进于皇帝，藏之内府，副本供实录馆修史诸臣参阅，但严禁传抄，“史臣俱会同，焚稿于芭蕉园，人间并无底稿”。[②] 不仅如此，焚烧底稿时，司礼监宦官也必须在场监督。但是，嘉靖中期以后，《实录》开始外流。虽然《实录》的书写、进呈、存放、阅读都有严格的程序和要求，甚至皇帝阅读时也必须“尚冠恭看”，[③] 但参修《实录》的史官、极少数的内阁大臣，依然可以利用职务之便参阅。

嘉靖十三年（1534），皇帝下令重抄累朝《实录》，并于十五年建成皇史宬，存放重抄的《实录》。此次抄录在内部进行，却使以往接触不到《实录》的中下级史官借机偷偷抄录。嘉靖中叶，曾为编

---

① 顾起元：《国朝列卿纪序》，雷礼：《国朝列卿纪》，《续修四库全书》第 522 册，上海古籍出版社 2002 年，第 1 页。

② 沈德符：《万历野获编 · 补遗一》，中华书局 1997 年，第 800 页。

③ 《万历起居注》，万历十六年二月戊寅。

修，后为詹事掌管翰林院的陆深，给家人写信："寄回《圣政记》一部，十二本，此即《太祖实录》，要熟看，中间颇有误字错简，阙疑可也。"[①] 嘉靖中期担任内阁大臣的严嵩，其失势后被没收的财产中就有"累朝实录八部（五百七本，手抄）"。[②] 继严嵩之后的首辅徐阶，王世贞曾在其家中借阅《实录》抄本。嘉靖末年，吕本任续修《明伦大典》的总裁官，其间曾"手录自太祖至世宗九朝《实录》内有关馆阁者，俱书之"。[③]

以上均是史官、内阁大臣对《实录》的抄写，嘉靖末年刊刻的《七修类稿》中曾出现"近读《大明实录》""按《大明实录》""文今见于《实录》"等字眼。[④] 该书作者郎瑛，以布衣身份能见到《实录》，还将其记入自己的著作中，可见嘉靖末年《实录》有从上层社会向民间流传的端倪，但主要是在小范围内传抄。谢贵安认为《实录》至神宗时"仍然是仅供御览"[⑤] 的说法是可信的。

顾炎武有"万历中，天子荡然无讳，于是《实录》稍稍传写流布"[⑥] 的说法，他指出万历中期皇帝消极怠政，官方对《实录》的管理也有所松懈，才致使《实录》外流。事实上，《实录》于万历朝广泛外流，缘于三次大规模的誊抄。万历十六年，神宗皇帝命首辅申时行编纂小型本《实录》，以方便阅读。申时行"命诸学士校雠，始于馆中誊出，携归私第，转相抄录，遍及台省。若部属之有力者，盖不

---

① 陆深：《俨山集》卷 96《江西家书》，《文渊阁四库全书》第 1268 册，上海古籍出版社 1987 年，第 621 页。

② 《天水冰山录》，《丛书集成初编》本，商务印书馆 1937 年，第 213 页。

③ 吕本：《馆阁类录》卷首，明万历刊本，日本内阁文库藏，转引自钱茂伟《〈明实录〉编纂与明代史学的流变》，《学术研究》2010 年第 5 期。

④ 郎瑛：《七修类稿》，上海书店出版社 2001 年，卷 8《生员巾服》，第 89 页；卷 9《山后诸州》，第 93 页；卷 11《潘原明》，第 117 页。

⑤ 谢贵安：《明实录研究》，湖北人民出版社 2003 年，第 40 页。

⑥ 顾炎武：《顾亭林诗文集》之《亭林文集》卷 5《书吴潘二子事》，中华书局 1959 年，第 120 页。

啻家藏户守矣”。[①] 万历二十一年，陈于陛请敕纂辑本朝正史，神宗同意，并于二十二年复取出《实录》，以备修正史，《实录》第二次被传抄。虽然此次修史活动作罢，但《实录》的抄写工作却没有停止。因为万历二十四年乾清宫失火，御览本《明实录》丢失，神宗命内阁“誊进累朝《宝训》及《实录》”。[②] 官方不间断地允许传抄《实录》，使《实录》广泛流传开来，一改嘉靖朝只有部分史官、权臣有手抄本《实录》的局面，“以至光宗而十六朝之事具全”。[③]

万历朝对《实录》的传抄，对私撰史书产生了重要影响。一是为私撰明史提供了翔实的资料。二是传抄的主要是万历之前的各朝《实录》。嘉靖元年始修《武宗实录》，中间虽然经历了总裁杨廷和等挂冠而去的插曲，但仍于嘉靖四年完成；万历元年，同时始修《世宗实录》和《穆宗实录》，分别于万历五年和万历二年完成。因此，私撰明史参考《实录》时主要参考的是嘉靖朝以前的实录，该时期的私撰本朝史也多截至隆庆年间。尤以记嘉靖、隆庆两朝历史的私撰史书较多（详见第二章第二节），且多采用《实录》原文，例如吴瑞登的《两朝宪章录》和徐学谟的《世庙识余录》等。三是私撰明史以编年体居多，多半是受《实录》编年记事的影响。

《实录》的流传方式也对私撰史书的发展造成了一定的影响。官方虽然没有明令禁止《实录》的传抄，但也没有正式允许。因此，《实录》一直是依靠手抄流传的，没有刊印，直到目前也没有发现《实录》的刻本，这限制了《实录》流传的区域范围。抄本《实录》大多流传于有政治优势的京师和有经济优势的江浙一带。京师一带的

---

① 朱国祯：《涌幢小品》卷 2《实录》，中华书局 1959 年，第 31 页。

② 《明神宗实录》卷 296“万历二十四年四月戊午”，台北：中研院历史语言研究所 1962 年影印，第 5517 页。

③ 顾炎武：《顾亭林诗文集》之《亭林文集》卷 5《书吴潘二子事》，中华书局 1959 年，第 120 页。

《实录》抄本主要集中在阁臣和史官手中，如前文提到的徐阶、吕本、余继登、吴瑞登等。吴士奇一直任职于地方，家境也一般，修撰《皇明副书》就未能见到和参考《实录》；张铨，山西沁水人，“以职非史官，不得见实录、记注”，因此他修撰《国史纪闻》基本是参考其他史书，讨论异同而成的。[①] 再比如薛应旂是江苏人，做过浙江提学，有机会接触到江浙一带的抄本《实录》，所以在《宪章录》中大量参考《实录》。而其他身处江浙地区的私人史家，对抄本《实录》是“非士大夫累数千金之家，不能购”。[②]

（二）私撰史书对《实录》的利用

该时期私撰史书还有一个重要的现象就是对《实录》的参考。嘉靖年间的《七修类稿》是最早征引《实录》的私撰史书，但也只有卷 9 至卷 11 中零星提到，共 17 处，[③] 但万历时期的私撰史书对《实录》的引用已经很多。根据展龙、张卉《薛应旂〈宪章录〉史料来源考》的统计，《宪章录》中记洪武、建文朝历史 1436 条，其中 1304 条取材自《实录》；记永乐朝历史 643 条，其中 602 条取材自《实录》；洪熙朝历史 74 条全部取材自《实录》；宣德朝历史 382 条，363 条取材自《实录》；成化朝历史 1043 条，其中 1026 条取材自《实录》，可见该书对《实录》的参考已是常态。《四库全书总目提要》称《世庙识余录》“于《世宗实录》多所驳正”，[④] 书中也有多处直接采自《实录》，例如该书记载嘉靖年间马从谦受宦官杜泰的陷

---

① 永瑢等：《四库全书总目提要》卷 48 史部 4《国史纪闻》，王云五主编：《万有文库》本，商务印书馆 1931 年，第 95 页。

② 顾炎武：《顾亭林诗文集》之《亭林文集》卷 5《书吴潘二子事》，中华书局 1959 年，第 120 页。

③ 郎瑛：《七修类稿》卷 9、卷 11，上海书店出版社 2001 年，第 93、117 页。

④ 永瑢等：《四库全书总目提要》卷 53 史部 9《世庙识余录》，王云五主编：《万有文库》本，商务印书馆 1931 年，第 112 页。

害致死之事，文字与《世宗实录》一模一样。① 吴瑞登的《两朝宪章录》也多引用《实录》原文，如表 1-1 所示。

表 1-1 《世宗实录》与《两朝宪章录》原文对照

《世宗实录》卷 116“嘉靖九年八月戊午”条	《两朝宪章录》卷 5“嘉靖九年八月戊午”条
戊午朔，给事中高金以下诏欲沙汰天下生员，因陈其不可遽行者有七。大略谓储才贵豫，求才贵广，地方人才多寡不同，附学人数岂可嫌其过于增、廪，但当责成提学官严加考校，以杜冒滥，不必尽行此法；且言老稚凡庸非尽附学，在廪、增亦有之，今惟沙汰附学，未免有偏	戊午，科给事中高金以沙汰天下生员，因陈其不可者有七。大略言储才贵豫，求才贵广，地方人才多寡不同，附学人数岂嫌过于增广，但当责成提学官严加考校，以杜冒滥，不必尽行此法

很明显，《两朝宪章录》是节略了《实录》的文字，类似的地方在书中还有很多，不一一列举。余继登《皇明典故纪闻》杂记洪武至隆庆年间事，《四库全书总目提要》称其“记注《实录》润色之词”。②《弇山堂别集》还对《实录》进行考证和补充。例如洪武十三年开国功臣朱亮祖卒，《实录》称其“病卒”，王世贞进行考证，认为朱亮祖“死于杖明矣，史（实录）盖讳言之也”。③ 再如《世宗实录》载嘉靖四十年二月欧阳必进改少保、太子太保、工部尚书为都察院左都御史，王世贞补充了在这一事件中嘉靖帝和严嵩的一番争论和争斗，将事件表述得更完整，称“史（实录）于此等事件殊简略”。④ 史家对《实录》的运用已经不局限在史料上，开始对它的真实性和事件的完整性予以质疑和补充。

① 该事记于徐学谟《世庙识余录》卷 17，《四库全书存目丛书》史部第 49 册，齐鲁书社 1996 年，第 312 页。《明世宗实录》卷 392“嘉靖三十二年十二月丁巳”，台北：中研院历史语言研究所 1962 年影印，第 6880—6881 页。

② 永瑢等：《四库全书总目提要》卷 54 史部 10《典故纪闻》，王云五主编：《万有文库》本，商务印书馆 1931 年，第 3 页。

③ 王世贞：《弇山堂别集》卷 20《史乘考误一》，中华书局 1985 年，第 370—371 页。

④ 王世贞：《弇山堂别集》卷 27《史乘考误八》，中华书局 1985 年，第 492 页。

谭希思修撰《明大政纂要》不仅在史文上，在卷数上也与《实录》一致。例如该书卷 131“成化十年秋七月辛未”条中关于各省地区的“开中盐引”数目的文字与《宪宗实录》卷 131“成化十年秋七月辛未”条一样；该书卷 28“成化二年闰三月”条中副都御史林聪关于盐运司卖盐的事例与《宪宗实录》卷 28“成化二年三月庚申”条的文字记载也一模一样。

自嘉靖中期始，《实录》渐由内府秘藏到史官、极少数的内阁大臣可以抄录；万历朝，《实录》遍及台省，史家由不得见《实录》到有意识地利用《实录》著书。但抄本《实录》受到地域、经济等条件的限制，多于京师、江浙等地出现。《实录》的外流不但为明代中后期私撰史书提供了官方认可的资料，在体裁上也促使私撰史书不自觉地模仿《实录》编年记事。

第二章 私撰史书及其史学价值

明代中后期的社会状况对私撰史书的发展在不同地区、不同领域有不同的影响，总的来说是大大促进了私撰史书的发展。明代中后期复杂多变的社会状况使私撰史书的主要内容也丰富多彩，历史琐闻、朝政兴衰、军事民情等都在私撰史书记述的范围内。私撰史书的发展还与史学自身的发展有关，官修史书众人修史的弊端早在史馆建立不久就已经显现暴露，加之明代中后期官修史书的种种不尽如人意，刺激了当时私人撰史的热情。与此同时，立志于投身修史事业的史官，在史馆中不能实现自己的抱负，便积极参与私人史书的撰写，这无疑为私撰史书提供了专业的人才，提高了私撰史书的整体水平。私撰史书的数量和种类在嘉靖至万历朝最多，但在不同的时间段内也有不同的特点，这一方面反映了明代中后期私撰史书种类繁多，另一方面反映了史书与现实关系密切。当然，也应当认识到明代中后期私撰史书的缺点，以便客观评判其历史地位。

第一节 私撰史书的基本状况

正确估量明代中后期私撰史书的数量，了解其刊刻和传播的情况，是认识私撰史书价值的基本前提。明代中后期的私撰史书在数量上远远超过其他朝代和官修史书，但当时的刊刻条件及史家的经济水平影响了私撰史书的刊刻和传播速度，在一定程度上影响了私人史学的发展。

一　私撰史书之盛

在中国历史上，魏晋南北朝时期私人撰史盛行一时，《隋书·经籍志》著录该时期的史书有 13 类 800 余部。从数量上看，明代稍逊，但万历年间陈第的《世善堂藏书目录》分明代的史书为 18 类，种类却是更丰富的。宋代的私撰史书也处于兴盛阶段，但与明代相比，在数量上稍显不足。仓修良、魏得良曾说："宋代许多史家，很注意当代史的纂修，并取得了巨大的成就，无论是数量之多，卷帙之大，都是空前的。"[①]《宋史·艺文志》中正史类有 57 部，其中宋代私撰的有 22 部；编年类有 151 部，其中宋代私撰的只有 36 部。与宋代相比，明代中后期私撰史书数量多是显而易见的。万历年间焦竑《国史经籍志》卷首《制书类》中的"记注时政"共收录明修当代史 104 部，除了《天潢玉牒》外，其余 103 部皆为私人所撰；陈第的《世善堂藏书目录》中"明朝记载"全部为明代私撰本朝史，共 26 部；清初黄虞稷《千顷堂书目》史部正史类录 13 部明修当代史，其中 10 部为私撰史书，且都成书于嘉靖至万历时期；清代《明史·艺文志》中载录明代的史书 564 部，其中正史类 110 部，杂史类 217 部，职官类 93 部，传记类 144 部，绝大多数是私撰史书。此外，明代中后期私撰史书的数量也多于同时期的官方史书。明代中后期官修史书中方志的数量居多，根据《明史·艺文志》，嘉靖至万历年间的

① 仓修良、魏得良：《中国古代史学史简编》，黑龙江人民出版社 1983 年，第 348 页。

方志多达1600多部。但是，方志的数量虽多，却都是由地方官府修撰，类型单一，内容基本也一致，与类型多样的私撰史书相比，要逊色很多。而明代中后期由中央政府组织修撰的官修史书寥寥无几，《实录》、《明伦大典》、万历《大明会典》、《三朝要典》等屈指可数。可见，无论是同以私撰史书著称的宋代，还是同明代中后期的官修史书相比，明代中后期私撰史书的数量都占有优势。

明代中后期私撰史书不仅数量多，类型也多。杨绪敏《明末清初私家修史之分类及对传统史书体裁的改造》一文根据“辨章学术，考镜源流”的原则，把明代中后期的私撰史书分成六类：旧史的续写改造和整理、当代史的修纂、学术思想史、外国史地研究、军事斗争史、史评类著作。[①] 这一分法包含了大部分的明代私撰史书，但会有一些遗漏和重复，比如《万历野获编》《涌幢小品》等没有被纳入研究的范围，而学术思想史、军事斗争史等著作与当代史、旧史的改造整理等互有交叉。但如果按照史书类别来划分，就可以避免这类问题的出现，明代中后期的私撰史书按照类别可以分为九类。

编年类如吴朴《龙飞纪略》、陈建《皇明通纪》、薛应旂《宪章录》、薛应旂《宋元通鉴》、谭希思《明大政纂要》、张铨《国史纪闻》、朱国祯《皇明史概》等；纪传类如郑晓《吾学编》、柯维骐《宋史新编》、邓元锡《皇明书》、王世贞《弇山堂别集》、李贽《藏书》、吴士奇《皇明副书》、何乔远《名山藏》等；纪事本末类如高岱《鸿猷录》、陈邦瞻《宋史纪事本末》等；杂史类如郎瑛《七修类稿》、沈德符《万历野获编》、徐学谟《世庙识余录》、朱国祯《涌幢小品》等；政书类如陈讲《茶马志》、崔旦《海运编》、王宗沐《海运志》、梁梦龙《海运新考》、王圻《续文献通考》等；传记类

---

① 杨绪敏：《明末清初私家修史之分类及对传统史书体裁的改造》，《徐州师范大学学报》2009年第3期。

如王萱《历代忠义录》、许相卿《革朝五忠传》、张时彻《善行录》、应廷育《金华先民传》、徐咸《皇明名臣言行录》、雷礼《国朝列卿纪》、童时明《昭代明良录》、项笃寿《今献备遗》、王世贞《嘉靖以来首辅传》、李贽《续藏书》、焦竑《国朝献征录》、黄汝亨《廉吏传》等；史评类如李维桢和郭孔延《史通评释》、于慎行《读史漫录》、王惟俭《史通训故》、卜大有《史学要义》、钟惺《史怀》等；学案类如冯从吾《元儒考略》、刘元卿《诸儒学案》等；史考类如杨慎《史说》、王世贞《弇山堂别集·史乘考误》、焦竑《焦氏笔乘》、胡应麟《少室山房笔丛·史书占毕》等（也可参见附录一）。

明代中后期私撰史书的类型很多，概言之，有如下五个特点。第一，明代私撰史书有通史，也有断代史；体裁以模仿纪传、编年为主；撰述的目的以评论为主，叙述事实为辅。例如，类似《藏书》等通史意在阐述史家的史学思想，对以往史实的记载以抄撮旧书为主；断代史以本朝史和重编宋、元史为主，《皇明通纪》《宪章录》等记明代史实的目的是鞭挞现实社会的黑暗，希望统治者能有所改革，嘉靖朝对前史的改编几乎全部集中在宋、元史；《明史·艺文志》中统计的110部明代正史类史著，其中69部为明代史，所占比例较大。第二，部分私撰史书虽然体例不纯，但内容的选取基本按照正史的标准，结构安排较为严谨，注重史事的真实性，注重考察历史的鉴戒作用，如《弇山堂别集》《世庙识余录》等。第三，政书类史书以明史为主，除个别的，如《续文献通考》属于典制体通史外，其他史书多以某个专题为修撰对象。如《茶马志》专记嘉靖朝的茶、马交易，《海运志》《海运新考》都是关于隆庆年间议开海运之事的记载。第四，人物传记记述的范围不再局限于以往单纯记名臣公卿，如《国朝献征录》从大臣到地方官吏，莫不有传；史书名称也不再全部以“名臣录”等形式出现，如《今献备遗》记洪武至弘治朝的名臣事迹，书名却不见“名臣”二字；出现了按类别划分人物的著述新方式，如《历代忠义录》专记忠义之士，《嘉靖以来首辅传》不同于一般的人物传记，记嘉靖至万历初的内阁首辅，把这一时期的政治制度、政治发展史、人物传记巧妙地结合起来。第五，史评类史书虽然没有出现像《史通》《文史通义》那样总结性的理论著作，但至少表明史家对以往史学开始进行有意识的评价，这是史学发展的重要表现。例如《史学要义》虽然是对史学理论的汇编，但卜大有对以往史评类史书和文章的取舍以及排列，都体现了他的史学思想，瞿林东认为该书铺筑了汉明间史学发展的轨迹。[①] 关于私撰史书中每种类型的特点，在以后的各章节中将有具体论述，此处仅简略说明。

二 私撰史书的刊刻和传播

明代中后期，尽管江南地区经济富饶，出版业发达，但私人史家的经济条件和身份地位依然影响私撰史书的刊刻和传播。明代中后期王世贞、焦竑等人，不但是当时士人中的佼佼者，而且一直身处官场中，其保留至今的史著不仅数量多，也比较完整；陈建虽然身处偏远的福建地区，但他曾在福建侯官县任教谕，也曾在江西临江府任教授，因此，他的《皇明通纪》一经完成就在福建刊刻，并在士人中广泛流传；郑晓不但家境优越，还历任兵部尚书、吏部郎中、和州同知等官职，他在嘉靖四十一年重新开始修撰《吾学编》后，在嘉靖四十三年就有经济能力边写边刊，并于嘉靖四十五年全部刊刻完成；李贽虽然一生潦倒，但是有刘东星、王世贞等友人的资助，其著作基本也在生前刊刻完成；杨慎虽然学识广博，且一生的著述颇丰，但因是被贬至云南，其著作大部分是死后才被编辑刊刻。明代中后期主要

① 瞿林东：《影印〈史学要义〉序》，《文献》2000 年第 2 期。

的私人史家大部分做过官，而且大多数是在江浙和北京地区做官，除了可以利用江浙地区发达的出版业外，也可以借助在官场上的影响力，帮助其刊刻史书。

但是对于经济条件不佳的史家来说，史书修撰完成后，很难刊刻，也就影响了流传。郎瑛《七修类稿》在嘉靖中期刊刻过一次，但郎瑛自述此次刊刻的版本“字有乙者、漏者、鱼鲁者、目录不对而间断失款者，由书者非人而刻非一时，贫贱未能更也”。[①] 郎瑛并不满意刊刻的结果，但是因为没有资金，不能改刊。因此，《七修类稿》在当时没有引起史家的注意，直到清代修《四库全书》有人将此书重新校勘并刊行于世，才有清代的李慈铭对其进行评价。朱国祯写成《皇明史概》后因经济困难，“刻费与纸料刷印，当用千金，拉舍亲辈作会，可三百金，此外，则乞之相知在仕籍者”，[②] 最终也只刊刻了一半。因此该书在当时未能广泛流传，也就没有引起他人的重视，而清代《四库全书》也只收录了其中的《大政记》，并作为单独的一本书列入。明人康大和在刊刻项笃寿的《全史论赞》叙中说：“世代寥邈，卷帙浩穰，继晷穷年，犹难寻究。而穷乡寒士又病夫书之难致，有志者窃叹焉。”[③] 道出了虽然史书众多，但贫寒之士获得困难的无奈。

明代中后期因为经济困难而未能刊刻的私撰史书占少数，大部分史家的书籍得到了刊刻。而流传下来的史书众多，质量不一，其中混杂着许多史学价值不高的史书，使得后人对明代史学的整体评价不高。

---

① 郎瑛：《七修类稿》，上海书店出版社 2001 年，“出版说明”，第 2 页。

② 朱国祯：《朱文肃公集・书・答陆大夫》，《续修四库全书》第 1366 册，上海古籍出版社 2002 年，第 220 页。

③ 康大和：《刻全史论赞叙》，项笃寿：《全史论赞》，《四库全书存目丛书》史部第 140 册，齐鲁书社 1996 年，第 2 页。

第二节　私撰史书的发展脉络

明代中后期从嘉靖至万历末约一百年的时间，私撰史书的发展令人瞩目，史书繁多，史家辈出。从史学自身发展的态势来看，其发展脉络呈阶段性特征，大致可分为三个阶段：一是嘉靖至隆庆朝；二是万历中期；三是万历末期。每一阶段受到不同的政治、文化等客观因素的影响，私撰史书的发展程度不尽相同。

一　嘉靖至隆庆朝私撰史书开始繁兴（约嘉靖十三年至隆庆六年成书）

嘉靖中期以后至隆庆年间主要的私撰史书有王洙《宋史质》、柯维骐《宋史新编》、王宗沐《宋元资治通鉴》、薛应旂《宋元通鉴》等对宋、元史的改编；吴朴《龙飞纪略》、陈建《皇明通纪》、邵经邦《弘简录》、高岱《鸿猷录》、郑晓《吾学编》等私撰明史著作；雷礼《国朝列卿纪》是这一时期的人物传记；项笃寿《全史论赞》、梁梦龙《史要编》是史学理论方面的著作（也可参见附录一）。

（一）改编宋史

本书第一章中已提到，嘉靖前期围绕着嘉靖帝生父的封号问题，群臣引经据典，掀起了对前史研究的热潮。在研究前史的过程中，史家选择宋代历史作为研究对象，一方面是因为宋英宗不是宋仁宗的亲生儿子，却继承皇位，这与明世宗嘉靖帝非明孝宗之亲子、明武宗之亲弟，却继承皇位的情况类似；另一方面嘉靖朝面临来自蒙古的边境威胁，与宋代面临辽、金的威胁的情况类似。

嘉靖年间私撰史书改编宋、元史的直接原因是官方禁毁《十九史节定》。嘉靖十三年，安都《十九史节定》问世，删去“二十一史”中的辽、金二史，附辽、金于宋之后，不赞同元修宋、辽、金三史并立。早在嘉靖七年，南京国子监就已奉命校刊前代正史，在宋代“十七史”，即《史记》《汉书》《后汉书》《三国志》《晋书》《宋书》《齐书》《梁书》《陈书》《魏书》《北齐书》《周书》《隋书》《南史》《北史》《新唐书》《新五代史》的基础上加上宋、辽、金、元史，共“二十一史”。而安都公然把辽、金二史从官方的“二十一史”中删去，引起嘉靖帝的不满，嘉靖帝曾说：“历代史书已有定论，何得缀拾妄议。”“部议焚其书，从之。”[①] 显然，官方是不同意在正史中革除辽、金二史的，而私撰史书《宋史质》《宋史新编》《宋元资治通鉴》等都坚持宋为正统，辽、金为“外国”。

私撰史书改编《宋史》坚持辽金为“外国”，与嘉靖年间心学的接受程度有关系。嘉靖年间心学刚刚崛起，大部分的史家仍然坚持朱子之学的正统观念。朱子之学的“正统”有两个标准：一是大一统，二是夷夏之防。根据“大一统”的标准，朱熹确定了周、秦、汉、晋、隋、唐的正统地位，而按照此标准宋并不在正统之列。但朱熹生活在南宋，自己又是主张抗金的，因此，他必须为宋代的合法地位和自己的抗金主张找出依据，“夷夏之防”就成为他“正统论”的另一个标准。嘉靖前期蒙古俺答汗曾四次劫掠明朝，给北部边疆造成严重损失，明朝对蒙古的侵扰甚为恼火，认为“河套者虏之巢穴，生民之祸本也。祸之不除，则延袤两千余里，卒无宁居”。[②] 社会现实的刺激，加上朱子之学的理论依据，嘉靖年间改编《宋史》在情感上以排斥少数民族为主，《宋史质》甚至尽削元代年号，以明虚接宋。

---

① 徐乾学：《国朝典汇》卷 23《献书》，《四库全书存目丛书》史部第 264 册，齐鲁书社 1996 年，第 619 页。

② 陈子龙等：《明经世文编》卷 237《议收复河套书》，中华书局 1962 年，第 2477 页。

（二）私撰明史

吴朴的《龙飞纪略》是嘉靖年间较早的私撰明史著作，记元至正十二年（1352）至明建文四年（1402）之事。但该书“壬辰（至正十二年）至丙午（至正二十六年），岁书甲子，以元主及诸国年号分注其下者，贱夷狄与中国反正也”。[①] 元至正十二年，朱元璋跟从郭子兴反元；至正十五年，朱元璋效忠韩林儿的“大宋”政权，年号“龙凤”；至正二十六年，朱元璋沉舟溺死小明王，不再使用龙凤年号，表明即将称帝的决心。《龙飞纪略》削元代“至正”年号，也不书“龙凤”年号，均以甲子记之，直到洪武年间才明确以“洪武”纪年。吴朴对年号的砍削，显然是为了赞颂明太祖朱元璋的伟业，贱夷狄。

高岱《鸿猷录》以纪事本末体记朱元璋起兵至嘉靖朝的兵事，对此期间的重要战事都做了记载。《鸿猷录》侧重对时事的论述，例如认为明初大封同姓“本折兼支之法，又为限妾媵之制”，起到了积极作用，但至嘉靖年间“民供之有限，禄入之不给”，[②] 成为明代中期出现财政危机的原因之一；认为嘉靖年间边境的人事普遍存在“人狃于宴安，吏牵于文法，事怠于诿避，兵习于惰游”[③] 的恶习，是边境出现危机的内部原因。陈建《皇明通纪》以编年体记元至正至明正德年间事，此书的一大特色是有很多按语，直接抨击明代政治、军事和财政的不足。清代学者曾述“书成，遂为海内宗宝。庚申，湖南瞿九思得是书，自譬为国家聋瞽，至是始有目有耳”。[④] 郑

---

① 吴朴：《龙飞纪略》，《四库全书存目丛书》史部第 9 册，齐鲁书社 1996 年，第 413—414 页。

② 高岱：《鸿猷录》卷 6《正位分藩》，上海古籍出版社 1992 年，第 142 页。

③ 高岱：《鸿猷录》卷 16《追戮仇鸾》，上海古籍出版社 1992 年，第 376 页。

④ 民国《东莞县志》卷 58《人物略》，转引自杨翼骧编《中国史学史资料编年》，南开大学出版社 1999 年，第 3 册，第 309 页。

晓《吾学编》也记洪武至正德年间事，由于郑晓曾担任武官，相对熟悉明代的兵事，《地理述·夷官考》和《百官述·土官》在明代的土司制度、明朝和蒙古的关系等问题的记载上比较有特色，反映了明代的一些现实问题。

（三）通史和人物传记

这一时期的通史著作主要是邵经邦《弘简录》。嘉靖七年南京国子监开始校刊“二十一史”，嘉靖二十一年全部印行，但邵经邦认为“所经历数千百有余年，若彼其辽廓也，中更皇王帝伯圣哲贤否，若彼其浩繁也，一人一手，安能委曲详尽？”[①] 官方刊印的“二十一史”部头过大，不便于阅读。于是邵经邦从嘉靖二十一年开始撰写《弘简录》。为了突出史书的“简”，全书只有纪传，且认为《新唐书》应当“削各传父祖名系并制诰之语也”，《宋史》各传则“未有一人据《春秋》之义、持笔削之任者”。[②] 此外，全书以唐、宋为正统，五代、辽、金为“载记”，十国、西夏、南诏等为“附载”记之。

《国朝列卿纪》记洪武至嘉靖年间的各职官。全书在内以内阁、部院、府、司、寺、监的长官，在外以总督、巡抚的顺序记述历任在职官员，以人物的拜罢为“年表”，年表之后叙其事迹是为“行实”。以卷 14“詹事府”为例，首先是“詹事府叙”，交代詹事府的历史源流和职掌；然后列“国初詹事府詹事年表”，列李善长、唐铎、蹇义、金忠四人，并于每人之后标出籍贯、拜罢时间；最后是“国初詹事府詹事行实”，大略叙述每人任此官职时的事迹。其中卷 8—13 的“内阁行实”颇为详细，有益于后人认识明代的内阁制度。

① 邵经邦：《弘简录·原序》，《续修四库全书》第 304 册，上海古籍出版社 1996 年，第 177 页。

② 邵经邦：《弘简录·原序》，《续修四库全书》第 304 册，上海古籍出版社 1996 年，第 177 页。

嘉靖中期以后至隆庆年间的私撰史书，从类型上看，以改编旧史为主，尤其是对宋、辽、金史的改编；同时也开始了明史撰述；通史和人物传记较少。从思想上看，以朱子之学的正统论为指导思想的史书占多数；私撰明史多关注现实问题。从官方史学的角度看，官方刊印“二十一史”对私撰史书的影响是多方面的，既促进私撰史书对正统问题的论述，也促进史书朝着“简”的方向发展。史学理论著作《全史论赞》收录“二十一史”的论、赞为一书；《史要编》搜集以往史书中的史学文章 114 篇，全书分为正史、编年、杂史、史评。两书只是搜集整理以往史书，没有史家自己观点的阐述，但可以为学者治史提供线索，表明史家已经具有初步的史学意识。总的来说，这一时期私撰史书的发展受到外界因素的影响较大，无论是在官方的刺激下修史，还是对社会现实问题的论述，都是围绕政治、文化的现实问题展开，史学发展的自觉意识不强，是明代中后期私撰史书发展的初期。

二　**万历中期私撰史书修撰的热潮**（万历初至万历三十年前后成书）

万历初至万历三十年前后主要的私撰史书，如薛应旂《宪章录》、范守己《皇明肃皇外史》、王世贞《弇山堂别集》、邓元锡《皇明书》、吴瑞登《两朝宪章录》、支大纶《世穆两朝编年史》、沈越《皇明嘉隆两朝闻见纪》、雷礼《皇明大政记》、余继登《皇明典故纪闻》、吴士奇《皇明副书》、卜世昌和屠衡《皇明通纪述遗》、卜大有《皇明续纪》等私撰明史；项笃寿《今献备遗》、王世贞《嘉靖以来首辅传》等当代人物传记；朱睦㮮《革除逸史》、屠叔方《建文朝野汇编》、许有谷《忠义存褒什》、朱鹭《建文书法拟》等建文朝史籍；李贽《藏书》、邓元锡《函史》等通史；凌稚隆《史记评林》、卜大有《史学要义》、胡应麟《史书占毕》等史学理论方面的著作；王圻私撰典制体通史《续文献通考》等（也可参见附录一）。

（一）私撰明史

该时期的私撰明史除了《弇山堂别集》《皇明书》《皇明副书》是纪传体外，以上所列其他史书大多以编年记事的方式修撰。从书名上看，与嘉靖年间的私撰明史相比，大多史书直接以“皇明”或者“国朝”命名。

1. 私撰明代通史

薛应旂《宪章录》是续他的《宋元通鉴》而作，记洪武元年至正德十六年的历史，内容涉及明代的政治、经济、文化、军事和外交等各方面。其中对明朝与安南的关系记载比较多，共九十四条，为后世留下了珍贵的资料。王世贞《弇山堂别集》综合记载有明一代的史事，记述周全，考订详细，其中有《史乘考误》十一卷，对人物、事件、史书等进行订误、存疑、补遗、揭讳，是明代中期考信史学的代表作之一。《皇明书》是邓元锡续《函史》上编而作的，因此只有纪传，该书修撰的参考资料“虽未及杼柚经纬，要亦能考览国故，参以野史家乘，后有修司马、班氏之业者，亦足为之倪矣”。[①] 余继登的《皇明典故纪闻》，记洪武至隆庆年间事，“大抵皆记注《实录》润色之词”。[②]

2. 私撰嘉、隆两朝史

《两朝宪章录》《世穆两朝编年史》《皇明嘉隆两朝闻见纪》《皇明通纪述遗》《皇明续纪》等都采用编年体记载嘉靖、隆庆两朝的历史。

---

① 邹德溥：《皇明书序》，邓元锡：《皇明书》，《续修四库全书》第 315 册，上海古籍出版社 1996 年，第 495 页。

② 永瑢等：《四库全书总目提要》卷 54 史部 10《典故纪闻》，王云五主编：《万有文库》本，商务印书馆 1931 年，第 3 页。

《皇明肃皇外史》编年记载嘉靖朝的历史，但史文比较琐碎，体例杂乱；《两朝宪章录》在叙事之后常以“臣按”的形式，规劝万历皇帝取法嘉靖，改革弊政；《世穆两朝编年史》最大的特点就是对两朝人物的评价不流于世俗，有自己独特的认识，时人曹蕃评价该书“阐节侠，戮奸宄，轻轩冕，奖隐逸，睥睨一世，讥弹罔贷。真士读之则喜，闻士猎之则疑”。[①]《皇明嘉隆两朝闻见纪》是在参考了《两朝宪章录》、《皇明肃皇外史》和其他私撰史书的基础上而成的，[②]“其体既典核周详……信野史之良，足备庙堂之采择者也”。[③]《皇明通纪述遗》和《皇明续纪》是为补《皇明通纪》而作，主要是补充嘉、隆两朝史实，同时增加史论，《皇明续纪》就常引支大纶和吴瑞登的史论。

3. 私撰明代人物传记

《今献备遗》记洪武至弘治年间的名臣事迹，《四库全书总目提要》中称其“叙述详赡，凡年月先后事迹异同，皆可为博考参稽之助”。[④]《嘉靖以来首辅传》以嘉靖年间首辅杨廷和至万历年间首辅申时行共十七位首辅的事迹为主，附载相关人物的事迹，对嘉靖以来内阁阁臣由碌碌无为到内阁首辅责任愈专的过程演变，以及明代中后期围绕政治在内阁内部展开的争斗做了清晰的论述。

4. 私撰建文朝史籍

万历年间出现许多私撰建文朝史书，且书名也直称“建文”，这与万历朝对待建文朝历史地位的态度和万历朝官修本朝正史的活

---

① 曹蕃：《华平支先生墓碑记》，支大纶：《支华平先生集》附录，《四库全书存目丛书》集部第162册，齐鲁书社1997年，第480页。

② 沈朝阳：《皇明嘉隆两朝闻见纪叙》，沈越：《皇明嘉隆两朝闻见纪》，《四库全书存目丛书》史部第7册，齐鲁书社1996年，第256页。

③ 朱志蕃：《刻两朝闻见录题辞》，沈越：《皇明嘉隆两朝闻见纪》，《四库全书存目丛书》史部第7册，齐鲁书社1996年，第253页。

④ 永瑢等：《四库全书总目提要》卷58史部14《今献备遗》，王云五主编：《万有文库》本，商务印书馆1931年，第96页。

动有直接关系。

《革除逸史》是万历初年的私撰建文朝史书，虽然书名仍沿用“革除”二字，但是受到官方态度的影响而修撰的。在《革除逸史》自序中，朱睦㮮称：“今上（万历帝）嗣统，首诏有司表章逊国诸臣。余感其事，乃取诸家论述，参以所闻，为书一编，略具四年之事。”[①] 万历皇帝于1573年即位，“诏赦天下，祀建文朝尽节诸臣于乡”。[②] 朱睦㮮正是有感于此，才私撰建文朝史籍。

万历二十三年，明神宗同意恢复建文年号，进一步刺激了建文朝史籍的修撰。万历二十三年下诏“以建文事迹附太祖高皇帝之末，而存其年号”。[③] 至此，建文朝虽然没有单独修撰实录，但其年号经官方承认可以明确使用。此后，《建文朝野汇编》《建文书法拟》等在书名中正式使用“建文”二字。万历二十二年，官方正式开始官修本朝正史活动。焦竑在《上修史条陈四事》中提出应当单独修撰建文朝历史，不应附于太祖本纪之后；王世贞对建文朝历史的修撰也提出建议：“臣又唯《太祖实录》洪武三十一年止，中间至永乐元年尚有阙漏未载，夫汉不以吕氏而废本纪，唐不以武氏而废实录。何者？明天下不可一日无史也。臣愚欲下内阁诸耆硕臣，考究革除年间事迹，别为一书，附之国史之末。其侍讲方孝孺、尚书铁铉，殒身灭族，以卫社稷，宜鉴其吠尧之忠，赐以易名之典。他若尚书齐泰等亦要明著功罪，以示劝惩。”[④] 王世贞认为一方面国不可一日无史，撰史必须符合历史的真实情况，建文朝史事作为本朝历史不可分割的一

① 朱睦㮮：《革除逸史·原序》，《文渊阁四库全书》第410册，上海古籍出版社2003年，第530页。

② 张廷玉等：《明史》卷20《神宗本纪》，中华书局1974年，第261页。

③ 《明神宗实录》卷289“万历二十三年九月乙酉”，台北：中研院历史语言研究所1962年影印，第5358页。

④ 王世贞：《弇州山人四部稿》卷106《应诏陈言疏》，台北：伟文图书出版社1976年，第4948—4949页。

部分，必须阐释清楚；另一方面，建文朝诸臣匡扶社稷的忠义之心值得后人效仿，也应当如实记载。

虽然万历朝官修正史的活动仅三年就终止了，但私撰建文朝历史的活动并没有停止。《建文朝野汇编》从万历二十三年开始修撰，历时三年完成。全书共20卷，前6卷编年记建文朝重大事件；第7—18卷是人物传记；第19卷是建文传疑，对建文出亡、自焚等相关资料做了汇编，并提出自己的观点，认为建文帝逊国出亡；第20卷汇编了明代对建文朝忠臣褒扬的奏疏和节略。屠叔方在修撰此书时参考了大量资料，“不惮缀琐，凡国家之掌故、郡县之记牒，以及山经地志、崖镌冢刻之属。或检一事而反复他篇，或核一人而流连竟帙，或重复以证其迹之同，或互见以求其理之近”。[①] 屠叔方不仅对每条资料反复检核，还标明出处，书中标注的资料多达134种。《建文书法拟》分正编和附编两部分，正编首先是《述盛德》《述公议》《建文书法拟》三篇文章，分述自明成祖朱棣以后历朝皇帝对建文朝态度的变化、士人对建文朝态度的变化、该书修撰的笔法；然后是《建文皇帝年表》和《建文皇帝忠臣谱》。附编收录了与建文朝有关的诗文、论赞等近百余条。

（二）私撰通史

通史《函史》分上下两编，上编是洪荒至元代的纪传，下编21门与《通志》类似，但详今略古，例如《土田志》《封建志》对明代的皇庄、分封藩王等制度及其影响做了详细论述。邓元锡在言及该书的撰写目的时说：“考观天人贞一之统，察古今连合之变、王路隆污道术善败之故。”[②] 即在考察天人关系的基础上探究人世的变化，

---

① 屠叔方：《建文朝野汇编·自序》，南京出版社2013年，第3页。

② 尹守衡：《史窃》卷77《邓元锡传》，转引自杨翼骧编著，乔治忠、朱洪斌订补《增订中国史学史资料编年（元明卷）》，商务印书馆2013年，第327页。

例如他以是否得天统、道统为准，确立王朝的正统地位。认为上古三代天人关系融洽，是为大治，明代因为心学兴起，得到道统，是继宋代以后的正统。《藏书》记春秋至元代的历史，全书只有纪传，其特点是不注重史事的记载，而注重人物的评价，在每纪之前都加标题，以示人物特点，例如"神圣开基"的刘邦、"守成令主"的西汉宣帝等。万历年间盛行的《纲鉴》是该时期独有的一种史书，它将《资治通鉴》与《资治通鉴纲目》合抄到一起，目的是帮助参加科举考试者能有效地快速阅读两书，如张鼐《纲鉴白眉》、王升《纲鉴读要》、冯梦龙《纲鉴统一》等。

（三）私撰史学理论方面的著作

《史记评林》收录历代史家对《史记》的评论，既有"史评"，也有"史按"。凌稚隆将"史评"放于《史记》正文之上，每行七个字，是历代对《史记》、《史记》中的篇章、《史记》中记载的人物事件的评论；"史按"也于正文之上，每行六个字，辑录与《史记》同时期的史籍以做参考，或者以"按"开头阐述自己的观点。凌稚隆对《史记》的评论兼有对史事、人物的评论，也有考证。王世贞曾评价此书"一发简而了然若指掌，又林然若列瑰宝于肆而探之也"。[①]

《史学要义》汇集了二百六十九篇西汉至明代学者对史家和史书的评论文章。该书共有五卷，前四卷是正文，最后一卷是补卷。第一卷是关于史学的基本问题，如史官建置、史馆修史等文章；第二卷是关于除了前"三史"（《史记》《汉书》《后汉书》）以外的十八部"正史"的修撰者和史书的评论文章；第三卷是对编年体史书和《史通》的评论文章；第四卷是对杂史如《战国策》《前汉纪》等的修撰

① 凌稚隆辑校，李光缙增补：《史记评林》第1册《史记评林叙》，天津古籍出版社1998年，第13页。

者和史书的评论文章；第五卷是按照前四卷的顺序对其进行的补充。卜大有按照时间顺序辑录史学文章，能够使后来学者对西汉至明代的史学发展脉络有清晰的思路。徐栻评价此书："予得而读之，见其陈叙事之义例，原载笔之职司，析编年、纪传之同异，以暨辨正杂，别良秽，罔弗备焉。"[①] 徐栻认为此书虽然是辑录前人的文章，但从史书的编排和选取的内容上看，卜大有是以史学为研究对象的，体现了他的史学自觉意识和对史学的认识。

《史书占毕》是胡应麟专论史学和史事的著作，收入其《少室山房笔丛》中。全书分为内、外、杂、冗四篇。内篇是史学理论，如胡应麟对史家修养、历史编纂等的认识；外篇是他的历史思想，即对历史事件和人物的评论；杂篇是他对一些容易混淆的史文的辩证；冗篇是他对史书记载的考据和辩证。胡应麟在《史书占毕》中提出了许多不同于以往的史学理论。比如在刘知几史家"三长"论的基础上提出"公心""直笔"，认为"才、学、识三长，足尽史乎？未也，有公心焉，直笔焉，五者兼之，仲尼是也"；[②] 刘知几认为"叙事之工者，以简要为主"，[③] 胡应麟则提出繁简应当结合，"合作，则简者约而该，繁者赡而整。不合作，则繁者猥而冗，简者涩而枯"[④] 等。胡应麟对史学发展的总结和反思，表明该时期史家的史学自觉意识已大大增强。

万历初年至万历三十年前后私撰史书与嘉靖年间相比，最大的不同是私撰本朝史增多。私撰本朝史包括明代通史、嘉靖隆庆两朝史、明代人物传记、建文朝史籍。私撰明代通史和嘉隆两朝史主要采择以

---

① 徐栻：《史学要义序》，卜大有：《明刻珍本史学要义》，全国图书馆文献缩微复制中心1999年，第2页。

② 胡应麟：《少室山房笔丛》卷13《史书占毕一》，中华书局1958年，第167页。

③ 白云译注：《史通》内篇《叙事第二十二》，中华书局2014年，第284页。

④ 胡应麟：《少室山房笔丛》卷13《史书占毕一》，中华书局1958年，第171页。

往的明史著作和《实录》，注重对社会现实问题的记载；明代的人物传记仍以“名臣”为主，注重与政治密切相关的人物和群体；建文朝史籍的增多一方面受官方恢复建文年号的影响，另一方面受万历官修本朝正史活动的影响。且该时期的建文朝史籍呈现出注重考证的特点，对建文朝忠臣的褒扬属其次；该时期的通史撰述不以叙述事实为目的，主要是为了阐述史家的思想；重视史学评论，史学理论也比前人有所深入；该时期还出现了唯一的私撰典制体通史《续文献通考》，清代乾隆年间官修《续文献通考》就是依照此书体例完成的。总之，该时期私撰史书类型多样，以私撰明史为主，注重史书的真实性和思想性，史学意识增强，是明代中后期私撰史书发展的兴盛阶段。

三　万历末期私撰史书继续发展（万历三十年至四十八年成书）

万历末期主要的私撰史书有吴士奇《皇明副书》、谭希思《明大政纂要》、张铨《国史纪闻》、瞿九思《万历武功录》、朱国祯《皇明史概》、何乔远《名山藏》[①] 等私撰明史；沈德符《万历野获编》、朱国祯《涌幢小品》、张萱《西园闻见录》[②] 等野史笔记；陈邦瞻《宋史纪事本末》等改编旧史的史著；刘元卿《诸儒学案》、焦竑《国朝献征录》等私撰人物传记（也可参见附录一）。

（一）私人改编旧史

万历末期改编旧史的著作较少，以陈邦瞻《宋史纪事本末》为

---

① 朱国祯《皇明史概》虽然直到崇祯年间才刊刻，但该书主要是在万历年间修撰，且与《涌幢小品》一前一后修撰完成，其史学思想是一致的。《名山藏》约始撰于万历二十八年，万历四十四年完成，万历四十八年修订，至崇祯年间刊刻。因此将两书归入这一时期。

② 张萱《西园闻见录》大约成书于天启七年，但是该书的修撰起于万历二十六年，且张萱在万历朝的著述颇丰，与万历朝的王世贞等人交往甚多，其史学思想受万历朝士人影响颇深，因此将该史书归入这一时期。

代表，对《宋史》进行改编。该书遵循袁枢《通鉴纪事本末》的体例，避免了《宋史》繁芜的缺点，厘清宋代兴衰过程中的重大事件。与嘉靖年间改编《宋史》的众多私撰史书不同，该书不再以阐明宋为正统，辽、金为夷为主要目的，对《宋史》有寻绎之功，主要体现作者“征往而训来，考世而定治”[①] 的意图。

在《宋史纪事本末》的叙中，陈邦瞻说明了选择《宋史》为改编对象的原因。一是纪事本末体自身的特点，即“提事之微以先于其明，搴事之成以后于其萌，其情匿而泄，其故悉而约”；[②] 二是明代所面临的内政局面与宋代相似，有可借鉴的意义。例如该书卷18《营田之议》记述了自端拱二年至至道二年营田在太宗朝的废止过程，论述了营田从最初的增加财政、助逃民归业的积极作用，到后来因为耗费官府钱数众多而废止的过程。营田属于官田的一种，官府募人耕种并收租，可以增加政府收入，也可以使因为灾荒等逃离原籍的人回归故乡，发展农业。但同时官府也必须承担在水、旱灾时所遭受的损失，增加了政府的负担。明万历三十年，汪澄源为保定巡抚都御史，建议开垦营田，这样每年可收获千万石粮食，大大减轻漕运的压力，保障北方的粮食供给。但是这一主张没有实现，沈德符认为早在明中期宣德年间徐有贞提出此建议时，北方士绅因为惧怕漕粮减少而增加自己的赋税，强烈反对开垦营田，“是后中原士夫深为子孙忧，恨入心髓，牢不可破”，等到汪澄源再次提出这件事，“其不掇奇祸幸矣，敢望施行哉！”汪澄源在不久之后就离任了，营田之法在该地区也没有施行。[③] 此后，汪澄源的后任孙玮虽然在此地实行过营田，

① 陈邦瞻：《宋史纪事本末·叙》，中华书局1977年，第1191页。

② 陈邦瞻：《宋史纪事本末·叙》，中华书局1977年，第1191页。

③ 沈德符：《万历野获编》卷12“西北水田”“西北水利”条，中华书局1997年，第321—322页。

但遭到蝗灾、水灾的破坏而荒废了。可见，在明代营田之法所遇到的情形与宋代非常相似，但是明人没有吸取宋代的教训，对其进行改革，发挥其优势，避免不良后果的发生。这就是陈邦瞻撰述《宋史纪事本末》的主要目的，其他如《道学崇黜》《元丰官制》也对明代社会有重要的借鉴意义。

《宋史纪事本末》不同于嘉靖年间其他改编《宋史》的私撰史书的第二点是，注重历史事实的阐述和评论。评论宋太宗规取燕蓟失败的原因时称，“失在先下太原”，昔日宋太祖与赵普谋取天下，“先定南方，次及燕，最后乃及太原”，因为燕地一取，太原在中间，不战而得；但宋太宗倾兵取太原“仅能克之，师已老矣，复议攻燕，所谓强弩之末，势不能穿鲁缯”。认为宋太宗伐契丹却未能收回燕蓟，最主要的原因就是宋太宗“不知天下之大势，倒行求前”。[①] 再如评论宋初太祖“杯酒释兵权”之举，陈邦瞻曰：“宋祖君臣惩五季尾大之祸，尽收节帅兵柄，然后征伐自天子出，可谓识时势、善断割，英主之雄略矣！……后世子孙不深惟此意，徒以杯酒释兵权为美谈。至南渡后，奸臣犹托前议，罢三大帅兵，以与仇敌连和，岂太祖、赵普之谋误之耶！”[②] 宋太祖收回大将兵权是吸取五代将帅强势尾大不掉的教训，后世只以收兵权为榜样，至国家需要兵强之时，仍收将帅兵权，造成国势益弱，这是不懂得因势而变的道理。

（二）私撰明史

这一时期的私撰明代通史占大多数，只有瞿九思《万历武功录》是记万历朝的历史。纪传体《皇明副书》通记洪武至隆庆年间事，在体例上，六表如《同姓诸王表》《公侯伯表》《阁臣表》《铨尚书表》《科选表》《逊国忠臣表》，是损益王世贞《弇山堂别集》中的

---

① 陈邦瞻：《宋史纪事本末》卷 12《平北漠》，中华书局 1977 年，第 77 页。

② 陈邦瞻：《宋史纪事本末》卷 2《收兵权》，中华书局 1977 年，第 12 页。

《同姓诸王表》《公侯伯表》《内阁辅臣年表》和郑晓《吾学编》中的《同姓诸王表》《直文渊阁诸臣表》《两京铨尚书表》《建文逊国臣记》而成；十志如天文、律历、职官、艺文等与以往纪传体正史一致；列传的类目，如前所述较以往史书有所改变，但内容基本一致。在内容上，《皇明副书》注重参考其他已成的私撰明史，遵循他详我略的原则，例如《方域志》“其地之夷险，民之情伪，桂文襄、罗文恭、胡庄肃、郑端简，又邓元锡已详言之。谨复因时损益，稍加润色，俟省方（志）者采焉”；[①]《山海外夷传》“其西缴限山，东南负海，按之图说诸国，不啻星罗。已载他书，不复详记。而弟采来宾于魏阙，昭文德于幽遐，取其尝入贡称臣者，作《山海外夷传》，以明一统一盛，修太平之壮观云尔”。[②]

《明大政纂要》编年通记洪武至隆庆年间事，前文已述，该书关于明代的重要政治、经济问题多参考《实录》。张铨《国史纪闻》编年通记洪武至武宗末年事，《四库全书总目提要》称其“仅取各家之书，讨论异同，编次成帙”。[③]《皇明史概》记明初至万历末年的史事，万历中期朱国祯曾入史馆预修国史，入阁后又“取国事及公卿志状疏草，命胥钞录”，[④] 还曾说：“陈（建）、郑（晓）、雷（礼）、薛（应旂），卓卓名家，余都烂然，彼此互见。”[⑤] 可见，他修撰该书参考了官方史料和陈建、郑晓等人的书籍。《名山藏》全书有 37 个“记”，记述明代的各种人物，但是各记的标题如《俘贤记》《继体记》等让人摸不着头脑，不看内容就不知道该记所记载的人物类型。

---

① 吴士奇：《皇明副书》卷 21《方域志》，上海图书馆藏清抄本。

② 吴士奇：《皇明副书》卷 99《山海外夷传》，上海图书馆藏清抄本。

③ 永瑢等：《四库全书总目提要》卷 48 史部 4《国史纪闻》，王云五主编：《万有文库》本，商务印书馆 1931 年，第 95 页。

④ 顾炎武：《顾亭林诗文集》之《亭林文集》卷 5《书吴潘二子事》，中华书局 1959 年，第 121 页。

⑤ 朱国祯：《皇明史概·自序》，江苏广陵古籍刻印社 1992 年，第 29 页。

《万历武功录》除部分列传如卷3《巢贼赖元爵、蓝一清诸酋列传》从嘉靖年间起记述、卷6《缅甸列传》从元代起记述、卷7《俺答列传》从三代以上开始记述等外，时间断限主要集中在万历元年至二十八年，记官府平叛的主要事迹，有农民、矿徒、饥民等起义，也有鞑靼、瓦剌等少数民族的活动。该书的选材主要来自《实录》、档案、邸报、奏议等，多为一手资料，真实可靠。因为其中有关于女真、蒙古的详细资料，在清代遭到禁止，但对我们现在研究蒙古、女真在明代中后期的发展演变有重要的史料价值。

（三）野史笔记

这一时期的野史笔记数量较多，虽然没有固定的体例，但也并非全部是资料汇编和记载奇闻逸事的街谈巷语，其中也不乏有价值的著作。

《万历野获编》分条列标题记明初至万历末年事，共1400多条，内容包括政治经济、典章制度、文化风俗、奇闻逸事等。钱谦益曾论沈德符为撰写此书所做的努力："自王、李之学盛行，吴越间学者拾其残沈，相戒不读唐以后书，而景倩独近搜博览，其于两宋以来史乘别集故家旧事，往往能敷陈其本末，疏通其端绪。家世仕宦，习闻国家故事，且及见嘉靖以来名人献老，讲求掌故，网罗放失，勒成一家之言。"[①] 清代朱彝尊称赞该书"事有左证，论无偏党，明代野史未有过焉者"。[②] 沈德符在书中敢于批评皇帝的荒淫奢靡，称其"皆民膏血也"。[③] 李淑萍认为《万历野获编》最大的特点就是对明代政治生活的记述，对以后的明史修撰起到重要的参考作用。[④]

① 沈德符：《万历野获编·补遗跋》，中华书局1997年，第6页。

② 朱彝尊：《静志居诗话》卷17，人民文学出版社1990年，第515页。

③ 沈德符：《万历野获编·补遗》卷3《内府蓄豹》，中华书局1997年，第899页。

④ 李淑萍：《〈万历野获编〉：描摹明代政治风云的历史画卷》，《河南社会科学》2009年第4期。

《涌幢小品》分条记历朝的典章、经济文化和评点人物，其中以明代的内容居多，且该书“凡经、稗、海，诸书所载，行于世者，都不敢录”，[①] 即不录他书所载之事。一方面反映出作者重视当代史的记载；另一方面反映出作者在撰写该书时已经阅读了大量史书，才能补充他书未载之事。真实可靠也是该书的特点之一，如卷1《献俘》《出阁》、卷14《均田》等基本是作者的亲身经历。朱国祯之后的徐应秋修撰《玉芝堂谈荟》卷34直接标注引用该书；[②] 清代王士祯《居易录》《池北偶谈》《香祖笔记》等也标注引用该书，王士祯总裁《御定渊鉴类函》卷71“翰林院总裁二”中也明确记述是“引《涌幢小品》”；[③] 清代姚之骃《元明事类钞》共30卷，引该书80多处。可见，该书叙事和评价的真实性在当时和后世都是被认可的。此外，《涌幢小品》的评论质实，如卷2《经筵忌辰》叙述了经筵日刚好遇到先皇后或先皇忌辰，皇帝请求移经筵前一日，礼部以旧例为由拒绝了皇帝的请求。朱国祯认为“大约读书讲书是好事，自非上圣，亦有时而厌怠。人家小学生子尚然，况帝王乎？议者争此区区，因废大典”。[④] 指责礼部死守陈规，不顾人情和实际情况，反而违背了读圣人之书的本意。类似的评论在该书中有很多，但由于体例不明，叙事也繁多复杂，许多精华被淹没，有沙中金屑之憾。

《西园闻见录》按照内、外、杂三编的形式撰写，记洪武至万历年间事，只有卷63“京营”、卷64“饷馈”、卷73“器械”“备御”中的少部分涉及天启年间的人和事。《西园闻见录》内编如“孝顺”

---

① 朱国祯：《涌幢小品》，中华书局1959年，“跋”，第2页。

② 徐应秋：《玉芝堂谈荟》卷34，《文渊阁四库全书》第883册，上海古籍出版社1987年，第829页。

③ 王士祯（王士禛）等：《御定渊鉴类函》卷71“翰林院总裁二”，《文渊阁四库全书》第983册，上海古籍出版社1987年，第812页。

④ 朱国祯：《涌幢小品》卷2《经筵忌辰》，中华书局1959年，第29页。

"友爱""仗义"等是对人的德行的约束，其中不免有愚忠愚孝的内容；外编"宰相""翰林""漕运""边防"等以人物事迹为载体，包括明代的政治、经济、军事等内容，其中外编 77 卷中军事有 32 卷，所占比重较大；杂编"鬼神""报应"等多涉及荒诞的琐闻。总的来说，该书涉及内容广泛，瑕不掩瑜，是后人研究明代的重要史料。民国邓之诚为之作跋，指出该书的史料价值："凡所称引，博览之士或有不悉其所从出者，故书旧记散佚多矣，犹赖此书以传，一也；所录奏疏，多出邸报，非今所恒见，二也；兵事逾三十卷，建州方盛，语焉特详，触忌新朝所以阙，三也；著一议论，主张歧出者，必备录之，以见持平，四也。"[①] 但谢国桢《增订晚明史籍考》和傅玉璋、傅正《明清史学史》都未收录该书。

（四）私撰人物传记

《诸儒学案》按时间顺序收录从宋代周敦颐始，终于明代罗汝芳之说，最后增加刘元卿的老师耿定向的学说，共二十七家的语录。刘元卿在万历二年会试不第后就绝意科举，以求道为事，后为礼部主事，曾请"从祀邹守益、王艮于文庙"。[②]《诸儒学案》是明代较早的学案体通史著作，是学案体在明代渐趋成熟过程中的重要著作，以学者传略和语录为主，梳理了宋代至明代学术发展的历程，从书中列举的明代的案主，如陈献章、王畿、王艮、罗汝芳等，可以看出刘元卿比较重视明代的心学。清初黄宗羲《明儒学案》模仿该书，以王学为主，以总论、学者传略、学术资料选编的形式完善了学案体。

《国朝献征录》始撰于万历年间官修本朝正史活动，共 120 卷，记载洪武至嘉靖年间的人物，"一代王侯将相、贤士大夫、山林瓢衲

① 邓之诚：《西园闻见录跋》，张萱：《西园闻见录》（九），明文书局 1940 年，第 881 页。

② 张廷玉等：《明史》卷 283《刘元卿传》，中华书局 1974 年，第 7292 页。

之迹，巨细毕收”。[①] 相当于焦竑为完成本朝正史中的“传记”所做的准备，对《明史》传记的修撰起到了积极作用，甚至《明史》中有的人物传记直接改编自《国朝献征录》，如《明史》卷130《吴良传》、卷225《张瀚传》、卷296《孝子丘铎传》基本来自《国朝献征录》中卷8《吴良神道碑》、卷25《吏部尚书张荣懿公瀚传》、卷112《孝子丘铎传》。该书一方面记载人物全面；另一方面对嘉靖之前的人物注重考证，而对同时代的人物撰写也以客观的态度记载，“阙疑而传其信，斥似而采其真”。[②] 清代官修《明史》的总裁徐乾学曾说：“史材之最博者，无如《献征录》《人物考》两书。”[③]

综上，万历末期私撰史书的类型增多，私撰明史继续发展，以通史居多，史料多采自《实录》和以往私撰明史，力求史书记载的真实客观；改编旧史与嘉靖年间以阐释“正统论”为主要目的不同，追求历史事实的真实记载；野史笔记中有不少考证，改变了以往野史舛误俚浅的印象；人物传记不再以“名臣”为主，学术史有了长足发展，同时注重对各阶层人物的记载，为后世修撰明史提供了参考；史学著作敢于批评以往正史的不足，阐述个人意见，虽然理论色彩甚少，但在史学实践上为清代史学理论的发展奠定了重要基础。总之，这一时期的私撰史书在各方面都有所发展，总体呈现出注重历史真实性和明代通史的特征，是明代中后期私撰史书的继续发展阶段。

四　小结

明代中后期私撰史书的发展经历了嘉靖中期以后至隆庆、万历中

① 顾起元：《国朝献征录序》，焦竑：《国朝献征录》，上海书店1987年，第1页。

② 顾起元：《国朝献征录序》，焦竑：《国朝献征录》，上海书店1987年，第2页。

③ 徐乾学：《徐健庵修史条议》，刘承干编著：《明史例案》卷2，文物出版社1982年，第5页。

期、万历末期三个阶段，每一阶段中不同类型的私撰史书都有不同程度的发展。私撰明史贯穿于每一个发展阶段，初始于嘉靖年间，万历年间达到鼎盛，以私撰的建文朝史籍和嘉、隆两朝史为主；万历末年继续发展，以明代通史为主。私撰明史在万历朝得到长足发展，主要得益于史料的丰富，官修《实录》的外流和大量私撰明史的出现，为私撰史书提供了借鉴和相互参考的资料，再加上这一时期印刷事业的发展，更为史书的流传创造了便利条件。

人物传记也是贯穿这一时期的史著之一，经历了嘉靖年间延续明前期以“名臣”为主要记述对象，到注重学术人物和各阶层人物的过程，反映出历史记述对象范围的扩大。这一时期改编旧史以改编《宋史》为主，经历了以“正统论”为指导思想到“求实”的过程。改编《宋史》的起因是嘉靖朝的政治局势变动，因此，当政治环境发生变化后，万历朝改编《宋史》的私撰史书也就剧烈减少。野史笔记的发展是这一时期私撰史书发展的特色之一，野史笔记因为不拘泥于体例，包含的内容非常广泛，其中既有史家的亲身经历，也有考证，从整体上提高了野史笔记的水平。史学理论类著作的出现代表了这一时期史家史学意识的增强，包括两类：一是对以往正史的研究，主要体现在对以往正史中论、赞的汇纂；二是史学理论专著，主要是汇纂以往的史学理论的文章和书籍。虽然这一时期史学著作的理论性不强，但每部史书对问题都有自己的看法，在考据方面也做了有益的尝试，促进了史学的发展。

总的来看，明代中后期的私撰史书有的注重从现实问题出发，有的注重史学自身发展的建设。但注重现实问题，史书的修撰受到政治的影响就较大；注重史学自身的发展，史书修撰所需要的史料、史家修养等都会影响史学的建设。此外，史书对历史记载的真实性也有了要求，不再以满足官方需求为准，而是注重社会多方面的记载和历史事实的考据。

万历末年以后，天启至崇祯年间的私撰史书无论是在思想上还是在形式上都没有革命性的变化，基本上是对嘉靖、万历时期私撰史书的整合，形成了完整的明代通史著作。明末谈迁《国榷》、黄宗羲《明儒学案》、朱明镐《史纠》等就是这一过程发展的产物。与此同时，官修史书，如《实录》等的修撰进程也缓慢下来，明代史学的发展开始走向衰落。明亡以后，大范围内的私人撰史活动也随之停止，被清代招揽贤士、明遗民官修《明史》活动取代。

第三节　私撰史书的史学价值

明代中后期私撰史书的发展在一定程度上弥补了官修史书的不足，与官修史书一同构成明代史学的整体。由于官修史书类型单一，数量远不及私史，因此，私撰史书在明代史学史上有特殊的价值。大部分私撰史书在某些问题上的记载和评价比官修史书客观，弥补了官修史书的不足，而且私史之间又相互参照补充。当然，因为数量众多，部分私撰史书也有自己的缺点，但它们的价值是主要的。

一　私撰史书补国史之阙

明代中后期私撰史书补《实录》和官修《明史》之阙，确立了它在明代史学中的特殊价值。万历以后私撰史书因为《实录》外流而得到更加充实、可靠的资料，获得发展（详见第一章第三节）。随着史家对《实录》利用和研究程度的加深，《实录》的缺点也逐渐被认识，私撰史书也开始对《实录》部分内容的真实性进行讨论。但任何一部私撰史书都不可能完整地从各个方面对官修史书进行全面补阙，只有众多私撰史书集合在一起，才能共同为弥补官修国史的缺失做出贡献。正如姜胜利所说："明末以来，明史研究者也从未离开过（明代野史）这座丰富的史料宝库……明代野史对后世的明史研究，确有史料库的作用……（明代野史）在中国史学史上第一次成为一代史学的主力和代表。"①

首先，部分私撰史书直接对明代《实录》不实的状况提出批评。沈德符《万历野获编》中有"实录难据"条，认为明代"太祖（实）录凡经三修，当时开国功臣，壮猷伟略，稍不为靖难归伏诸公所喜者，俱被划削。建文帝一朝四年，荡灭无遗，后人搜括捃拾，百千之一二耳。景帝事虽附英宗录中，其政令尚可考见，但曲笔为多。至于兴献帝以藩邸追崇，亦修实录，何为者哉"。② 建文朝的史事被附于《太祖实录》之后，且"建文元年"也被篡改为"洪武三十二年"；景泰朝史事被附于英宗之后、景泰帝被称为"郕戾王"；嘉靖帝为兴献王修《实录》，又是官修史书的一大曲笔。焦竑认为"国朝《实录》代修，如建文、景泰二朝，少者垂四年，多者七八年，向无专纪；景帝位号，虽经题复，而《实录》附载，未为是正……乃使之孙蒙祖号，弟袭兄年，名实相违，传信何据?"③ 认为修本朝本纪时，应该纠正建文帝附于洪武帝之后、景泰帝附于正统帝之后的名实相违的情况。

王世贞《弇山堂别集》中的《史乘考误》十一则，对《明实录》和其他史书中记载失实或者有疑问的地方进行考证，澄清了明朝许多的历史问题。例如《太宗实录》把方孝孺描绘成一个求饶变节的降臣，王世贞辩称："《文庙实录》是三杨诸公手笔，于方孝孺

① 姜胜利：《明代野史述略论》，《南开学报》1987 年第 2 期。姜胜利此处所言"野史"指"私撰史书"。

② 沈德符：《万历野获编》卷 2"实录难据"条，中华书局 1997 年，第 61 页。

③ 焦竑：《澹园集》卷 5《修史条陈四事议》，李剑雄点校，中华书局 1999 年，第 29 页。

等直著其抗命之迹可也，乃曰孝孺叩头乞哀，上命执之，下于狱。呜呼，是何心哉！"[①] 对于建文帝的去向，郑晓、薛应旂等均认为建文帝出逃，且《英宗实录》中也有佐证，言："（正统五年）有僧年九十余，自云南至广西，给人曰：'我建文也，张天师言我四十年苦，今满矣，宜亟反邦国。'"后经审问，此人乃假冒。对于《实录》和其他私撰史书的这一说法，王世贞并不认同，称："建文以洪武十年生，距正统六年当六十四耳，不应九十余也。是时英宗少，三杨皆其故臣，岂皆不能识，而仅一吴诚识之？识之又何忍下之狱，而死戍其同谋十二人也？"[②] 从时间和情理上判断众多私撰史书附会《实录》内容，认为有人在英宗年间假冒建文帝，并因此断言建文帝出奔剃发为僧一事不属实。万历末年张萱也认为国史多讳而不敢尽书，"不若求之野"。[③]

其次，私撰史书比《实录》更能客观地分析历史环境对人物行为的影响，对反面人物不一味苛责。以《实录》对严嵩的评价为例，严嵩在嘉靖年间曾独任首辅十九年，他的继任者徐阶任首辅后又任《世宗实录》的总裁官。嘉靖年间，徐阶和严嵩曾是政敌，徐阶是严嵩任首辅前的政敌夏言所举荐，且严嵩曾利用嘉靖帝与夏言在是否收复河套地区上的分歧，以天象之说致夏言死，夏言成为明朝历史上第一个被处死的首辅。嘉靖二十九年，蒙古俺答汗进犯大同，长驱入内地，直接威胁北京和诸帝陵寝，史称"庚戌之变"。"俺答深入，击其惰归，此一大机也。兵部尚书丁汝夔问计于嵩，嵩戒无战。及汝夔逮治，嵩复以论救绐之。汝夔临死大呼曰：'嵩误我！'"[④] 这是严嵩

① 王世贞：《弇山堂别集》卷21《史乘考误二》，中华书局1985年，第390页。

② 王世贞：《弇山堂别集》卷21《史乘考误二》，中华书局1985年，第389页。

③ 张萱：《西园闻见录》卷29《史局》，明文书局1940年，第220页。

④ 张廷玉等：《明史》卷209《杨继盛传》，中华书局1974年，第5539页。

执政后遇到的第一件大事，他在这件事情上表现出的惧事、推卸责任的态度常出现在他以后的政治生涯中。

鉴于徐阶与严嵩的对立关系和严嵩的政治表现，时任《世宗实录》总裁的徐阶在《实录》中对严嵩的记载以负面居多，《明史》称“嵩无他才略，惟一意媚上，窃权罔利”[①] 就是沿用《实录》的基调。不仅如此，“《世庙实录》于郭希颜、胡宗宪、唐顺之等多有贬词，未协舆论”。[②] 即便是如胡宗宪、唐顺之这样的抗倭功臣，因与严嵩关系密切，在《实录》中也多予以贬词。对此，私撰史书指出《实录》对严嵩、胡宗宪等人的评价并不客观。支大纶在《永陵编年史》中曾称：“（胡）宗宪古良将才也，其捭阖纵擒，玩弄黠贼于肘腋间。东南数十郡，赖以无虞，厥功懋哉。华亭（徐阶）恶严嵩而因恶其所用者，嗾党攻击，死于非命。”[③] 他认为胡宗宪在抗倭期间整肃军纪、蠲免租税等，为东南地区的抗倭战争打下了良好的基础，但如果不借助严嵩的势力，胡宗宪是没有机会实施这些措施的，这是身处官场的无奈，但不能因此否定其功绩。同样，王世贞《嘉靖以来首辅传》对严嵩的所作所为也能客观地分析其所处的历史环境，不把罪责全部归咎到严嵩一人身上。他认为嘉靖帝的纵容为严嵩不分是非曲直地打击政敌提供了温床，嘉靖帝虽“坐深宫中，欲以威福远摄连率大臣，时时有所逮讯……虽甚亲礼嵩，而不尽信之，间一取独断，或故示异同，欲以杀离其势”。[④] 王世贞认为严嵩肆意排挤异己，只要不违逆嘉靖帝，嘉靖帝对严嵩的宠信就不会变。可见，私撰史书比

---

① 张廷玉等：《明史》卷 308《严嵩传》，中华书局 1974 年，第 7916 页。

② 孙承泽：《天府广记》卷 26 引董其昌《荐李维桢修史疏》，北京古籍出版社 1982 年，第 352 页。

③ 支大纶：《永陵编年史》卷 4，《四库存目丛书补编》第 76 册，第 150 页。

④ 王世贞：《嘉靖以来首辅传》卷 4，《景印文渊阁四库全书》第 452 册，台北：台湾商务印书馆 1986 年，第 471 页。

《实录》更能站在客观的角度，把人物放置于历史的大环境中考察，而不以政见之分论人物。

再次，私撰史书补充了《实录》的部分内容。王圻曾提出私撰史书与官修正史互相依存、殊途同归的看法："正史具美丑、存劝戒备矣。间有格于讳忌，隘于听睹，而正史所不能尽者，则山林薮泽之士复搜缀遗文，别成一家之言……又所以羽翼正史者也。"[①] 官修正史虽具美丑、存劝诫，但碍于忌讳不能尽言，而私撰史书别成一家之言，可以言正史不能言者。从史学价值上看，私撰史书与官修正史没有高低之分，私撰史书与官修史书可互为补充，两者地位相同。明代中后期私撰史书首先是对官修《实录》的补充。如万历皇帝恢复建文年号前后，嘉靖至万历年间出现了建文朝史籍，补充了《实录》对建文朝历史的隐讳。徐学谟称修撰《世庙识余录》的原因是："纂辑国史（实录），只据日报书之，即事有征信，而征显阐幽，或无以仰窥神圣之秘，何则？世异人异，自与亲炙者有间也。"[②]《实录》的内容主要依据官方现存的文字资料编辑而成，对于一些官方想隐讳的事实他人则不得而知，因此修撰该书是为补充官修史书中隐讳或者顾及不到的地方。朱国祯《皇明史概》也记载了许多《实录》中未详细记载的内容。例如卷 7 载朱元璋准备迁都关中，秦王听说后有怒言，被囚于京中。这一记载既补充了《实录》中未交代的秦王获罪原因，又透露出朱元璋在迁都过程中的犹豫和反复。

历代官修史书都以政治为主要内容，明代中后期私撰史书在政治内容上也多对官修史书进行补充，主要表现在对政治内容的重视。例如王世贞《弇山堂别集》内容广泛，前十九卷全部是关于明代的政治，之后各卷中也有对政治的论述，内容涉及明代的政治制度、宦官

① 王圻：《稗史汇编引》，《稗史汇编》，北京出版社 1993 年，第 19 页。

② 徐学谟：《世庙识余录》卷首《自序》，全国图书馆文献缩微复制中心 1991 年。

专权、宗藩、朋党等。沈德符《万历野获编》涉及明代政治、文化、经济等各方面，政治内容仍占大部分。该书共48门，其中关于皇朝史事的，如列朝、宫闱、宗藩、公主、勋戚、内监共6门，关于国政朝章的有内阁、词林、吏部、户部、河漕、礼部、科场、兵部、刑部、工部、台省、言事、京职、历法、禁卫、佞幸、督抚、司道、府县共19门，而关于社会风俗的，如士人、山人、妇女、妓女、畿辅等共14门，志怪故事及其他，如释道、神仙、果报等只有9门。可见，沈德符虽然将此书命名为"野获"，但其内容仍以政治居多。郎瑛《七修类稿》也首列"国事"门，显示对政治内容的重视。

最后，私撰史书还补充了正史未记载的内容。柯维骐《宋史新编》认为《宋史》主要存在"列传编次多失当""事迹逸漏者多""文多舛误""纪事多异同""间失实"五个方面的不足，对此"今悉更定"。[①] 此外，该书还补充了许多重要的诏令和一些与重要人物相关的典型事件，如岳飞被杀后其女背银瓶投井自尽以死鸣冤、进士知浃上书为岳飞喊冤被禁管于地方等，反映岳飞之死在当时引起的震动和世人的态度，比《宋史》更具说服力。《宋史·洪皓传》中言"皓卒，后一日，秦桧死"，而《洪适传》又说"桧死，皓还，道卒"等此类抵牾之处，《宋史新编》都做了纠正。薛应旂《宋元通鉴》所载的道学诸人"颇能采据诸家文集，多出于正史之外"。[②]

沈德符《万历野获编》内容广博丰富，有些可以补《明史》不足，如卷12"西北水田""西北水利"等，卷6"陈增之死"记万历年间矿税一事等，补充了经济方面的重要资料。再如《明史·世宗纪》记嘉靖二十一年宫女想缢死皇帝却失败一事，只有22个字：

---

① 柯维骐：《宋史新编》卷首《凡例》，台北：新文丰出版公司1974年，第1—2页。

② 永瑢等：《四库全书总目提要》卷48史部4《宋元资治通鉴》，王云五主编：《万有文库》本，商务印书馆1931年，第92页。

“冬十月丁酉，宫人谋逆伏诛，磔端妃曹氏、宁嫔王氏于市。”《万历野获编》在记载该事件时，用了千余字，详尽始末，不但列出了试图缢死嘉靖帝的16个宫女的名字，还附录了刑部等衙门处理该事的奏疏，揭示了端妃曹氏、宁嫔王氏在此案件中的冤屈。[①] 该书还对明代皇室和官员的奢靡生活做了如实记载，如卷2列朝门中“贺唁鸟兽文字”条记嘉靖帝用金棺埋葬狮猫，并命臣子作诔文，补遗卷3畿辅门中“内府蓄豹”条记西苑豹房养的土豹一年就耗费粮食2800石、700金等，这些记载在官修史书中很难找到。

此外，私撰史书还采用搜集和整理原始史料的方式，为以后官修史书的修撰提供真实、可供选择的资料。张萱《西园闻见录》所引资料丰富，为他书所不及，如卷40《蠲赈前》所引内容标明出处的就有章懋《与许知县完书》、王廷相《答季献忠书》、袁襄《劝郡县捕蝗书》、邓以讃《救荒议》、申文定公《答石楚阳太守书》《答荆巡按书》《答李巡按书》、林希元《荒政丛言》、赵完璧《救荒议》9处，“所录奏疏，多出邸报，非今所恒见”。[②] 清代万斯同修《明史》时称赞焦竑《国朝献征录》“搜采最广……可备国史采择”。[③] 瞿九思《万历武功录》补充了明代后期关于建州女真兴起的状况，虽然因此遭到清廷的禁止，但仍为后人保留下了许多珍贵史料。

私撰史书之所以能补阙官修史书，前提是官修史书存在不足，在明代表现为《实录》不实，而明人对《实录》不实的原因也做过分析。焦竑认为官修史书的修撰存在不实的现象，而私撰史书的出现弥补了这方面的不足，即“古天子诸侯皆有史官，自秦汉罢黜封建，

---

① 沈德符：《万历野获编》卷18“宫婢肆逆”条，中华书局1997年，第469页。

② 邓之诚：《西园闻见录跋》，张萱：《西园闻见录》（九），明文书局1940年，第881页。

③ 万斯同：《石园文集》卷7《寄范笔山书》，《续修四库全书》第1415册，上海古籍出版社2002年，第510页。

独天子之史存。然或屈而阿世与贪而曲笔，虚美隐恶，失其常守者有之。于是岩处奇士，偏部短记，随时有作，冀以信己志而矫史官之失者多矣”。[①] 钱谦益曾分析明代官修《实录》失实的原因，称史官或修史活动的主持者“各以己意为记注，凭几之言可以增损，造膝之语可以窜易，死君亡父，瞒天谰人”，[②] 没有严肃的修史态度，只把史书和修史活动作为自己情感表达和政治站队的工具。此外，明代《实录》不实受皇帝和总裁的影响比较大。明成祖二改《太祖实录》的目的是给自己夺侄帝位的行为披上合法的外衣，有意指使史官作伪史，捏造自己是马皇后“嫡生”的迹象和太祖有意传位于自己的痕迹；增加朱元璋死前“敕符召燕王还京师，至淮安，用事者矫诏却还，及帝临崩，犹问‘燕王来未’”之语。[③] 参与第一次修《太祖实录》的叶惠仲因为直书明成祖起兵一事而被诛族，二修《太祖实录》的监修李景隆、总裁解缙也因直书被夺爵或被杀。清初黄宗羲也曾分析明代《实录》不实的原因：“史之所凭者，《实录》耳。《实录》见其表，其在里者已不可见。况革除之事，杨文贞未免失实；泰陵之盛，焦泌阳又多丑正。神、熹之载笔者，皆宦逆奄之舍人。”[④] 认为《实录》本是修史的主要凭据，但杨士奇总裁《太祖实录》，因为皇帝的授意，不得不将建文朝史事附于太祖之后，并革除年号；焦芳总裁《孝宗实录》，因为他本人妒害正直之人，《实录》中也不免有失实的地方；《神宗实录》和《熹宗实录》的修撰则多受到宦官的影响。

总的来说，明代的历朝《实录》总是受到外界因素，尤其政治

① 焦竑：《国史经籍志》卷3《杂史类·序》，《丛书集成初编》本，商务印书馆1939年，第67页。

② 钱谦益：《牧斋有学集》卷14《启祯野乘序》，上海古籍出版社1996年，第686页。

③ 夏燮：《明通鉴》卷首《义例》，岳麓书社1996年，第9页。

④ 谈迁：《国榷》附录《黄宗羲：谈君墓表》，中华书局1958年，第6225页。

因素的影响而失实。万历以后《实录》外流的规模扩大，《实录》不仅被私撰史书所利用，各私撰史书还积极对其中的不实之处进行纠正，补充相关内容。明代中后期私撰史书补阙官修史书，尤其是私撰明史对明代历史的补充，对帮助后人更加准确、详细地了解明代历史有积极贡献，这也是明代中后期私撰史书在史学上的特殊价值。

二 私撰史书之间互相补充

明晰私撰史书的价值，既要阐述它对官修史书的作用，又要看到私撰史书之间的相互补充和影响。虽然明代私撰史书常被批评有诸多舛误，不可尽信，但明人修撰史书时仍自觉地参考和利用已出现的私撰史书。

首先，明代中后期私撰明史的一个重要原因是受前人史著的启发。陈建曾自述修撰《皇明通纪》的原因，“每翻阅我朝制书，洎迩来诸名公所撰次诸书，凡数十余种，积于胸中。久之不能自制，乃时时拈笔书之”。[①] 薛应旂撰《宪章录》时也曾说：“迩来见《通纪》仿编年而芜鄙，《吾学编》效纪传而断落，遂不辞衰惫，尽出旧所录者，摘什一于千百，汇为斯编，与经世者共之，题曰‘宪章录’者。”[②] 薛应旂认为私撰明史《皇明通纪》和《吾学编》存在不足，决定修撰《宪章录》以弥补前史之阙。顾起元记雷礼撰《国朝列卿纪》的原因之一，是补《宪章录》之不足，“《宪章》诸书，网罗云备，其于列卿之业，沿革创承，迁代首尾，固未详也”。[③] 可见，陈建撰《皇明通纪》是在阅读了大量的前人关于本朝历史的记述的基

① 陈建：《皇明通纪·序》，钱茂伟点校，中华书局 2008 年，第 1 页。

② 薛应旂：《宪章录·序》，全国图书馆文献缩微复制中心 1988 年。

③ 顾起元：《国朝列卿纪序》，雷礼：《国朝列卿纪》，《续修四库全书》第 522 册，上海古籍出版社 2002 年，第 1—2 页。

础上，“不能自制”而修撰的；薛应旂撰《宪章录》又是为了补《皇明通纪》的荒鄙之缺而修撰的；雷礼《国朝列卿纪》又是为了补《宪章录》之简略而修撰的。《皇明通纪》的一些续补之作，如岳元声《皇明资治通纪》认为《皇明通纪》记事有“年月联接而去，殊少清楚”的缺点，因此他在修撰史书时注重“月易而事必更纪”,[①] 以纠正《皇明通纪》的不足。

吴士奇修撰《皇明副书》的契机源于他捐资刊刻《皇明书》。万历三十四年，郧阳巡抚董纪贤受钱一本所托，捐俸刊刻邓元锡的《皇明书》，吴士奇时任吉安郡守，也捐资刊刻了此书。万历三十四年以后，吴士奇在参考《吾学编》《弇山堂别集》《皇明书》等的基础上开始撰写《皇明副书》。再如，沈德符与焦竑两家交好，沈德符对焦竑的刻苦印象很深刻，称：“焦久困公车，每岁必至吾家，留浃月，借观书籍。时焦贫窭，至手自节录。”[②] 焦竑的勤奋影响了沈德符，清代朱彝尊称沈德符几乎是“日读一寸书”,[③] 为他作《万历野获编》打下了坚实的基础。

万历年间改编《宋史》的私撰史书几乎只有陈邦瞻《宋史纪事本末》，而陈邦瞻修撰此书源于冯琦想续《通鉴纪事本末》。但冯琦事未成而卒，其遗稿被刘曰吾得到，他嘱咐陈邦瞻增订该书，陈邦瞻最终增订了十分之七，成《宋史纪事本末》。王圻修撰《续文献通考》是为了续前代旧史，以成通史，曾说：“马贵与（端临）所著《通考》，绝笔于宋。然自嘉定以后，什不得一矣！胡元典故阙焉未备……宋真以后，辽、金事迹十居六七，旧考削而不入……国朝礼乐

① 陈建撰，岳元声订：《皇明资治通纪》卷首《凡例》，《四库禁毁书丛刊》史部第 12 册，北京出版社 1997 年，第 3 页。

② 沈德符：《万历野获编》卷 14“科场”条，中华书局 1997 年，第 377 页。

③ 朱彝尊：《静志居诗话》卷 17，人民文学出版社 1990 年，第 515 页。

制度，轶唐虞而陋宋元，可独阙乎？……遂即贵与款以类附入。俾考古者得以证今，幸成一代完书。”[①] 王圻认为马端临《文献通考》只写到宋代，但国朝礼乐制度在辽、金、元都有所发展，史书应当连绵不绝地记载。李贽对杨慎甚为推崇，至云南做官，先到杨慎当年所居之地观谒，还写了一系列评杨慎的文章，如《蜻蛉谣》《伯夷传》《岳王并施全》《张千载》等28篇收录在《焚书》中。李贽对王安石的评价就受到杨慎的影响，杨慎认为“小人不足以乱国，其乱国者，必伪君子……宋之乱不在京、卞，而在王安石”。[②] 李贽评价王安石时提出“君子误国论”，称：“小人误国犹可解救，若君子而误国，则末之何矣。何也？彼盖自以为君子而本心无愧也。故其胆益壮而志益决，孰能止之？”[③] 与杨慎的观点如出一辙。

可见，明代中后期由一个人的撰史行为引发其他人的撰史行为，促进史书之间形成连锁反应，增加了私撰史书的数量和改正前人之史的热情，对私撰史书的繁盛起到了积极作用。

其次，私撰史书在内容上相互补充和借鉴。嘉靖后期成书的《国朝列卿纪》“取材于志录，稽世于谱牒，日月披寻，排缵成集……其或事无可考，亦具存其姓名，名曰《国朝列卿纪》”。[④] 雷礼著该书时，私撰明史已有《吾学编》《宪章录》等，但关于明朝诸卿的沿革传承、迁代首尾并未详细交代。雷礼在该书中详细交代了每一官职历任者的生平、出身、官绩等，以此叙述明代职官制度的变化，补充了前史内容上的不足。再如，关于明代的经筵制度，《万历

① 王圻：《续文献通考·凡例》，《四库全书存目丛书》子部第185册，齐鲁书社1995年，第10页。

② 杨慎：《升庵集》卷51《王安石》，《文渊阁四库全书》第1270册，上海古籍出版社1987年，第434页。

③ 李贽：《焚书》卷5《党籍碑》，中华书局2009年，第217页。

④ 顾起元：《国朝列卿纪序》，雷礼：《国朝列卿纪》，《续修四库全书》第522册，上海古籍出版社2002年，第2页。

野获编》卷2《冲圣日讲》介绍了日讲制度的各项礼仪、日程等，《西园闻见录》卷29《经筵日讲》在沈德符叙述的基础上，还增加了一些经筵讲官的言行，丰富了该制度的内涵。童时明《昭代明良录》所采用的史料基本是私撰史书，在纪传的论赞中引同时代人的话几百条，而这些论赞的原书大多已经佚失，为保存这些史料做出了贡献。朱国祯曾在《皇明史概》自序中言："陈（建）、郑（晓）、雷（礼）、薛（应旂），卓卓名家，余都烂然，彼此互见。"此外，《皇明史概》中还有大量的"臣郑晓曰""臣何乔远曰""《弇州外史》曰"等，这些是朱国祯广参他书的明证。而何乔远对其他私撰史书的参考和利用最多，甚至大段引用《吾学编》《弇山堂别集》《嘉靖以来首辅传》《国朝献征录》《今献备遗》等原文。[①]

《续文献通考》和《稗史汇编》是王圻先后于万历三十年和三十五年完成的著作，两书相互补充。《续文献通考》是一部典制体通史，《稗史汇编》是一部类书，但它们在内容和体例上有很多相似之处。蔡增誉认为《稗史汇编》可能是《续文献通考》的副产品，"稔其（王圻）居柱下时，肮脏淹雅，具良史材。以蚤遂初衣，故得以岩穴之暇，畋渔千古，既以其大者续马贵与《通考》而兹复贾其余勇，白首丹铅，以就斯编，岂曰道在秭稗，不废洛诵，倘亦有大小兼识意乎？……故弁其首简，使与《通考》并传，以俟润色鸿业者采焉"。[②] 蔡增誉认为《稗史汇编》与《续文献通考》有大小兼识的意思，两者可以并传，以此才能全面、细致地了解所记典章制度的沿革发展。周孔教也说王圻"尝续《文献通考》，出入古今，为艺苑隋和，杀青甫毕，又泛滥诸家小说，簸扬淘汰，裒其可传者，分门析

① 沈伍林：《何乔远〈名山藏〉研究》，硕士学位论文，西南大学，2011年，第33—76页。

② 蔡增誉：《序》，王圻：《稗史汇编》，《四库全书存目丛书》子部第139册，齐鲁书社1995年，第524—525页。

目，汇为成书，凡可百卷……几与金匮石室之藏同备大观”。[①] 从著书的时间顺序上看，两书是连贯的，都可以作为他书的参考；从两书具体的类目上看，《稗史汇编》有 28 门，其中天文、地理、国宪、职官、方外、文史等与《续文献通考》中的象纬、舆地、国用、职官、方外、经籍等都有类似之处。两者虽然类目相似，但叙述的重心不同，《续文献通考》注重典章制度及相关人物事迹的知识性描述，《稗史汇编》主要记载人物的逸闻韵事。从这一角度看，两书互为补充、关系紧密，可参考阅读。

最后，私撰史书在结构上相互借鉴。沈德符对王世贞《弇山堂别集》甚为欣赏，在《万历野获编》卷 25“私史”条中就曾以《弇山堂别集・史乘考误》为例，议论本朝官修史书的不足。《万历野获编》没有明确的分卷，但它对史书内容的顺序安排基本与《弇山堂别集》一致。《万历野获编》的前 6 门如列朝、宫闱等是对皇家事务的叙述，其后 19 门如内阁、词林等是对国家事务的叙述，再后 14 门如士人、山人等是对个人事迹的叙述，与《弇山堂别集》中的“三述”（《皇明盛事述》《皇明异典述》《皇明奇事述》）所记内容顺序一致。不但如此，沈德符在表述上也如“三述”一样，采用一条条罗列史料的方式。朱国祯修撰《皇明史概》时曾借《名山藏》手抄本参考，因此该书在结构上基本模仿《名山藏》，以“记”为各部分的基本单位，如《大政记》《大事记》等。

明代中后期私撰史书是一个互动的集体，或在写作动机上互相激励，或在内容上互相补充，或在结构上互相借鉴。每部私撰史书既有自己的特色，又吸收、借鉴、传承其他史书，促使明代中后期的私撰

---

① 周孔教：《序》，王圻：《稗史汇编》，《四库全书存目丛书》子部第 139 册，齐鲁书社 1995 年，第 520—521 页。

史书成为前后相续的整体，成为明代史学中不可或缺的一环。但随着史书的增多，私撰史书可参考的资料也增加了，可借鉴的经验也很多，在历史内容记载上难免有重复的地方。

三　私人史家个人价值的实现

明代中后期私撰史书不仅在史学上为官修史书和其他私人撰史提供价值，它也是私人史家实现个人价值的重要途径之一。

留名于后世是史家撰史的原因之一，尤其是私撰史书者，他们或者怀才不遇，或者不满于朝廷上的尔虞我诈，又希望对当世或者后世有所裨益。司马迁、班固、范晔、刘知几、马端临等基本以私撰史书而名重于后世，而明代中后期史料增加、史书刊刻条件便利、官修史书衰落等，都刺激和激励了私人史家著史留名。例如，沈德符出身于官宦家庭，父亲是史官，他中举人后考进士失败，就决心不再以考取功名为业，然“年将及壮，邅回无成，又无能著述以名世”。[1] 沈德符自感科场无望，在回到秀水老家后，专心著述，希望以此方式名世。沈德符自比沈括、沈周，并认为自己比别人有著述的优势，“昔吾家存中，身处北扉，淹该绝世，故《笔谈》一书传诵至今。吾家石田，虽高逸出存中上，终以布衣老死吴下，故所著《客座新闻》时有抵牾。德符少生京国，长游辟雍，较存中甚贱，而所交士大夫及四方名流，聚辇下者，或稍过石田……正不胜书也”。[2] 沈括、沈周都有著作流传于世，但二人生前要么隐于人世，要么著作有不尽如人意的地方，而“我”从小生长在京师，可以看到官方的许多资料，所结交的人也都是名流，比沈括、沈周有更好的撰史条件，所撰之史一定可以成就“我”的名声。朱国祯曾在万历二十五年入史局，准

① 沈德符：《万历野获编・序》，中华书局 1997 年，第 3 页。

② 沈德符：《万历野获编・续编小引》，中华书局 1997 年，第 4 页。

备参修国史，但入馆才三日，史馆就因火灾关闭，停止了官修本朝国史的活动。为此，朱国祯感叹："余之无缘如此，有愧其名甚矣。"[①]自感作为史官却不能履行职责，于是下定决心撰写明史，目的也是想成就自己的史官之名。王世贞曾多次坦言"欲法司马氏"，"删节其凡例，自羲黄而下迨于今，为一家之言，以藏之名山大川"，[②]又"妄意欲整齐一代史事，以窃附于古作者之后"。[③]王世贞既想效仿司马迁作通史，以藏之名山，又想作明史，以续先贤之史，从中表露出的希望通过史作能被后人认识和推崇的愿望不言而喻。

希冀以史作留名于后世的史家历朝都有，这是史家追求自我价值实现的重要表现。唐代史馆建立之前，官、私史书的界限不明显，私人作史成一家之言者多，官修史书靠一人之力完成的也不少见，基本能保证史书的思想性和叙事的统一完整。史馆制度建立之后，官、私分明，官修史书表现出浓厚的政治色彩，私撰史书受到官方的限制也越来越大。明代的史馆隶属于翰林院，史官除了修史以外，也大量地参与翰林院事务，而翰林院中以内阁为重。因此，明代中后期的史官越来越多地参与其他政治活动，不专心修史，这也是明代官修史书衰落的原因之一。官修史书的衰落刺激了私撰史书的发展，但私人撰史没有物质上的回报，社会的认可和留名于后世成为他们撰史的精神支撑。此外，明代中后期朝政日趋腐败，有才能的人得不到重用，他们只得寄心于著史，一方面希望能从历史中找到现实的出路，另一方面希望通过史著留名于后世，实现个人价值。

---

① 朱国祯：《涌幢小品》卷2《实录》，中华书局1959年，第31页。

② 王世贞：《弇州山人四部稿》卷116《国史策问》，台北：伟文图书出版社1976年，第5450页。

③ 王世贞：《弇州续稿》卷190《书牍·徐孺东》，《文渊阁四库全书》第1284册，上海古籍出版社1987年，第708页。

四　私撰史书的缺点

明代中后期的私撰史书虽然取得了一些成绩，对明代史学的发展做出了重要贡献，但无论哪部史书都不可能是十全十美的，私撰史书也有自身不可克服的缺点。

明末清初的钱谦益评价明代史学之谬有三："一曰读史之谬，目学耳食，踵温陵、卓吾之论，而漫无折衷者是也；二曰集史之谬，攘遗舍沈，昉毗陵、荆川之集录，而茫无钩贯者是也；三曰作史之谬，不立长编，不起凡例，不谙典要，腐于南城《皇明书》，芜于南浔《大政记》，踳驳于晋江《名山藏》，以至于盲瞽僭乱，蟪声而蚋鸣者皆是也。"[①] 钱谦益重视史料的考辨，认为明人读史不过是重复前人之论，又喜拾遗前史，编集史作无贯通之理，而作史又不严谨，思想腐朽，内容繁芜。钱氏之论基本道出了明代私撰史书的缺点：一是思想陈旧，视野不够开阔，难免迂腐；二是取材参差不齐，难免不实，甚至失之偏僻；三是影而相从，人云亦云。钱谦益之说虽不能代表所有明代私撰史书，但也能体现一二。总的来说，明代私人撰写史书缺点大致如下。

一是记载不实。陈建的《皇明通纪》是第一部私撰明史，但该书问世后，时人对其褒贬不一。沈德符在《万历野获编》中称该书"皆采掇野史，及四方传闻，往往失实"，可以说是"俚浅舛讹，不一而足"。[②] 范守己作明世宗朝之史时参阅《皇明通纪》，评价该书"采摭虽云不苟，而芜俚可厌"。[③] 可见，作为首部完成并刊刻的私撰

---

① 钱谦益：《牧斋有学集》卷 17《赖古堂文选序》，上海古籍出版社 1996 年，第 768 页。

② 沈德符：《万历野获编》卷 25"焚《通纪》"条，中华书局 1997 年，第 638 页。

③ 范守己：《皇明肃皇外史·序》，《四库全书存目丛书》史部第 52 册，齐鲁书社 1996 年，第 3 页。

明史，《皇明通纪》虽然广泛采集资料，却缺乏足够的甄别和考辨，以致失实之处较多，被后来者批评。郑晓是明代中后期比较博学的学者，“通经术，习国家典故，时望蔚然”，[①] 其私撰明史著作《吾学编》也被世人看重，但该书在记事方面也存在失实，时人王世贞的《弇山堂别集·史乘考误》、明末潘柽章《国史考异》等都对此书的失误之处有所考订。嘉靖年间改编宋史，王宗沐《宋元资治通鉴》只不过采摭宋、辽、金、元全史，其中有很多年月混乱、事迹脱落的现象。《辽史》简略、《宋史》繁芜、《元史》快速成书，这些缺陷在当时就已经被明确，王宗沐作史以此为依据，有记载不实的现象是不可避免的。王世贞的考据虽然精审，但也有失误之处，例如他指责薛应旂《宪章录》中记载马顺陷害刘球一事不准确，“刘之死久矣，何尝一相及？而敢于矫诬乃尔”。[②] 王世贞认为刘球和马顺之死的时间前后相隔太久，由此断定刘球并非马顺害死。但在《明史》和《明史纪事本末》的记载中，刘球和马顺分别死于正统八年和正统十四年，且刘球确系被马顺害死，王世贞以“不相及”一说论证薛应旂的记载有误，有失察之过。《剑桥中国明代史》认为张萱的《西园闻见录》一方面接近于传记著作，另一方面接近于经世文，是有用而重要的资料。[③] 邓之诚评价该书“本旨在以事存人，以人存言。自修己条目，迄于齐家治平，言行一贯。合以求之，虽复旁及幽隐怪异，要以不倍圣人之教为本。盖世道衰微，慨然有作，非比空谈拜献也”。即便如此，《西园闻见录》“亦间有失之眉睫者。门目纷繁，出入先后，微伤凌杂”，“不及细审，稍失剪裁”。[④] 吕邦耀《续宋宰辅

---

① 张廷玉等：《明史》卷199《郑晓传》，中华书局1974年，第5274页。

② 王世贞：《弇山堂别集》卷23《史乘考误四》，中华书局1985年，第412页。

③ 〔美〕牟复礼、〔英〕崔瑞德主编：《剑桥中国明代史》，中国社会科学出版社1992年，第816页。

④ 邓之诚：《西园闻见录跋》，张萱：《西园闻见录》（九），明文书局1940年，第881页。

编年录》甚至杜撰元顺帝是宋瀛国公之子，王洙《宋史质》也以明太祖之先虚接宋瀛国公，否定元朝的存在。祝允明《国朝典故》中曾记："仁宗郭妃，以中宫诞辰，邀过其宫上寿，上亦往。妃进卮于后，后不即饮，上曰'尔又为疑乎?'遽取饮之，妃失色，无及矣。俄而，上崩，妃自经死。"[①] 在这段描述中，祝允明详细交代了事件的始末，似乎仁宗是被毒死的，但《仁宗实录》中记载仁宗是病死的，且死前还遗诏天下传位于太子。可见，部分私撰史书存在记载失实的现象。但这并非主要方面，私撰史书仍有其相应的史料价值和思想价值。

二是评价略失公允。明代私撰明史众多，后人修史时往往对前书加以评价参考，出于不同的立场和目的，不同史家对同一书的评价不一。以对陈建《皇明通纪》的评价为例，邓元锡《函史》认为它"仿荀氏《汉纪》……于人才、风俗、政体、边防三致意焉，视宋李焘《长编》有过无不及矣"，[②] 沈国元《皇明从信录》认为它"编年叙事，文顺义明，遂推为本朝典故权舆"。[③] 邓元锡、沈国元都是从编纂体例上对《皇明通纪》大加赞赏。范守己《皇明肃皇外史》则认为"《通纪》草次亡文，采摭虽云不苟，而芜俚可厌"，[④] 薛应旂《宪章录》也认为"《通纪》仿编年而芜鄙"，[⑤] 黄光升《昭代典则》认为"《通纪》矣，猥管杂而观欲吐"。[⑥] 范守己、薛应旂、黄光升的

---

① 祝允明：《国朝典故》卷 32《野记二》，北京大学出版社 1993 年，第 537 页。

② 邓元锡：《函史》下编卷 13《经籍记》，《四库全书存目丛书》史部第 28 册，齐鲁书社 1996 年，第 284 页。

③ 沈国元：《皇明从信录・总例》，《续修四库全书》第 355 册，上海古籍出版社 2002 年，第 3 页。

④ 范守己：《皇明肃皇外史・序》，《四库全书存目丛书》史部第 52 册，齐鲁书社 1996 年，第 3 页。

⑤ 薛应旂：《宪章录・序》，全国图书馆文献缩微复制中心 1988 年。

⑥ 黄光升：《昭代典则・序》，《四库全书存目丛书》史部第 12 册，齐鲁书社 1996 年，第 184 页。

评价从体裁和取材上着眼，对《皇明通纪》的评价与邓元锡、沈国元等截然相反，但他们只看到《皇明通纪》的缺点，没有深入内里进行细致探讨，略显偏颇。清代朱彝尊盛赞沈德符《万历野获编》“事有左证，论无偏党，明代野史未有过焉者”。[①] 但沈德符在记叙农民起义领袖时，也是站在统治者的立场称他们为“妖人”“妖妇”等，没有公正客观地分析引发起义的原因，一味地批判起义者。沈德符对王世贞甚为推崇，《万历野获编》中有时直接引用王世贞之语对人物进行评价。例如评论张居正，载王世贞之言：“予心服江陵之功，而口不敢言，以世所曹恶也；予心诽太函之文，而口不敢言，以世所曹好也。无奈此二屈事何，是亦定论。”[②] 在评论严嵩时，尤其将严嵩处置王世贞之事浓墨重彩地描写，论及王世贞在《嘉靖以来首辅传》中对严嵩的负面多有描述时认为：“严（嵩）、徐（阶）品行，不待人言，而弇州每于纪述，描画两公妍丑，无不极笔，虽于恩怨太分明，亦二公相业有以自取之。”[③] 沈德符承认王世贞在评价严嵩、徐阶时恩怨太过分明，但认为这是由严嵩的个人品性所导致的。支大纶的《世穆两朝编年史》对严嵩也是多加贬斥，但沈德符却认为该书“似续陈建所著，然专借以报夙仇，且屡改易以行垄断”。[④] 从王世贞和支大纶两人对严嵩的态度上看，都有挟私报复的成分，但沈德符对两人的评价却截然相反，是有意回护王世贞。这一方面由于严嵩的名声本就不好；另一方面王世贞的名气大，又与沈德符交好，因此沈德符更认同王世贞的评价。再进一步细究则是“本朝大小纪载，一出此公（王世贞）之手，使人便疑其不真”。[⑤] 即沈德符偏向

① 朱彝尊：《静志居诗话》卷17，人民文学出版社1990年，第515页。
② 沈德符：《万历野获编》卷25“评论”条，中华书局1997年，第630页。
③ 沈德符：《万历野获编》卷8“内阁”条，中华书局1997年，第208—209页。
④ 沈德符：《万历野获编》卷25“著述”条，中华书局1997年，第638页。
⑤ 沈德符：《万历野获编》卷25“评论”条，中华书局1997年，第631页。

王世贞不是因为王世贞有客观的态度，而是因为王有良史之才，进而推断王所作之史为真，由此才会对王世贞在评价人物的过程中所掺入的个人情感采取偏袒的态度，而有失公允。

三是部分内容过简。郑晓《吾学编》始撰于嘉靖二十年，是最早开始私撰的明代史，后人对此书的评价较高，但也指出其最为明显的缺点：过简。《吾学编》的《大政记》只有事纲，没有详细的事迹和过程，一方面是因为郑晓记事简略；另一方面是他只记官员谪迁之事，大多不是牵涉国政的重要事件，只是叙述个人官职的迁降时间，篇幅较短。“尚简”是史书写作的优良传统之一，但过简则使事不能达，不能清楚明白地记叙史事。这也是《吾学编》中人物评价平庸的原因之一，毕竟所叙述的具体事迹少，也就无从评价。王宗沐《宋元资治通鉴》、薛应旂《宋元通鉴》，两者都是出于维护宋代正统地位的目的，对宋、辽、金、元史做了改编，删去与宣扬宋代正统地位无关的内容，却没有增补史实、查漏补缺。因此，两书没有起到考证、增补史实的作用，对后代研究宋代历史几乎没有帮助。

四是视野不够开阔。明代中后期私撰史书主要指私撰明史，视野不够开阔的表现之一是缺乏胆略，历史性不强。如前文提到的《吾学编》，其人物评价平庸，往往避实就虚，对人品进行简单评价，而不基于事件和环境综合评价。造成这一现象的原因是《吾学编》乃当代史。当代人记当代事，在更能身临其境地记叙历史，为后人留下评论的空间的同时，也存在消极作用，一方面对当代人物的评价有时会涉及政治立场等方面的因素，进而畏首畏尾，如果没有足够的胆略，就很难客观地修撰和评价历史；另一方面因为身处其中，所记述的对象与撰史者所处的时代距离过近，导致撰史者无法以更广阔的视角观察、记录史事，也不能超脱已有的学术观点，因而对人物的评价较难把握。例如建文朝史籍的修撰，万历朝以后为了适应现实的需要，在记载建文朝历史时，以褒扬在“靖难之役”中以身殉主的臣子为主，而对建文朝其他方面的历史记述较少。朱国祯《皇明史概》专立《逊国臣传》，收录建文朝死难的臣民共166人，每人都立传，旨在表彰其英勇殉君的事迹。以历史的眼光看，这些忠义之臣的精神的确值得后人学习，但就当时官修建文朝史籍失实的情况而言，私撰建文朝史籍应当肩负起补充历史事实的责任，而不仅仅是宣扬臣子的忠诚。

明代中后期私撰史书视野不够开阔的另一个表现是在野史笔记中有不少宣扬鬼神迷信的内容。例如郎瑛《七修类稿》相信转世之说，认为此事“时或有之，不可决以为无也”，并列举说苏轼是真戒和尚转世、史弥远是觉阇梨转世等。[①] 再如，沈德符《万历野获编》曾解释明英宗天顺年间科场失火一事，认为是当时的监场御史焦显姓“焦”，预示着科场会有火烧之灾。[②] 而历史的真实情况是“天顺庚辰，春闱火起，监场御史焦显因锁其门，不容出入，死者数十人”。[③] 其他如《涌幢小品》《西园闻见录》等中也有类似的对迷信或者愚忠、愚孝的记载。

明代中后期部分私撰史书存在上述缺点的原因不外有三。一是私人史书的撰写者身份不一，有专门从事修史工作的，有出身于史学世家的，有为官者，有布衣者，有考取科举者，也有落榜者等，撰写者的史学修养和水平参差不齐，造成私撰史书质量各有高低。二是官方资料，尤其历朝《实录》很难为一般人所见，私撰史书者在记述有关朝政之事时，对部分历史事件和人物的细节了解不清，难免猜测编造。正如沈德符分析陈建《皇明通纪》多有失实的原因，他认为陈

---

① 郎瑛：《七修类稿》卷48《僧转世》，上海书店出版社2001年，第511页。
② 沈德符：《万历野获编》卷15“廷试”条，中华书局1997年，第390页。
③ 王琦：《寓圃杂记》卷9《春闱失火》，张德信点校，中华书局1984年，第74页。

建一生只做过两三年的地方小官，对朝廷之事的详情知之甚少，再加之《实录》“皆缄之兰台石室，惟翰苑诸公仅见之”，其史作只是“采掇野史，及四方传闻”，[①] 即便陈建有良史之才，“巧妇难为无米之炊”，资料的匮乏也限制了其私撰史书的质量。三是明代中后期刊刻条件便利，部分私撰史书仓促成书，完成后即刊刻，审核不精，多有失实。因此，尽管明代中后期私撰史书在史料上有其独特的史学价值，但部分私撰史书确实存在一些缺点，后人在参阅时必须时时谨慎，既要利用其有价值的部分，也要对书中的记叙详加考证，做到官修史书和私撰史书互相补充、印证。

五　小结

明代中后期私撰史书最主要的史学价值，体现在它与官修史书共同构成明代史学的整体。在明代，《实录》作为最主要的官修史书，本身存在不足，私撰史书便自觉地对《实录》进行补阙，尽量还原明代历史的全部。同时，私撰史书之间也相辅相成，详述他书所无，略述他书所有，作为整体共同对官修史书进行补阙。万历年间王世贞曾提出国史、野史、家史要扬长避短，共同为史学做出贡献，认为：“国史……其叙典章、述文献不可废也……家乘是而疑誉者，吾弗敢擿也；野史非而疑毁者，吾弗敢救也。其龃龉而两有证者，吾两存之。其拂而核者，吾始从阳秋焉。鄙人之途听而诞者也，纤人之修郤而诬者也，则弗敢避矣。”[②] 官修史书在典章、文献的记载上有优势，家乘中的夸耀之处和野史有诽谤之意的地方，都应该予以纠正。国史、家史、野史互相配合，才能形成对历史的真实认识。

明代中后期私撰史书可纠正和补充《实录》不实和内容的不足，

① 沈德符：《万历野获编》卷25“著述”条，中华书局1997年，第638页。

② 王世贞：《弇山堂别集》卷20《史乘考误一》，中华书局1985年，第361页。

但不必苛求每一部私撰史书在各方面都齐备，只要它能够备正史采择即可。万斯同曾评价明代的私撰史书：

> 读之，见其抵牾疏漏，无一足满人意者。如郑端简之《吾学编》、邓潜谷之《皇明书》皆仿纪传之体而事迹颇失之略；陈东莞之《通纪》、雷古和之《大政记》，皆仿编年之体而褒贬间失之诬；袁永之之《献实》，犹之《皇明书》也；李宏甫之《续藏书》，犹之《吾学编》也；沈国元之《从信录》，犹之《通纪》；薛方山之《宪章录》，犹之《大政记》也；其他若《典汇史料》《史概》《国榷》《世法录》《昭代典则》《名山藏》《颂天胪笔》《同时尚论录》之类要，皆可以参观而不可为典要。惟焦氏《献征录》一书，搜采最广，自大臣以至郡邑吏，莫不有传。虽妍媸备载，而识者自能别之。可备国史之采择者，惟此而已。[①]

万斯同一方面指出明代的私撰史书各有优缺；另一方面高度肯定焦竑的《国朝献征录》，但其也只是备国史采择而已。吴士奇《皇明副书》以“副书”命名，可见其作史的用意。书中的表、志略显简单，如《庶征志》“即书灾异，亦以愚陋多阙遗。昔《春秋》二百四十二年间，书日食者仅三十六，而先儒或以为史官失之。然要以示儆戒，备修省，而不必举其详”。[②] 吴士奇认为灾异之事只是为了示警于世，对正史的修撰没有太大帮助，不必详载，如《春秋》记 242 年间事，记日食者也仅 36 处。此外，《皇明副书》未参考过《实

① 万斯同：《石园文集》卷 7《与范笔山书》，《续修四库全书》第 1415 册，上海古籍出版社 2002 年，第 510 页。

② 吴士奇：《皇明副书》卷 19《庶征志》，上海图书馆藏清抄本。

录》，主要根据现有的私撰明史和撰者的所见所闻写成，所以书中关于社会上层的记载较略，而详载下层人物的事迹、生活等，为后人了解明代社会提供了较为翔实的资料。《皇明副书》记载详略的选择既受撰史条件的限制，也是私撰史书不同于官修史书的特点之一。

总之，如果以正史的标准衡量，则明代中后期的私撰史书远远不如历代官修史书。但如果把私撰史书看成一个整体，把它们看作补充国史的资料库，则私撰史书之间、私撰史书与官修史书之间是相互促进的关系，而非对立的关系，明代中后期的私撰史书在明代史学上也就有了不容忽视的地位。

第三章　私撰史书的编纂学成就

修撰史书离不开历史编纂学，史书撰写的目的、史书的体裁和体例、史书对史文的要求、史家修养等是史书编纂的基本问题。前文谈到，明代中后期私撰史书已经出现了自觉地补阙《实录》的意识，而且史书的类型也会随着社会的变化发生新的变动，即史书修撰的目的主要是补阙国史和为现实服务。因此，明代中后期私撰史书的编纂学成就主要表现在史书体裁体例的更新和编纂观念两方面。

第一节　私撰史书体裁体例的更新

史书的体裁和体例是史书撰述首先要考虑的两个问题，体裁、体例的更新是私撰史书发展的重要标志。史书体裁和体例的选择对史书内容的表达有重要影响，运用得当就会促进史家对史事的记述。“中国古代史书不仅有丰富的外部表现形式，这就是史书的体裁，而且也十分讲究其内部结构及表述上的要求，这就是史书的体例。”[①] 刘知几非常看重史书的体例，认为“史之有例，犹国之有法。国无法，

① 瞿林东：《中国简明史学史》，上海人民出版社 2005 年，第 151 页。

则上下靡定；史无例，则是非莫准”。[①] 这里的“例”可理解为体例。春秋战国时期，“学在官府”的传统被打破，史学也逐渐开始脱离神学而独立发展，《国语》《世本》《书》《春秋》等是这一时期出现的历史文献，从而奠定了中国古代社会史学发展的基础。以《春秋》为代表的史书创立了我国最早的史书体裁——编年体；《国语》“以国为别”的编纂形式创立了“国别体”；《世本》则开后世纪传体之先河。此外，诸如纪事本末体、典制体等都可以在这一时期找到源头。

秦汉时期，司马迁的《史记》、班固的《汉书》构建了纪传体史书的体例范式。《史记》提出了“究天人之际，通古今之变，成一家之言”的著述宗旨，《汉书》断代为史，一直被后世官修纪传体正史沿用。魏晋南北朝是中国史学发展的一个高潮期，纪传体、编年体、史学评论、史注、谱学、地方史等各种形式的史书在这一时期都有出现和发展，多途发展是这一时期史学发展的重要特征。隋唐宋元时期出现了中国古代社会“二十四史”中的十五部，唐完成了《晋书》《陈书》《梁书》《北齐书》《周书》《隋书》《南史》《北史》八部，后晋有《旧唐书》，宋代有《新唐书》《旧五代史》《新五代史》，元代有《宋史》《辽史》《金史》。官修史书在这一时期强势发展，同时私撰史书方面出现了多种新的题材，例如杜佑《通典》创立了典制体，刘知几《史通》创立了史评体，袁枢《通鉴纪事本末》创立了纪事本末体，朱熹《资治通鉴纲目》创立了纲目体。尤其刘知几的《史通》是我国第一部史学理论专著，系统总结了以往史学发展的成就，提出了史学发展中存在的一些问题和改正方法，增加了人们对史学的了解，标志着中国古代史学的发展进入一个新阶段，对史学

① 白云译注：《史通》内篇《序例第十》，中华书局 2014 年，第 136 页。

的发展有重要的指导意义。此外，通史撰述在这一时期也有很大的发展，如郑樵《通志》、杜佑《通典》、司马光《资治通鉴》等成就辉煌。至明代，史书的体裁和体例没有出现革命性的变化，但仍有一些成就，主要表现在以下三个方面。

一　沿用旧体裁，略有变化

中国古代史书的体裁“丘明传《春秋》，子长著《史记》，载笔之体，于斯备矣”。[①] 司马迁创立的纪传体史书体裁，在班固《汉书》以后成为历代正史的标准，编年体自司马光《资治通鉴》后再次大放异彩，以后的主要史书体裁基本也不出这二途。

明人对纪传、编年二体也有深刻的认识。王世贞曰：“大抵史之体有二，左氏则编年，而司马氏乃纪、传、世家。编年者贵在事，而纪、传、世家贵在人。贵在事，则人或略而尚可征；贵在人，则事易详而天下之大计不可以次第得。”[②] “重在事，则束于事而不能旁及人，苦于略而不遍；重在人，则束于人，其事不能无重出而互见，苦于繁而不能竟。故法左以备一时之览，而法司马以成一代之业。可相有而不可偏废者也。”[③] 他认为纪传体重在写人，编年体重在记事。编年体只写时间轴上发生的重大事件，有利于完整地呈现同一时间段内发生的史事，但一些无关国政或者在时间上难以连续记载的人物、制度，诸如典章、贤人、君子等就不会被记载。纪传体的纪、传包举朝廷大小事务的原委，天文、地理、经济、制度等无论重要与否都不遗漏，能够详细且全面地记载史实，但对同一事件的记载则会出现在

---

① 白云译注：《史通》内篇《二体第二》，中华书局 2014 年，第 32 页。

② 王世贞：《弇州续稿》卷 50《左传属事序》，《文渊阁四库全书》第 1282 册，上海古籍出版社 1987 年，第 651 页。

③ 王世贞：《弇州山人四部稿》卷 116《湖广第三问》，台北：伟文图书出版社 1976 年，第 5443 页。

不同的列传中，繁复断续，不能从纵向上考察一代之业。明代中后期主要的私撰编年体和纪传体史书，在前文已有列举，此处仅做补充说明。

（一）私撰编年体史书

嘉靖年间重编宋、元史的热潮中，薛应旂、王宗沐分别撰有《宋元通鉴》和《宋元资治通鉴》，首次将宋、元史以编年体的形式呈现出来。官修《宋史》《元史》编纂的时间都比较短，对史料的考订、取舍、编排等都比较混乱。就史书体裁而言，薛、王两书有益于后人从时间顺序上梳理宋、元间的重大事件，避免重复啰唆，又能一览历史全貌。例如关于南宋宁宗时期的抗金斗争、岳飞之死等历史的记载分散在《宋史》宁宗、赵汝愚、史弥远等纪传中，且《宋史·韩侂胄传》对韩侂胄以权谋利、开展党禁描述较多。[①] 但薛应旂《宋元通鉴》卷 91 对韩侂胄所处时代的历史事件按照时间顺序排列，在此过程中还夹叙相关的人物和事件，使后人能较好地把控历史的整体面貌，站在更加客观的角度评价韩侂胄及其历史行为。

与编年体的集大成者《资治通鉴》相比，薛应旂《宋元通鉴》的叙事脉络和表达更为清晰。薛应旂经常以“初”“尝”“既”“时”等字开头插叙事情的起因，或者补充事件背景，或者追叙某人的事迹等。例如在李沆卒一事后，以“时”字开头引出李沆生平的一些重要事件；在寇准罢相一事后，以“初”字开头引出与罢相相关的另外一件事。[②] 王宗沐《宋元资治通鉴》取《资治通鉴》之长，仅撮略认为能够为明代所借鉴的史实，如宋初优渥文臣、皇帝偏听小人之言、奸臣误国等事，“温公《通鉴》有大臣之拜除、死免，或政令之

---

① 脱脱等：《宋史》卷 474《韩侂胄传》，中华书局 1977 年，第 13771—13778 页。

② 薛应旂：《宋元通鉴》卷 12，《四库全书存目丛书》史部第 9 册，齐鲁书社 1996 年，第 828、833 页。

新定、更革，或地方城镇之得失、移徙事，关系大而议论多者，则先提其纲，而后原其详，记事之常体，不得不然，而亦使览者知其稍别于他事也，计朱子之后为《纲目》，亦不过因此起例，今并依之”。[①] 范守己的《皇明肃皇外史》也是利用编年体，使明世宗嘉靖朝的史事在时间顺序上清晰可见。他也采用过以“时”等字开头，夹叙人物传记或者事件背景的方式，把纪传体或者纪事本末体融入编年体中。例如记嘉靖年间朱希忠因贪污被罢一事，以“时”字开头，引出事情的起因、经过、结果和时人的反应，完整呈现事情的始末。[②]

这一时期其他的编年体私撰史书还有陈建《皇明通纪》及其补作，卜世昌、屠衡《皇明通纪述遗》，岳元声《资治通纪》，等等。《皇明通纪》记事起于元代至正十一年，终于明代正德十六年。《皇明通纪述遗》补嘉靖、隆庆两朝史事；《资治通纪》补洪武至隆庆朝陈建未详细论述的史事。

（二）私撰纪传体史书

郑晓《吾学编》共 14 篇，包括《大政记》《建文逊国记》《同姓诸王传》《同姓诸王表》《异姓诸王表》等。钱茂伟《论郑晓〈吾学编〉》认为该书“以篇为基本构成单位，每篇独立成卷，同时，全书又有统一卷帙”，是郑晓与王洙、邵经邦三人“共同创造了这一新史体”，即“篇卷体”。[③] 后来钱茂伟在《明代史学的历程》中虽然称《吾学编》是第一部纪传体明史，但在具体论述时仍将其编纂方式称为“篇卷体”。[④]

---

① 王宗沐：《宋元资治通鉴》卷首《义例》，《四库未收书辑刊》第 1 辑第 14 册，北京出版社 2000 年，第 4 页。

② 范守己：《皇明肃皇外史》卷 30“嘉靖二十九年九月”，《四库全书存目丛书》史部第 52 册，齐鲁书社 1996 年，第 189—190 页。

③ 钱茂伟：《论郑晓〈吾学编〉》，《浙江学刊》1996 年第 1 期。

④ 钱茂伟：《明代史学的历程》，社会科学文献出版社 2003 年，第 236—238 页。

从体例的变化上看，《吾学编》是“篇卷体”，但是从纪传体的本质特征上看，《吾学编》仍是纪传体。刘知几对纪传体的特征是这样认识的：“纪以包举大端，传以委曲细事，表以谱列年爵，志以总括遗漏。”[①]《吾学编》中的《大政记》虽然不是皇帝的本纪，但它以大事记的方式总括一朝的重要史事，《名臣传》《逊国臣记》《同姓诸王传》等在内容上与列传无异。《吾学编》之所以会每篇独立成卷，这与它的刊刻方式有关。《吾学编》从嘉靖四十三年开始至隆庆二年，边写边刊。因此，在刊刻时必须得保证史书的完整性，断断续续刊刻的每一部分都可以单独作为一本史书流传。《明代蒙古汉籍史料汇编》第一辑中收录的郑晓《皇明北虏考》，就是《吾学编》的一部分。

《明史·艺文志》《四库全书总目提要》都把王世贞《弇山堂别集》归入杂史类，但从该书内容的安排顺序上看，它大致符合纪传体体例。《弇山堂别集》的主要内容分三部分：一是《皇明盛事述》《皇明异典述》《皇明奇事述》三述；二是《亲征考》《巡幸考》《亲王禄赐考》《命将考》《谥法考》《赏赉考》《赏功考》《科试考》《诏令杂考》《兵制考》《市马考》《中官考》十二考；三是《帝系》《同姓诸王表》《公侯伯表》《东宫三师表》《公孤功臣表》《内阁辅臣年表》《翰林诸学士表》《六部尚书表》《卿贰表》九表。三述中如“太祖功德”“藩国之盛”“宗室之盛”等，概述明代君主之德，歌颂王朝的昌盛，“布衣总裁国史”“布衣优礼”等述明初不拘一格选用人才的状况，这些与纪传体本纪所要求的内容一致。十二考集中论述明代的典章制度，类似纪传体的志。因此，不能因为《弇山堂别集》因事命篇的形式和书名中的“别集”就否认它是纪传体史书

① 白云译注：《史通》内篇《二体第二》，中华书局 2014 年，第 35 页。

的事实。何乔远《名山藏》与《弇山堂别集》一样，虽在体例上与纪传体不同，但在内容和叙事的顺序上与纪传体一致。该书全书37个“记”，《典谟记》《坤则记》《开圣记》等是洪武至隆庆年间的编年大事记及相关人物的事迹，主要是皇帝、后妃、太子等的事迹；其后《舆地记》《典礼记》《乐舞记》等相当于纪传体的“志”；再后《臣林记》《儒林记》等相当于纪传体的“列传”。

明代中后期的私撰史书没有出现新的史书体裁，而对旧史书体裁的沿用主要集中在纪传、编年二体上。其他如纪事本末体史书，基本只有《鸿猷录》和《宋史纪事本末》两部，王圻《续文献通考》是该时期唯一的私撰典制体通史。明代中后期私撰史书主要在体例上多有变化。

二　对旧体例的改造和创设

明代中后期大多数的私撰史书在体例上较前代有所变化，不但有对旧体例的改造，还有创设。对旧体例的改造主要是杂糅各种体例，另外还创设志、传的体例。

（一）体例间的相互杂糅

《明史·艺文志》收雷礼《国朝列卿纪》为职官类，《四库全书总目提要》则收于传记类中。《国朝列卿纪》之所以被划入不同的目录类别中，是因为它采用了传记和职官年表相结合的方式进行叙述。如果把该书的内容制作成表格，那么在纵向上是职官，在横向上是年表和行实，由此构成一个严密、详细、准确的年表，其中有某人于所任职上的事迹。如果遇到一人同时兼任多个官职，事有重复者，则采用互见法。把人、事、年在一本书中巧妙地叙述出来，既交代了人物事迹，又能清晰地看到该官职职能的变化轨迹。

纪传体的《弇山堂别集》和《藏书》在体例上参考了纪事本末

体。《弇山堂别集》的“三述”，每篇都独立命名，以示本篇主旨，如“宗室之盛”记隆庆、万历以后宗室人口的增多，“出将入相”记洪武年间徐达的仕宦经历等；《藏书》也是在每篇纪、传前加标题，如秦始皇为“混一诸侯”、陈胜为“匹夫首倡”、王莽为“篡弑盗窃”等。虽然纪事本末体史书所叙述的史实与纪传、编年无异，但是克服了纪传体记事重复和编年体记事分散的缺点，能清晰明了地概括史事，保留一事的完整性。因此，王世贞和李贽将纪事本末体体例引入纪传体中。再如，前文中已提到，薛应旂《宋元通鉴》把纪传体的体例运用到编年体史书中。他以“时”“初”等字开头，引出夹叙，有人物事迹的补充，也有典章制度的解释。这一做法避免了编年体记流水账、疏漏人物和典制等的不足，扬纪传体记人、记事的长处，不仅没有使史书的体例变得驳杂，反而促进了结构的严谨，使内容更加充实。

（二）志、传体例的改编和创设

王洙《宋史质》改编自《宋史》，在体例方面与《宋史》略有不同，其本纪部分称“天王正纪”“闰纪”。列传的体例与《宋史》对比如表3-1所示。

表3-1　《宋史》与《宋史质》列传体例对照

《宋史》	循吏、道学、儒林、文苑、忠义、孝义、隐逸、方技、外戚、宦者、佞幸、奸臣、叛臣、世家、外国、蛮夷
《宋史质》	相业、文臣、吏治、使事、功臣、将相、边将、君子、忠义、孝义、列女、卓行、隐逸、小人、权奸、佞幸、叛臣、降臣、世家、方技、宦者、夷服

《宋史质》承袭《宋史》之列传有“吏治”（相当于《宋史》之“循吏”）、“忠义”、“孝义”、“隐逸”、“权奸”（相当于《宋史》之“奸臣”）、“佞幸”、“叛臣”、“世家”、“方技”、“宦者”、“夷

服”（相当于“蛮夷”和“外国”）；《后汉书》《隋书》等中有“列女”，《新唐书》《辽史》等中有“卓行”；“文臣”“相业”与其他史书中的“儒林”“文苑”类似；“使事”“功臣”“将相”“边将”“降臣”等，是依据宋、辽、金的历史所立的传目，但其内容和“儒林”“循吏”等传类似，例如《使事传》专记出使辽、金的使者；《宋史质》中虽然没有“道学”，但在列传之后单列“道统”四卷；“小人”“君子”两传是《宋史质》的独创。

邓元锡《皇明书》的传有外戚、宦官、臣谟、名臣、循吏、能吏、忠节、将谟、名将、理学、文学、笃行、孝行、义行、货殖、方技、心学、列女。与以往纪传体史书的“传”相比，增加了《心学传》，记载明代心学学者的事迹。

吴士奇《皇明副书》的体例与《明史》相比较，也有变化，如表3-2所示。

表3-2 《明史》与《皇明副书》志、列传之门类的比较

	《明史》	《皇明副书》
志	天文、五行、历、地理、礼、乐、仪卫、舆服、选举、职官、食货、河渠、兵、刑法、艺文	庶征（类似灾祥）、郊庙、文庙、谥法、方域（类似地理）、边防、兵戎（兵制）、泉府（类似货币）、明官（类似职官）
列传	循吏、儒林、文苑、忠义、孝义、隐逸、方技、外戚、列女、宦官、阉党	文学、艺苑、笃行、殊行、名理、名法、医卜、征士、土夷、庶征、货殖、外戚、宠臣、中官、三庶人、七大寇、取节、义子、山海外夷

与《明史》的各志相比，《皇明副书》中关于天文、五行等的论述减少，增加了与军事、边防等相关的志的比例。同时，《皇明副书》列传的类目划分比晚出的《明史》更细，以《明史》为代表的正史中的“文苑”被分为“文学”“艺苑”，改“儒林”为“名理”，改“方技”为“医卜”，等等，使标题更符合所写的内容。

王圻《续文献通考》是该时期唯一的私撰典制体史书，是续元代马端临《文献通考》而作，两书在体例上的变化如表 3-3 所示。

表 3-3　《文献通考》与《续文献通考》门类之比较

《文献通考》	田赋、钱币、户口、职役、征榷、市籴、土贡、国用、选举、学校、职官、郊社、宗庙、王礼、乐、兵、刑、经籍、帝系、封建、象纬、物异、舆地、四裔
《续文献通考》	田赋、钱币、户口、职役、征榷、市籴、土贡、国用、选举、学校、节义、职官、郊社、宗庙、王礼、谥法、乐、兵、刑、经籍、六书、帝系、封建、道统、氏族、象纬、物异、舆地、四裔、方外

《续文献通考》比《文献通考》多“节义”“谥法”“六书”“道统”“氏族”“方外”六门，但“谥法”“六书”“氏族”在南宋郑樵的《通志》中有见。六门中除了“六书”外，“节义”“道统”两门以人物事迹为主，“谥法”“氏族”“方外”也涉及大量的人物事迹，与传统的典制体史书不同。王圻之所以会这样修撰典制体史书，与他对“文”“献”的认识有关，王圻曾说：“文与献皆历朝典章所寄，可缺一也与哉？贵与氏之作《通考》，穷搜典籍，以言乎文则备矣，而上下数千年忠臣、孝子、节义之流及理学名儒，类皆不载，则详于文而献则略，后之说礼者，能无杞宋之悲哉！余既辑辽、金、元既国朝典故，以续其后，而又增‘节义’‘书院’‘氏族’‘六书’‘谥法’‘道统’‘方外’诸考，以补其遗，俾往昔贤哲举得因事以见姓名，而援古据今之士，不至溟涬无稽，故总名之曰《续文献通考》。”[①] 王圻认为，“文”是记载历代典章制度的载体，“献”则记载历代开创和实施典章制度的人的事迹，两者结合才是“文献”的真正含义。典章制度既是“人”制定的，也是由“人”传承的，

---

① 王圻：《续文献通考・引》，《四库全书存目丛书》子部第 185 册，齐鲁书社 1995 年，第 10 页。

因此，增加六门以补充贤人事迹。

《宋史质》创设“君子”“小人”传，单列“道统”，目的重在宣扬理学的道德观；《皇明书》增加《心学传》，反映出当时心学的发展已经受到重视；《皇明副书》侧重“边防”等志，体现了明代中后期史家对边疆危机的重视；《续文献通考》对“文献”的重新解读促进了新门类的增加。其他如柯维骐《宋史新编》认为《公主传》《宗室年表》等“均非关劝戒”，[①] 在史书中删去该体例；《吾学编》中有《夷官考》和《土官》，对《明史·土司传》的设置有重要启示。总之，明代中后期私撰史书在体例上依据社会的变化或史家的思想做出改变或创设，体现出史家敢于打破旧例、勇于创新的精神。

（三）史论体例的创新

纪传体史书中的“论”“赞”是中国古代史论的重要形式，能够起到揭示史书和史家思想、归纳总结史事经验教训的作用。明代中后期私撰史书的“论”“赞”在体例上有所创新。

刘知几曾论古代史书中的论赞：“《春秋左氏传》每有发论，假‘君子’以称之。二《传》云‘公羊子’‘穀梁子’，《史记》云‘太史公’。既而班固曰‘赞’，荀悦曰‘论’，《东观》曰‘序’，谢承曰‘诠’，陈寿曰‘评’，王隐曰‘议’，何法盛曰‘述’，扬雄曰‘撰’，刘昺曰‘奏’，袁宏、裴子野自显姓名，皇甫谧、葛洪列其所号。史官所撰，通称史臣。”[②] 以上史书中的论赞都是史家自己的，且多附于史书正文之后。

明代中后期私撰史书中的论赞体例经常引他人之语。李贽《藏书》除了有“卓吾曰”“李卓吾曰”“李先生曰”等对史事或人物的自论外，还借“太史公曰”“班氏曰”“范晔曰”等进行评论；朱国

① 柯维骐：《宋史新编》卷首《凡例》，台北：新文丰出版公司 1974 年，第 1 页。

② 白云译注：《史通》内篇《论赞第九》，中华书局 2014 年，第 124 页。

祯《皇明史概》则以引他人之论为常态，“臣郑晓曰”“臣郑端简公曰”“臣何乔远曰”“何司徒曰”“吴太常曰”等，甚至还出现以书名标示的，如“《国史》（实录）曰”“《弇州外史》曰”等；陈邦瞻《宋史纪事本末》改南宋袁枢《通鉴纪事本末》只引他人之论的体例，以“陈邦瞻曰”的形式丰富了纪事本末体中的史论体例。此外，《藏书》中的《世纪总论》《世纪列传总目前论》《大臣总论》《富国名臣总论》《智谋名臣论》《行业儒臣论》《世纪列传总目后论》《德业儒臣后论》等位于列传之前或之后的文章，集中阐述对某一认识或者某一类人物的看法。《宋史纪事本末》常引朱熹书序为论，有时也插于行文之中，字数不拘。

李贽、陈邦瞻等灵活改变史书史论的体例，避免议论的重复，也能直观地体现史家的思想。他们还将单篇的“总论”“后论”等史论文章插入纪传体列传的前后，或者纪事本末体史书中，扩大了史论的视野，使论赞不再拘泥于一事一人的评论上。

三 尝试新体裁

中国古代的史书体裁在明代基本已经定型，直至清末也没有再出现新的体裁，但明代中后期私撰史书依然在体裁上做了新的尝试。

嘉靖年间郎瑛的《七修类稿》被《明史·艺文志》列为“小说”，《四库全书总目提要》则列为“杂家”，这主要是因为该书没有像纪传体、编年体史书那样有规整的体例，该书内容庞杂，有些内容不详检出处，给人粗糙的感觉。但《七修类稿》全书按类来划分体例，且书中还有考证，对《明史》也有补充，例如卷 14“散粥施药”“土木之败”等条补充了明代的赈灾政策和土木堡事件等。该书分为天地、国事、义理、辨证、诗文、事物、奇谑七类，每类之下分条，每条又有小标题概括主旨内容。清代周中孚评价此书：“综百家之所长，竭终身之得力，虽雅俗并陈，巨细毕举，然类聚条分，杂而不越。”[①] 对郎瑛“类聚条分”的撰史方式给予肯定。

明代中后期的其他私撰史书也体现出“类聚条分”的思想。许相卿《革朝五忠传》（《革朝志》）关于建文朝臣子的列传，用《死难》《死事》《死志》《死遁》《死终》《传疑》《别传》《外传》的分类方式叙述。张萱《西园闻见录》分内编、外编、杂编，三编没有像《七修类稿》那样按类命名，但每编都有不同的主旨，与《七修类稿》的“类聚条分”有异曲同工之妙。内编 25 卷，为有德行的士大夫立传，目的是激励士大夫加强自身修养；外编 76 卷，收录有益于国政的言论，目的是教授如何“治国”；杂编 4 卷，收录灾祥、鬼神等内容。全书“本旨在以事存人，以人存言。自修己条目，迄于齐家治平，言行一贯。合以求之，虽复旁及幽隐怪异，要以不倍圣人之教为本。盖世道衰微，慨然有作，非比空谈拜献也”。[②] 可知，三编各有明确的目的，各编内的小目，如内编“孝顺”“友爱”“慎独”等，外编“翰林”“慎择”“恩典”等，杂编“术数”“医药”“灾祥”等，都是围绕此编的目的展开。

此外，还有私撰史书杂糅各种史书体裁。吴士奇的《史裁》“大略于编年之中，仿纪传之体，使一人一事，自为本末，庶观者一览可得，而不必旁搜”。[③] 杂糅史书体裁与沿用旧体裁不同，它不以某种体裁为主，而是综合编年、纪传、纪事本末为一体，方便检录，容量又大，与现代的章节体有相似之处。叶向高评价朱国祯《皇明史概》时称该书“兼诸家之体，各开门户，成一家之言”。《皇明史概》由

① 周中孚：《郑堂读书记》，北京图书馆出版社 2007 年，第 1140 页。
② 邓之诚：《西园闻见录跋》，张萱：《西园闻见录》（九），明文书局 1940 年，第 881 页。
③ 吴勉学：《叙例》，吴士奇：《史裁》，《四库全书存目丛书》史部第 144 册，齐鲁书社 1996 年，第 4 页。

十部分组成，分别是《大政记》《大训记》《大因记》《大志记》《大事记》《开国臣传》《逊国臣传》《列朝臣传》《类传》《外传》，今日可见《大政记》《大训记》《大事记》《开国臣传》《逊国臣传》五部分。今本《四库全书总目提要》中有《大政记》，新发现的残稿中有《开国臣传》和《逊国臣传》，《大事记》则在《四库禁毁书丛刊》中。《四库全书》之所以将该书割裂开，原因是《皇明史概》的各部分体裁各异，《大政记》属于编年体，记明太祖起兵至隆庆六年事，但在编年之内，遇书帝崩时，往往引《实录》和其他私人对皇帝的颂词，还附有“补遗”“存疑”两项；《大训记》是朱国祯创立的，辑录了明太祖朝至宣德年间的御制祖训和列圣典谟，按年编排；《大事记》属纪事本末体，记明太祖起兵至崇祯初年事；《开国臣传》《逊国臣传》记开国和建文朝臣子的事迹。朱国祯根据内容的不同特点和表达需求，对史书的每部分采用不同的体裁、体例，最终杂糅成一本书。

明代中后期私撰史书对新体裁的尝试包括两方面，一是按类别安排史书体例，二是杂糅以往的史书体裁合为一书。明代中后期私撰史书根据修撰内容的需要，灵活运用每种史书体裁，将各种史书体裁杂糅。它们的尝试虽然没有得到广泛的应用和支持，但毕竟在史书的修撰形式上做出了改进。

四　小结

明代官方修史逐渐衰落，私家撰史在中后期蓬勃发展起来，但限于史料、史家才能等因素的限制，私撰史书在体裁方面没有大的突破，唯陈邦瞻《宋史纪事本末》《元史纪事本末》促进了明清纪事本末体史书的发展。明代中后期的私撰史书沿袭旧的史书体裁的同时，不断在体裁、体例上做出调整和创新。中国古代的史书体裁有纪传、编年、典制、纪事本末、学案等体，在南宋以后已经全部出现，清代也没有新的史书体裁出现，因此，后人不能苛求明代在史书体裁方面有多大创见，但也不能就此认为明代史学在体裁、体例上没有成就。明代中后期私撰史书对旧史书体裁的沿用，集中在纪传、编年二体上。但并非单纯地对二体进行模仿，而是紧抓史书体裁的本质特征，对史书的修撰方式稍加改变，使史书表达的内容更丰满。明代中后期私撰史书主要是对史书体例进行了改变，或合并或简化或删去或增加原来的体例。在此基础上，明代中后期还采用新的方法撰写史书，主要体现在按类划分体例和杂糅史书体裁两方面。杂糅史书体裁和沿用旧的史书体裁并不相同，沿用旧的史书体裁是以一种史书体裁为主，利用其他体裁的优点为其服务，杂糅史书体裁则是综合运用各种体裁，并没有哪一种体裁作为主导。明代中后期私撰史书体裁、体例变化的目的是更好地表达史书内容，其中涉及了许多明代特有的社会面貌。

"中国古代史学主要是政治史，这是不言而喻的，是常识。"[①] 明代中后期的私撰史书虽然没有摆脱政治史的传统，但史家为了表达更多的内容，改变以往史书的体例，或者创新体例，或者不再以体例为限制，按照己意编排史书结构。史书内容不再唯政治史为大，而是注重补充其他方面的历史。为此，私撰史书多在志、传的体例上有所变化。《皇明副书》对"文学""艺苑""笃行"等的分类更加细化；《续文献通考》增设"节义""方外"等；《藏书》所列的大臣除了经世、循良名臣外，还有词学、史学、数学、艺学等。随着时代的发展变化，史书需要记载的内容也在不断增加，无论以哪种史书体裁修撰史书，都有可能造成内容的缺漏。因此，《七修类稿》《西园闻见

① 张秋升：《中国古代史学的政治史传统》，《南开学报》2007 年第 3 期。

录》等尝试用“类聚条分”的撰史方式，期望展现社会政治、经济、文化的各个方面；薛应旂《宋元通鉴》把纪传体引入编年体，增加对相关人物的事迹、事件的文化背景等的交代。明代中后期私撰史书在史书的体裁和体例上做了很多有益的尝试，增加了史书内容，为后世保留了珍贵的史料。对史书体裁、体例的改造也体现出当时史家史学意识的增强和质疑传统的勇气。

第二节　私撰史书的编纂观念

编纂观念指对历史编纂的看法，以探讨史书的编纂方法为目的。明代中后期私撰史书关于历史编纂的实践颇多，理论相对不足，只形成了一些零散的观念，但这些观念为明末清初和清代史书的撰写提供了借鉴。史书的编纂要解决的是史事的内容和形式的关系问题，即史书以什么形式撰写历史，为何采取某种特定的形式，其体现了史家什么样的观念，等等。史书编纂观念的变化与时代的变革、社会的发展有密切关系。一是社会的发展为史书编纂提供物质基础和丰富的史料，二是史书编纂记录了社会发展的状况，三是社会的发展、时代的变革又影响着史书编纂内容和形式的变化，进而促进新的编纂观念和思想产生。私撰史书与官修史书相比，最大的特点在于私撰史书的体裁和体例相对灵活，不像官修史书那样有固定的样式，这也是私撰史书在史学思想上很难在大范围内出现一致的原因之一。史书编纂首先面临的是史料的问题，明代中后期私撰史书在史料的搜集和考证上都有自己的见解。

一　史料搜集要“闻见博”

史料对于史著的形成有重要意义，明代陈继儒曾说：“唐郑惟忠尝云自古文人多史才少，予谓史非乏才也，史之难难于料耳，史才无料，如良贾不掺金，大匠不储材。”[①] 即使是史才，没有史料也不可能作出良史，其才能也就不为人知，史料对于史家和史著都有重要的作用。史料是史著的内容来源，只有在史料完备的情况下，才有可能完成史著。但同时，如果史料没有在史家的整合下成为史著，它的价值也就无从体现。而史料对史学思想的发展也有重要意义，“一种新的史学思潮的出现和发展，往往离不开对史料性质及其运用方法的重新认识”。[②] 余新忠虽然强调的是史料运用方法的创新对史学思想的影响，但也从另一方面揭示了史料的价值，“史料乃是史学的基础，没有史料，也就没有史学。无论我们秉持怎样的史学理念，都会承认一个好的历史作品，不仅需要扎实的史料基础，其对史料的解读和利用也必须合乎规范并深入细致。史学的发展，很大程度上就体现在对史料的搜集广度和理解深度的进展之中”。[③] 这段话体现了史料在史学中的基础地位，说明了史学的发展基于对史料的广泛搜集和深入解读。因此，要发展史学，形成史著，搜集史料是必须的。

关于如何搜集史料，唐代刘知几认为要“征求异说，采摭群言”，“观夫丘明受经立传，广包诸国，盖当时有《周志》《晋乘》《郑书》《楚杌》等篇，遂乃聚而编之，混成一录”。“马迁《史记》采《世本》《国语》《战国策》《楚汉春秋》。至班固《汉书》，则全同太史，自太初已后，又杂引刘氏《新序》《说苑》《七略》之辞。”[④] 他认为像《左传》《史记》《汉书》等史学名作，都是在参考了众多史书的基础上才完成的。刘知几所说的史料主要指文字资料，

① 陈继儒：《弇州史料叙》，王世贞：《弇州史料前集》，清刊本。

② 余新忠：《新文化史视野下的史料探论》，《历史研究》2014 年第 6 期。

③ 余新忠：《新文化史视野下的史料探论》，《历史研究》2014 年第 6 期。

④ 白云译注：《史通》内篇《采撰第十五》，中华书局 2014 年，第 186—187 页。

对后成的史著而言，无论是第一手的档案资料，还是已成的史著，都可作为史料进行参考。

明代中后期私撰史书对史料的搜集不局限于文字资料，“闻见博”是其对待史料的特点之一。顾颉刚曾指出明代“在学问方面则无甚精彩，既不及宋代人的创辟，又不及清人的缜密。倘使一定要说出他们的优点，或者还在‘博’上”。[①] 例如，《明史·杨慎传》就赞杨慎“记诵之博，著作之富，推慎为第一”。[②]《明史·焦竑传》赞焦竑“博极群书，自经史至稗官、杂说，无不淹贯”。[③] 清代李慈铭评价郎瑛《七修类稿》“其浩博则不可没也”。[④] 焦竑《国朝献征录》中收录的文献近一千种，焦竑在搜集史料时“随所见闻，辄寄笔札”，[⑤]“辄以片纸志之，储之巾箱”。[⑥] 即使是向他人讨教后仍有疑问的地方也记下来，日后再行考异。他不仅对自己在史料搜集上要求广泛，还对官方史馆在史料的搜集和保存方面提出建议，对散落在民间的书籍“责成省直提学官加意寻访，见今板行者，各印送二部。但有藏书故家愿以古书献者，官给以直；不愿者，亦钞写二部。一贮翰林院，一贮国子监，以待纂修诵读之用。即以所得多寡为提学官之殿最。书到，置立簿籍，不时稽查，放失如前者，罪之不贷”。[⑦] 建议各地的提学官增加已经刊印的书籍的数量，呈送史馆；对民间愿意捐献书籍的人给予经济补偿；不愿意捐献的，官府派人抄写送至史馆，书到之后派专人管理，如果丢失则依法惩处。对书籍的重视，也是焦竑广博地搜集史料的重要表现之一。朱国祯曾述自己搜集史料时

① 顾颉刚：《序》，《四部正讹》，朴社 1929 年，第 3 页。
② 张廷玉等：《明史》卷 192《杨慎传》，中华书局 1974 年，第 5083 页。
③ 张廷玉等：《明史》卷 288《焦竑传》，中华书局 1974 年，第 7393 页。
④ 李慈铭：《越缦堂读书记》，上海书店出版社 2000 年，第 700 页。
⑤ 焦竑：《焦氏笔乘·焦竑自序》，上海古籍出版社 1986 年，第 1 页。
⑥ 焦竑：《玉堂丛语·书玉堂丛语》，中华书局 1981 年，第 5 页。
⑦ 焦竑：《澹园集》卷 5《修史条陈四事议》，李剑雄点校，中华书局 1999 年，第 31 页。

“入目便记，记辄录出”。[①] 总的来说，明代中后期私撰史书注重广泛搜集史料主要包括以下三个方面。

（一）重视一手文献资料

明代中后期的私人史家绝大多数做过朝廷官员（参见附录二），他们在撰写史书，尤其是本朝史时，基本都会利用所能接触到的官方档案资料。薛应旂在叙述撰写《宪章录》而搜集史料时称：“自鼓箧以至入仕，凡我昭代之成宪典章，或纪载于馆阁，或传报于邸舍，见辄手录。”[②] 他利用自己可查看到的邸报和各种档案来辅助完成《宪章录》。郑晓《吾学编》中有大量关于军事的内容，得益于郑晓中进士后就特别注意翻阅兵部档案，还“檄取图说于帅府”，[③] 最终使《吾学编》在军事方面“凡天下阨塞、士马虚实、强弱之数，尽考核而得其故”。[④] 众多一手文献资料的获得，使《吾学编》较其他私撰史书在军事记载方面有独特的价值，成为首部把土司记入明史的私人史著。朱国祯在入阁之后“取国事及公卿志状疏草，命胥钞录”。[⑤] 因此，他得以在《皇明史概 · 大训记》中录明太祖祖训和历朝皇帝的列圣典谟，在记载明代历史时有时直接引用大臣奏疏。对于以往的文献资料，朱国祯认为：“抑史可尽信乎？褒贬笔削，贤者局于见闻，等而下之，甚至参以爱憎，未足征信。惟戎祀大端，兴革升除大较，编纂官取诸司章奏，汇而存之，所谓实录者，惟此为实。”[⑥] 他认为已成的文献资料不可全信，史家的见闻不同，对事件、人物的褒

① 朱国祯：《涌幢小品》卷首《自叙》，中华书局 1959 年，第 1 页。

② 薛应旂：《宪章录 · 序》，全国图书馆文献缩微复制中心 1988 年。

③ 陈子龙等：《明经世文编》卷 218《壮游录序》，中华书局 1962 年，第 2278 页。

④ 张萱：《西园闻见录》卷 8《著述》，明文书局 1940 年，第 797 页。

⑤ 顾炎武：《顾亭林诗文集》之《亭林文集》卷 5《书吴潘二子事》，中华书局 1959 年，第 121 页。

⑥ 朱国祯：《皇明史概 · 大政记 · 引》，江苏广陵古籍刻印社 1992 年，第 3 页。

贬就会不同，甚至会加入史家个人的爱憎，从而影响史书的真实性。但在记载有关国家制度和重大政治事件时，官修的《实录》和官员的奏章是最可靠的一手资料。

明代中后期私撰史书在记载本朝的政治内容时，多采用的是一手文献资料，如邸报、奏章等。但一手文献资料也是依靠人的记录才得以保存和流传的。在记录和流传时，记录者会根据立场、政治形势等有选择地记录，不能确保史事的方方面面都被记录下来。尤其涉及皇帝和重大政治斗争的档案、奏疏等，在政治威权之下很难为普通人所见，甚至被销毁。例如永乐帝就曾大量销毁建文朝的奏疏档案，使后人对建文朝充满了各种猜想，这也是私撰建文朝史籍对建文帝的生死有不同的记载的原因之一。明代的“红丸”“梃击”“移宫”等案，因涉及皇宫内院间的权力争斗，基本没有一手资料外流，使这些影响明代中后期政治的重要事件的始末扑朔迷离。因此，私撰史书可利用的一手文献资料基本是政治、经济、军事等方面被允许公开或者没有严格禁止的部分。至于如何选择和解读这些一手资料，与史家修撰史书的个人偏好和见识有很大关系。同一则史料，不同的史家有不同的解读，就会产生不同的思想。例如前文已提到，王宗沐、薛应旂二人分别著有《宋元资治通鉴》和《宋元通鉴》，都强调夷夏之防，均认为宋亡于奸臣，但至于从这样的史实中得到了什么样的启示，二人产生了分歧。薛应旂侧重于从理学角度思考问题，主张明代统治者应注重对士人道德品性的培养，而王宗沐则主张培养名臣硕辅。

（二）重视已成书籍

明代中后期私撰史书重新编写前代史，如对《宋史》的改编，主要参考以往的史籍，而在本朝史的修撰上除了注重对《实录》的参考外，也注重对同时期的私撰本朝史进行参考。将以往史书作为史料是撰史的重要方法之一，焦竑曾说：“前志有杂史，盖出纪传、编年之外，而野史者流也……夫良史如迁，不废群籍，后有作者，以资采拾，奚而不可？”[①] 陆光宅在叙述薛应旂《宪章录》的史料来源时称“集我祖宗列圣《宝训》《实录》，次第编年”，同时“其有事关体要，逸在诸儒臣别撰者，亦量为采入”。[②] 薛应旂的弟子明确交代了该书取材自两部分，一是官方的《宝训》《实录》等，二是其他私撰史书。薛应旂在史文中没有明确说明所引的出处，只在部分“按语”中提及。例如该书记建文朝的史实共319条，主要征引自朱睦㮮的《革除逸史》、姜清的《姜氏秘史》等。张铨修撰《国史纪闻》的史料主要来源于以往诸书，曾说“悉取诸书，置之几案，参校异同，披沙拣金，聚狐择腋”。[③] 张萱称其所撰的《西园闻见录》主要“节略累朝《实录》”，[④] 是对官修史书的参考。焦竑《国朝献征录》的史料包括了“累朝训录、方国纪志与家乘野史，门分类别采而缉之”，[⑤] 以此才成为明代人物传记中收录最广泛的史书。朱国祯利用中进士后入翰林院的机会，大量阅读刊行和未刊行的明代史书，“所积皆朝家典故，与志、传之类，中多涂抹点窜”，[⑥] 还自称“陈（建）、郑（晓）、雷（礼）、薛（应旂），卓卓名家，余都烂然”，[⑦] 且在其史著《皇明史概》中多见“臣郑晓曰”“《弇州外史》曰”等，说明朱国祯不仅阅读了这些史书，还把它们写入自己的史书中。

明代中后期私撰史书把已成的史籍作为史料来源，一方面因为对以往历史的记载已经有许多成熟的史书，而私撰史书依据自己的思想

① 焦竑：《国史经籍志》卷3《杂史类·序》，《丛书集成初编》本，商务印书馆1939年，第67页。
② 陆光宅：《宪章录跋》，薛应旂：《宪章录》，全国图书馆文献缩微复制中心1988年。
③ 张铨：《国史纪闻·序》，《四库全书存目丛书》史部第17册，齐鲁书社1996年。
④ 张萱：《西园闻见录·缘起》，明文书局1940年，第27页。
⑤ 顾起元：《国朝献征录序》，焦竑：《国朝献征录》，上海书店1987年，第2页。
⑥ 叶向高：《皇明史概序》，朱国祯：《皇明史概》，江苏广陵古籍刻印社1992年，第6页。
⑦ 朱国祯：《皇明史概·自序》，江苏广陵古籍刻印社1992年，第29页。

对史事进行重新编排和评价；另一方面由于明代没有官修本朝纪传体正史，《实录》又不是人人都可以见到的，因此私撰史书之间相互参考，弥补不足。参考《实录》或者其他官修史书的私撰史书，多在政治内容上对其进行参考，而私撰史书之间虽然互相借鉴，但照抄原文的现象少，大部分是按照撰史者所要表达的思想而重新安排内容的顺序和详略。

（三）重视耳闻亲见

明代中后期私撰史书虽然没有明确指出耳闻亲见的史料的重要性，但在史文中却常常把耳闻亲见的史料详细叙述出来，以示真实和重视。相比档案、奏疏等第一手文献资料，耳闻亲见的史料多用于与撰史者年代相近的史籍中。明代私撰本朝史多采用耳闻亲见的史料。郑晓《吾学编》军事记载的特色与其担任武官有直接关系。薛应旂曾在江西、浙江、南京、陕西等地为官，每到一处就会对当地的风土民情、地理等进行考察和记录，例如《宪章录》卷 31 载："尝历延绥、庆阳二境，往复与偏头关花马池二千里间，凡诸营堡咸为稽考。"又"尝巡历斯地，营堡墩台仅有遗址，率多废弛"。这些对明代中后期边境军备废弛情况的记载是薛应旂亲自考察的结果。徐学谟《世庙识余录》在记嘉靖朝的政治时往往提及其他私撰史书中不曾提到的内容，于《世宗实录》也多所驳正，原因是"为郎，实当嘉靖中，猥备侍祠之役，每从丙夜后，随尚书奏对西内，故闻上起居颇悉"。[①] 徐学谟经常和尚书们一起与嘉靖帝议事，对内情了解颇多，故其史作能纠正《世宗实录》的一些不实记载。沈德符出生在京师，"家庭间又窃聆父祖绪言"，[②] 沈家在京师结交的朝臣众多，与焦竑等

① 徐学谟：《世庙识余录 · 序》，《续修四库全书》第 433 册，上海古籍出版社 1996 年，第 485 页。

② 沈德符：《万历野获编 · 序》，中华书局 1997 年，第 3 页。

往来密切，直接见闻多，因此《万历野获编》尤详嘉靖、万历两朝的典章。王圻《续文献通考》的史料既有档案资料，也有一些是他在实际操作过的事务中得来的，如隆庆四年黄河决堤，淤百八十里，运船千有余艘不得进，王圻就对给事中龙光、御史孙裔等言明此事，“请罚治河道诸臣，责以后效，令及时疏浚，以通漕舟”。[①] 还有一些是他实地考察的结果，例如相传胶莱河周边地势高，人力很难在此处开垦，但王圻“尝躬临相度，虽名分水岭，视它处稍高丈许，非崇山峻岭也”。[②] 朱国祯《涌幢小品》中如卷1“献俘”“出阁”“圣谕”等，都是作者的亲身经历，因此能生动地描写这些场景，使读者身临其境。耳闻亲见的史实，其真实性比一手的档案资料更为可信，是撰述当代史的重要史料。但由于身处事情发生的环境之中，对史实的解读有时会出现偏差，史家耳闻亲见史实时的境遇、心情也都会影响对事物的判断。例如王世贞因其父之死与严嵩有莫大关系，而他本人与徐阶交好，因此在《嘉靖以来首辅传》中对徐阶和严嵩的描写和评价是截然相反的。严嵩在嘉靖朝固然是权倾一时的奸猾贪腐之人，但将所有罪责都归咎于他，似乎也不符合客观评价人物的准则。

明代中后期私撰史书中有关史家耳闻亲见的内容可信度较高，但后人应该在了解史家经历的前提下，对其中所记载的内容加以辨析，力求摒除个人情感因素的干扰。私撰史书内容的详略安排与史家所掌握的史料和自身的成长环境、经历等息息相关，只有综合了解史家的经历和生活的时代，才能对其所采用的史料进行正确和合理的解读。

---

① 王圻：《续文献通考》，《四库全书存目丛书》子部第185册，齐鲁书社1995年，第130页。

② 王圻：《续文献通考》，《四库全书存目丛书》子部第185册，齐鲁书社1995年，第140页。

二　史料选择“取舍严”

顾起元称焦竑治学“义例精而权量审，闻见博而取舍严”。[1] 其实，不仅焦竑对待史料的选择有“取舍严”的态度，大部分明代中后期私撰史书也是如此。沈德符《万历野获编》虽然没有像纪传、编年体史书那样有严格的体例，但其内容仍然注重考证，力求真实。如关于“妇人弓足”，当时社会上普遍相信民间女子入选宫廷后就立即“解去足纨，别作宫样，盖取便御前奔趋无颠蹶之患，全与民间初制不侔”。起初沈德符并不相信，直到“隆冬遇扫雪军士从内出，拾得宫婢敝履相示”[2] 才相信社会上流行的说法不假。其他如卷 1“建文君亡”，卷 13“牙牌条”，卷 24“煤山梳妆台”等都不因大多数人的说法而随便相信未亲眼看到或经历的事情，时刻抱着实事求是的态度作史。即使是被评价为“识见殊卑，笔亦冗拙”[3] 的《七修类稿》，在史文中也都注明出处，且在嘉靖年间就大胆记载建文朝忠臣。郎瑛在考证某些问题时，甚至引用七八种书来说明。“该书所引史书约 115 种，占征引文献总数的 22%；征引约 343 次，占总次数的 28%，郎瑛对历朝正史非常重视，书中征引最多的为《汉书》，引 50 次，占史部文献总引次数的 15%；其次为《史记》《元史》等。”[4] 对大量史书的引用，只是为了考证某一问题，而所引用的史书又以历代精心修撰的纪传体正史为主，体现了郎瑛选择史料审慎的态度。

焦竑认为每种史料都有存在的价值：“前志有杂史，盖出纪传、编年之外，而野史者流也……但其体制不醇，根据疏浅，甚有收摭鄙

① 顾起元：《玉堂丛语序》，焦竑：《玉堂丛语》，中华书局 1981 年，第 1 页。

② 沈德符：《万历野获编》卷 23“妇人弓足”条，中华书局 1997 年，第 599 页。

③ 李慈铭：《越缦堂读书记》，上海书店出版社 2000 年，第 700 页。

④ 王海妍：《浅谈〈七修类稿〉的史料价值》，《图书馆理论与实践》2008 年第 2 期。

细而通于小说者，在善择而已矣。”[①] 无论是纪传、编年体史书，还是体例不纯的野史、小说，都可以作为史书修撰的史料，关键在于要善加采择，而采择的标准就是求实。《焦氏笔乘》中有诸多考史之处，如“汉宫名”“师古注误”“纪传自相矛盾”“年月抵牾”“崔浩受祸自有故”“吴越改元之证”“通鉴之误”等，有理证、内证和他证，还有参照音韵方言、金石地志等论证的，显示出焦竑对史料的真实性要求严格。例如焦竑以《史记》卷126《滑稽列传》为例，该传记楚庄王欲以大夫之礼葬爱马，优孟反谏楚庄王，称要韩、魏的君主护卫棺椁一事。焦竑认为“韩、魏时处战国，而《滑稽传》云其君陪楚庄王葬马”，可见“史公会稡众说成书，时月先后，不能尽合”。[②]

对史料采取谨慎的态度，就要用正确的方法进行考证。焦竑在如何取舍史料和判断其真假的方法上做了相关论述，认为“改弦易辙则疑于纷更，循途守辙则疑于胶固，野史家乘则疑于越俎，甲是乙非则疑于聚讼”，撰史要“章奏采矣，而又参之时论；志铭收矣，而又核之乡评”，最终要达到“伪不胜真”的目的。[③] 撰写史书之前，除了要广博地收集史料，还要对各种史料加以考辨，有选择地取舍和利用，只有如此才能撰写出良史。对于如何考证史料，王世贞也提出了自己的看法，即“三史互证”：“国以草创之，野以讨论之，家以润色之。”[④] 不同的史籍对史书的撰写有不同的参考作用，三者取长补短，相辅相成，“三史互证”，“家乘是而疑誉者，吾弗敢擿也；野史

① 焦竑：《国史经籍志》卷3《杂史类・序》，《丛书集成初编》本，商务印书馆1939年，第67页。

② 焦竑：《焦氏笔乘》卷2《史公疏漏》，上海古籍出版社1986年，第48—49页。

③ 焦竑：《澹园集》卷4《论史》，李剑雄点校，中华书局1999年，第20—21页。

④ 王世贞：《弇州山人四部稿》卷71《皇明名臣琬琰录小序》，台北：伟文图书出版社1976年，第3431—3432页。

非而疑毁者，吾弗敢救也。其龃龉而两有证者，吾两存之。其拂而核者，吾始从阳秋焉。鄙人之途听而诞者也，纤人之修郤而诬者也，则弗敢避矣”。[①] 心存疑虑但没有证据的，不轻易修改；证据不充分的，将所有的记载都记录下来，以待后人论证；证据确凿的立即改正。这样的史料择取原则，简单地说就是“避疑”和“救诬”。

明代中后期私撰史书在史料的选择上注重“闻见博”。政治、经济、文化、军事等各方面内容都在搜集的范围内，以往史籍、碑铭、街谈巷闻、耳闻亲见等，都是史料搜集的重要对象。搜集史料广博的目的是更全面地记述历史，更真实地反映历史。因此，广泛搜集史料的同时也要注重对史料真伪的考察，严格史料择取的标准。

三　史论方式的创新

明代中后期对史论是非常重视的，陈子龙等撰《明经世文编》特意阐述了史论的重要意义，认为：“天下有一定之理，有万变之事……至于万变之事，代不同制，人各异师。苟非条析讲求，何以规摹得失。若乃方幅之内，或以迂阔见讥；廓落之谈，复以功利相摈。”[②] 不同的时代有不同的运行轨迹，每个人也有不同的师承，这就需要史论对人、事进行具体分析。同时，史论也有着积极的史学意义。明代中后期康大和在刊刻项笃寿《全史论赞》时为其作叙，称“世代寥邈，卷帙浩穰，继晷穷年，犹难寻究。而穷乡寒士又病夫书之难致，有志者窃叹焉”。[③] 史书汗牛充栋，览之不易，有些士人因

---

① 王世贞：《弇山堂别集》卷20《史乘考误一》，中华书局1985年，第361页。

② 陈子龙等：《明经世文编·凡例》，中华书局1962年，第50页。

③ 康大和：《刻全史论赞叙》，项笃寿：《全史论赞》，《四库全书存目丛书》史部第140册，齐鲁书社1996年，第2页。

客观条件而未能全览，“虑读史者之有二难也，乃取各史论赞，汇为一书”。[①] 可见，项笃寿摘取历代史书的论赞汇为一编，有效地简化了史书的内容，使史书更易流传开来。沈国元也曾说：“经以载道，史以纪事。世之持论者，或岐而二之。不知道无不在，散于事为之间。因事之得失成败，可以知道之万世无弊。史之所系綦重矣……读史而得其用，方谓善读……全史固宜览，但持未定之识，而游广赜中，安能遽晰其指归？博而寡要，前史所陋……求约于博，则有要存焉……作史之法，贵词简而事明。史之论赞，简而又简。”[②] 沈国元认为经以载道、史以纪事的传统说法不完全正确，道无处不在，道寓事中，但要从复杂的事中识道，不是每个人都能做到的，于广博的事中求得道，需要借助简而又简的论赞，这也是善读史的重要表现。善读史可以快速找出史书中所表达的可供当世垂戒的地方。例如明代中后期的私撰明史陈建《皇明通纪》、王世贞《弇山堂别集》、高岱《鸿猷录》等中都有许多对当时政治、社会的议论，李贽《藏书》、祝允明《祝子罪知录》等通过对以往历史的评论，提出历史可供现实借鉴之处。

可知，明代中后期私撰史书重视史论，原因有二：一是史书浩博，为方便读史而重视史论；二是为快速从史文中找出其主旨思想，以便垂范当世。总的来说，史论最大的特点在于简，简而明了，能有效地解决因史书繁多而带来的阅读不便问题。明代中后期私撰史书的史论方式主要有两种。

一是力求独出胸臆。明代中后期与政治日益衰落成相反局面的是

---

① 康大和：《刻全史论赞叙》，项笃寿：《全史论赞》，《四库全书存目丛书》史部第140册，齐鲁书社1996年，第2页。

② 沈国元：《二十一史论赞·总叙》，《四库全书存目丛书》史部第148册，齐鲁书社1996年，第539—542页。

商品经济的蓬勃发展。史家表现出对现实政治的不满，而经济的发展又刺激他们对新鲜事物的好奇和反传统勇气的滋生，讨论和评论史事也不再囿于传统，以李贽等为代表的史家提出“无以孔夫子之定本行罚赏”[①] 的评论标准。《藏书》中夹杂着大量李贽自己的评论，有批注的形式，也有以“李卓吾曰”“李生曰”“卓吾曰”“卓吾子曰”“秃翁曰”“李和尚曰”等形式出现的按语。

李贽会对《史记》《汉书》等史书所载的史实进行甄别，然后进行评论，他的评论皆独出胸臆，认为“古今人情一也，古今天下事势亦一也。某也从少至老，原情论势，不见有一人同者”。[②] 根据事物发生的不同情境做出不同的评论，这就是原情论势的主旨。屈原和伍子胥在历史上都是以死求仁而著称的，李贽对二人的评论却不尽相同。评屈原之死时说：“予读‘渔父’之词，而知屈大夫非能言之而不能行也。盖自不肯行也，人固有怨气横臆，如醉如梦，寻死不已者，此等是也。宗国颠覆，姑且勿论，彼见其主日夕愚弄于贼臣之手，安忍坐视乎？势之所不能活者，情之所不忍活也，其与顾名义而死者异矣。虽同在节义之列，初非有见于节义之重，而欲博一死以成名也，其屈大夫之谓欤！”[③] 李贽认为屈原之死并非为节义而死，而是情势所逼，不得不以死明志。但伍子胥则死于名节，“伍员既没，而后楚有屈原，虽生不并世，要皆楚之烈也。第原自欲死，而员乃为人所死。屈原抉择于死生之际，唯死为可，故卒就死，以明己之生真不如死也。伍员知吴之必亡，而不知己之先亡。吴犹未亡，而身先亡于太宰嚭之手矣。其视屈大夫实大径庭”。[④] 屈原和伍子胥虽属不同

① 李贽：《藏书》卷首《世纪列传总目前论》，中华书局 1974 年，第 18 页。

② 李贽：《焚书》卷 5《蜻蛉谣》，中华书局 2009 年，第 208 页。

③ 李贽：《藏书》卷 27《名臣传》，中华书局 1974 年，第 1459—1460 页。

④ 李贽：《藏书》卷 27《名臣传》，中华书局 1974 年，第 1471 页。

的时代，但他们都是楚地的忠烈之士，屈原迫于形势，自己欲死，伍子胥则是被他人陷害致死。两人的区别在于伍子胥不能很好地分析形势，反被他人杀害才成就了他忠义的名声。李贽在赞扬伍子胥的同时也指出了他和屈原的区别，以此说明屈原并非仅仅因为节义之名而死。屈原能正确分析历史发展的趋势，同时又能看清自身的处境，从容地结束自己的生命。李贽论史独出胸臆，除了"原情论势"之外，还常以自身的喜好厌恶评论史事和人物。在《藏书》中有许多"全似卓老""胜卓老""似卓老"的评论，把自己也置身于历史事件中，而非撰史者，更直接地表达思想。

陈邦瞻《宋史纪事本末》中的史论部分，也将人的情感纳入评论史事的准则中。如他在孟后废复一事后言："按陈瓘论废后事有曰：'当时致此之因，盖生于元祐之说也。以继述神考为说，以仇毁宣仁为心者，其于元祐，譬如刈草，欲除其根。瑶华乃宣仁所厚，万一有预政之时，则元祐未必不复，是以任事之臣怀刈草之虑，则瑶华恶得而不废乎！知经术者独谋于心，宰政柄者独断于手，方其造意，自谓密矣，而已难逃于见微之士。'呜呼！小人之愚其君一至是哉！其可畏也。人情莫亲于父子，莫昵于夫妇，李林甫用而明皇不能有其子，蔡卞、章惇之计行而哲宗不能有其妻，哀哉！"[①] 陈瓘认为宋哲宗的孟后被废是新旧变法大臣角逐的结果，对其表示惋惜。但陈邦瞻认为父子、夫妻的关系是非常亲密的，很难打破，而唐明皇因为李林甫的挑拨，宋哲宗因为蔡、章等人的计策怀疑自己的妻子，这两个皇帝真是悲哀啊。陈邦瞻把人的情感作为准则，掺入史论中，使史论更加震撼，有打动人心的作用。陈邦瞻的史论有夹叙夹议的，有置于前端的，也有置于文后的。其内容有表达史事主旨意思的，也有作者随

① 陈邦瞻：《宋史纪事本末》卷 47《孟后废复》，中华书局 1977 年，第 463 页。

机而发的感慨，字数有几个字的，也有上千字的。这种独出胸臆，适时发论，议论随己的做法，反而给人留下更深刻的印象。

二是广引他人之论。史论是史家对历史事实在情感或者理论上的升华，《左传》最早以“君子曰”的形式开创了史论，以后历代史书都非常注重运用史论。

史论的形式有多种，引用他人之论是史论的一种重要形式。袁枢首创纪事本末体，其史论全部是引他人之论。引用他人的评论，一则说明前人的相关议论条分缕析，情感真挚，其情、理都符合大多数人的理解；二则说明前人之论与当下作史者的观点暗合，无须重复议论。明代中后期私撰史书在论史时也广引他人之论，李贽《藏书》中的史论多见“宋儒有言曰”“太史公曰”“班氏曰”“范晔曰”等，其中以“太史公曰”居多，反映出李贽对司马迁所论的赞同和对汉代历史的重视。朱国祯《皇明史概》的一大特色就是广引他人之论，“臣郑晓曰”“臣何乔远曰”“臣叶文忠曰”“《国史》曰”“《弇州外史》曰”等，其中“《国史》曰”等形式是引用书籍之论。陈邦瞻《宋史纪事本末》中也有“史臣曰”“李焘曰”“富弼曰”“吕祖谦曰”“薛应旂曰”“宋子贞曰”“丘濬曰”“程颐曰”等。此外，陈邦瞻还全文引用了朱熹的《戊午谠议序》，以该序代替史论，是一次大胆的尝试。

明代中后期私撰史书重视史论，出现了一些专门总结史论的汇编。如项笃寿《全史论赞》汇集了正史中的论赞；卜大有《史学要义》汇集有关史学理论的文章；凌稚隆《史记评林》和《汉书评林》等是专门针对某一部史书的评论；还有一些散落在各私撰史书中，或采用夹叙夹议的方式，或在篇前或篇尾的地方评论。总的来看，明代中后期私撰史书的史论主要有两个特点：一是独出胸臆，二是广引他人之论。独出胸臆者不迷信以往评论，原情论势，同时又将主观感情融入评论中；广引他人之论者，主要引汉代、宋代和本朝人的评论。这些史论的作用不是单一的，它们集评论史实、明道、经世等功能并而有之。独出胸臆和引他人之论虽不是明代中后期私撰史书在史论方式上的创见，但它们灵活运用各种形式，将其集于一书之中，还有以书名标之、以序代议等，使史论的作用更大限度地发挥出来。

四　公心、直笔

公心、直笔是揭示史家修养的史学理论范畴，也属于重要的历史编纂学范畴。史家是历史修撰的主体，也是史学研究的主体，史家素质的高低直接影响着史著的质量。因此，中国古代史学历来注重史家修养，早在孔子时就称赞董狐书法不隐；《左传》中称赞左史倚相能读《三坟》《五典》《八索》《九丘》是良史；汉代班固称赞司马迁“其文直，其事核，不虚美，不隐恶”，有“良史之才”；唐代刘知几首次系统归纳了史家应具备的素质，将其概括为“才、学、识”三长。明代中后期私撰史书者也注重史家自身的修养，他们主要强调善恶必书，秉笔直书。

“所谓的史实，乃是历史学家根据个人的认识和体验，借由史料，依照一定的规范建构而成的。”[①] 可知，史家与史实的呈现有很大关系，这就要求史家必须秉笔直书，善恶必书，如此才能真正发挥史书的作用。焦竑曾论述关于史官的职守问题，称史官所记“上而宫寝燕息之微，下而政务得失之大，以至当世之大人显者，势力煊赫，或可逭于王诛，而卒莫逃于史笔”。[②] 上至王室权贵，下至黎民百姓，大至政治得失，小至衣食住行，都在史书的记述范围之内，可见史官的神圣和责任感之重。因此史官不应“褒贬出之胸臆，美恶

---

① 余新忠：《新文化史视野下的史料探论》，《历史研究》2014 年第 6 期。

② 焦竑：《澹园集》卷 4《论史》，李剑雄点校，中华书局 1999 年，第 19 页。

系其爱憎”，而是应努力做到“贵贱并列”“善恶并列”，做到“高门虽跖、蹻亦书，寒族虽夷、鳅并诎”，以达到“阐明公道，昭示来兹”的目的。[①] 史官应当摆脱世俗地位的束缚，尽可能地记述各阶层的人物，善恶并书，不偏袒任何一方，公正地记载史实。

王世贞也认为，史家不能滥用自己撰写历史的权力，任意褒贬，曲笔不实。他在对《孝宗实录》进行纠正时，多次提到焦芳“怼笔”“忿笔”[②] 等，对焦芳在《实录》中对政敌的不公正的记述表示不满；《弇山堂别集》中《中官考》共十篇，痛陈宦官专权加剧了明代中后期政治的黑暗，而明官修《实录》却对宦官专权一事极少记载。王世贞此举体现了他对史家修养的严格要求，即不以私心撰史，客观地记载史实。

明代中后期关于史家修养提出系统理论的是胡应麟。胡应麟在史家“三长说”的基础上提出了公心、直笔“二善说”。认为史家作史难，难在史家的予夺褒贬，即“史百代者，搜罗放轶难矣，而其实易也；史一代者，耳目见闻易矣，而其实难也，予夺褒贬之权异也”。[③] 史家的褒贬是否客观在于史家修养的高低，而“三长说”不能概括史家修养的全部，“才、学、识三长足尽史乎？未也！有公心焉、直笔焉。五者兼之，仲尼是也。董狐、南史，制作亡征，维公与直，庶几尽矣。秦汉而下，三长不乏，二善靡闻。左、马恢恢，差无异说；班《书》、陈《志》，金粟交关；沈《传》、裴《略》，家门互易。史乎？史乎？”[④] 才、学、识、公心、直笔五者兼具才是史家的最高修养，而能做到这一点的只有孔子，秦汉以后的史家基本都不具

① 焦竑：《澹园集》卷5《修史条陈四事议》，李剑雄点校，中华书局1999年，第30页。
② 王世贞：《弇山堂别集》卷24、卷25，中华书局1985年，第434、454页。
③ 胡应麟：《少室山房笔丛》卷13《史书占毕一》，中华书局1958年，第168页。
④ 胡应麟：《少室山房笔丛》卷13《史书占毕一》，中华书局1958年，第167—168页。

备二善。至于如何做到二善，胡应麟也提出了自己的看法，“夫直有未尽，则心虽公犹私也；公有未尽，则笔虽直犹曲也”。[①] 史家要做到尽公心才能保证直笔，尽直笔才能有公心，二者是相辅相成的，二者兼具才能做出信史。胡应麟的“二善说”是在继承和发展刘知几史家“三长说”、焦竑和王世贞等人关于修史要无“私心”的基础上形成的，又为清代章学诚“史德说”的提出开启了道路，是明代中后期关于史家修养的重要理论成果。

明代中后期私撰史书关于史家修养的论述之所以特别强调无私心和秉笔直书，与私撰史书兴起的原因有关。如前所述，明代中后期私撰史书兴盛的原因之一是官修史书不实和本朝纪传体国史缺失。为了纠正官修史书的弊端，私撰史书在史学界内掀起了一场黜虚征实的学风，对官修史书进行纠正和补充。从史学自身的发展来看，维护史学的客观性一直都是史家的神圣职责。明代中后期的史馆和史官未能很好地履行这一职责，私人史家就自觉地承担起延续优秀史学传统的任务。

五　体裁体例与编纂观念

中国古代的史书体裁最早是记言、记事两种形式，随着史书内容的丰富，史书体裁也逐渐发展起来。先秦主要有编年体、国别体，汉代创立了纪传体，魏晋南北朝时期史评、史考、方志、谱牒等众多新的史书体裁涌现，唐代典制体史书获得快速发展，宋代创立了纪事本末体和纲目体，明代学案体发展。各种史书体裁以不同的形式和角度展现了丰富的历史内容，明代中后期私撰史书吸取各家所长，对传统的史书体裁和体例做了改变，体现了史家的编纂观念。

---

① 胡应麟：《少室山房笔丛》卷 13《史书占毕一》，中华书局 1958 年，第 168 页。

部分私撰史书改变史书体例的目的是“劝惩”。王洙《宋史质》改革了《宋史》在体例上“浑而无别，微而不彰”的缺点，将《宋史》中的纪、传、表、志等按照《春秋》义例分类、合并，重新标目，最终将《宋史》合并为100卷，列传全部为类传，如君子传、忠义传、孝义传、列女传等，道德色彩浓重。柯维骐《宋史新编》在评论《宋史》体例时说：“史有纪、志、表、传，肇自两汉，义主劝戒耳矣。宋旧史立《公主传》，前史无之。《宗室年表》乃袭《新唐书》，均非关劝戒也。今削去《公主》，事有大者，则附载各传。”[①] 柯维骐认为元修《宋史》中的《公主传》不能起到劝诫的作用，要之无用，将其删去，而《宗室年表》犹如皇室家谱，也无劝诫作用，篇幅却占到全书的五分之一，也应删去。如果公主、宗室中有涉及国家大政的，附于他传之中，这样既精练了史文，又使史书结构严谨，利于发挥史书劝诫的功能。薛应旂对元修《宋史》中的《儒林》《道学》二传分立不满，认为：“世降，俗末偏蔽浅陋之徒，各执己见。依傍道德者，则鄙功业为庸俗；驰骛功业者，则斥道德为玄虚。持论相沿，而道德、功业歧而为二。甚至儒林、道学，《宋史》亦分为两传矣。不知儒非道学，以何为儒？道学不谓之儒，又以何者谓之儒哉？”[②] 他认为道学、儒者本是一样的，道德和功业对儒者来说同样重要，《宋史》分立二传，纯属叠床架屋，不利于士人养成真正的儒者品格。

史书对体裁体例的改造是为了适应史书内容的变化。王圻续元代马端临《文献通考》而作《续文献通考》。马端临解释文、献二字：“凡叙事，则本之经史，而参之以历代会要，以及百家传记之书，信

① 柯维骐：《宋史新编》卷首《凡例》，台北：新文丰出版公司1974年，第1页。

② 薛应旂：《宋元通鉴》卷首《义例》，《四库全书存目丛书》史部第9册，齐鲁书社1996年，第689页。

而有证者从之，乖异传疑者不录，所谓文也。凡论事，则先取当时臣僚之奏疏，次及近代诸儒之评论，以至名流之燕谈，稗官之纪录，凡一话一言可以订典故之得失，证史传之是非者，则采而录之，所谓献也。”[①] 马端临所认为的文、献均为文字形式，主要涉及典章、经史，而王圻认为马端临“上下数千年忠臣、孝子、节义之流及理学名儒，类皆不载，则详于文而献则略，后之说礼者，能无杞宋之悲哉！”[②] 王圻认为文献的记载和传播离不开人的活动，于是他在续补了辽金元的国朝典故之后，又增加了“节义”“书院”“氏族”“六书”“谥法”“道统”“方外”诸考，记载贤哲的事迹。朱国祯《皇明史概·大事记》注重农民起义和兵变主要是为了警醒统治者，“中国之治，治者令严兵固域，劳民费财御之，若敌国然，此可暂，而不可久也”。[③]

陈邦瞻《宋史纪事本末》再次阐述了纪事本末体的重要性。该书是首部用纪事本末体撰述的断代史，认为“史自纪传而外，益以编年，代有全书，尚矣。事不改于前，词无增于旧，胪列而汇属之，以为讨论者径，斯于述作之体不已末乎？而非然也。善乎杨氏之言曰：‘提事之微以先于其明，搴事之成以后于其萌，其情匿而泄，其故悉而约。’是述本末者，旨也，而不佞于宋事，尤重有概焉”。[④] 以往的断代史基本是用纪传体、编年体撰述，纪事本末体虽然在内容上和两者无甚差别，但它因事命篇，简单明了，使人能够清晰地了解一朝的治乱兴衰，因此，以纪事本末体来撰述《宋史》尤为必要。陈邦瞻沿用袁枢纪事本末体的体例，但对史论的体例做了修改，既引他

① 马端临：《文献通考》卷首《序》，浙江古籍出版社 1988 年，第 3 页。

② 王圻：《续文献通考·引》，现代出版社 1986 年，第 1 页。

③ 朱国祯：《皇明史概·大事记》卷 20“流民”，台北：文海出版社 1984 年影印崇祯五年刊本，第 4737 页。

④ 陈邦瞻：《宋史纪事本末·叙》，中华书局 1977 年，第 1191 页。

人之论，又有自己的评论。《宋史纪事本末》中的史论有 24 篇，其中 7 篇是以“陈邦瞻曰”的形式呈现出来。此外，从取材上看，以往纪事本末体史书大都改编自编年体，如袁枢《通鉴纪事本末》、杨仲良《续资治通鉴长编纪事本末》等，陈邦瞻则主要取材于纪传体《宋史》和商辂的编年体《续资治通鉴纲目》，首次把纪事本末体的取材范围扩大到纪传体史书中。因此，该书中的各专题除了按照时间顺序记载宋代历史的轮廓和大事件以外，《礼乐议》《治河》《茶盐榷罢》《正雅乐》《北方诸儒之学》等对宋代的经济、学术思想都有专题讨论，一改纪事本末体只详治乱兴衰，不载经济文化的传统，是对纪事本末体的一大改变和创新。

明代中后期私撰史书对传统史书体裁做了改变，其目的主要是更好地阐明史家思想，发挥史书“劝惩”或者全面记载历史的功用。王圻将纪传体的传入典制体史书，扩大了“文”“献”的范围；朱国祯融各种体裁于一书，综合发挥史书的功用；陈邦瞻进一步发展了纪事本末体，使叙事的内容扩大，又很好地表达了史家的思想。总之，私撰史书不再以单一的史书体裁撰史，而是发挥众家之所长，体裁成为辅助私撰史书阐明主旨思想的形式，而不是束缚史书叙述的框架。明代中后期私撰史书灵活运用和创新史书体裁，是明代史学进步的重要表现。

六 小结

明代中后期私撰史书编纂观念的变化，除了上述四种以外，还有如重视类例编纂的思想和对史文详略的认识等。

关于按类例编纂的思想，焦竑曾说：“记有之，进退有度，出入有局，各司其局，书之有类例亦犹是也。故部分不明则兵乱，类例不立则书亡。”[①] 事物的类别是千变万化的，不可齐一，区分类例，使各部分章而有序，如此才能触类旁通，抓住事物的本质。焦竑《国史经籍志》，首列制书类，然后经、史、子、集四部，四部之下基本按郑樵《通志·艺文略》之例，而各项之下又详分子目。焦竑非常注重子目的划分，例如史部有十五令，其中《时令》《食货》是其他史志中没有出现在史部中的内容，制书类又分御制、中宫御制、敕修、记注时政。他还在各部之前冠以序说，阐明所统部类的性质、范围、学术发展脉络等，对各种类型的史籍做了具体阐释。王圻《稗史汇编》是在元代仇远《稗史》和陶宗仪《说郛》的基础上重新编排，把内容按类划分成 28 门。这 28 门的分类按照天、时、地、人、事、物的顺序排列，显示了儒家的天人观、宇宙观和价值观。何乔远《名山藏》更是以类例的方式编排，全书有 37 个记，每一“记”用一个标题概括主要内容，“或者说 37 个专题……从这种体裁分事别类特点来看，我们可以称之为分类体”。[②] 总之，区分类例是考察历史、认识事物的一个重要方法。

明代中后期私撰史书对史文的详略没有固定的要求，依据自身和社会的实际状况而有所不同。郑晓《吾学编》中的人物传极简，只叙述人物的官爵迁降年月，一般不涉及祖先事迹，且广泛使用表格，《同姓诸王表》《异姓诸侯表》《恩泽侯表》《直文渊阁诸臣表》等使内容一目了然。但郑晓对军事活动的记载要详于其他方面，不仅有《四夷考》，还有《北虏考》《地理述》，《名臣记》中替武将立传与他书不同。郑晓《吾学编》详略有别，除了与他本人的经历有关外，也与当时社会面临的实际情况相关。又如王宗沐对宋代历史的记载仅

① 焦竑：《国史经籍志》卷 3《薄录类·序》，《丛书集成初编》本，商务印书馆 1939 年，第 117 页。

② 钱茂伟：《明代史学的历程》，社会科学文献出版社 2003 年，第 296 页。

用了六十四卷的篇幅，与《宋史》的四百多卷相比少之又少。但他认为北宋哲宗、徽宗时期“宋事始大坏矣”，是宋代兴衰的重要转折点，[①] 因此他在《宋元资治通鉴》中对这一时期的历史记载非常详细，也多加评论，希望能垂鉴后世。邵经邦以“简”为宗旨撰写史书，曾论述《新唐书》《宋史》的不足和自己的创作意图，指出：“《（新）唐书》尤有可议者……以为‘事增于前者’，乃十五表也，而《宰相世系》居其十一……‘文省于旧者’，乃削各传父祖名系并制诰之语也。夫制词靡滥，或可刊去。至于父祖天亲，水源木本，关切伦理，何以宰相独详，诸人独略？……矫枉过正，亦不可辞矣……《宋史》本无凡例，徒应故事而作，未有一人据《春秋》之义，持笔削之任者……殊非弘简之义……若夫创立奸臣之名，几同骂詈，史之考见得失，正不在此，甚至失夫子《春秋》之意。愚绍《通志》之后……其立例必先关治乱……凡天下安危、生民休戚、世道盛衰、政治得失，举此攸系，不必更加褒贬，只于各从其类，开卷了然自见。”[②] 他认为《新唐书》《宋史》都失去了历史记载要“简”的原则，《新唐书》不该减的地方减，《宋史》未能严格遵守《春秋》之义而删削史书，因此《弘简录》以弘扬“简”为宗旨，以《春秋》之意为准则撰写史书。可知，明代中后期部分史家认为只要符合撰史的目的，不必刻意强调史文的繁简。

明代中后期私撰史书广采史料，促使史学关注的对象不再局限于政治，私撰本朝史中涉及了大量的明中后期的民俗、文化和各阶层的人物等内容，有利于后人全面了解明代的社会。但史书的撰写除了要

---

① 王宗沐：《宋元资治通鉴》卷34，《四库未收书辑刊》第1辑第14册，北京出版社2000年，第18页。

② 邵经邦：《弘简录》“原序”，《续修四库全书》第304册，上海古籍出版社1996年，第177—178页。

广采史料外，还需要对史料加以整理、辨析。对史料的编排和取舍不同可以体现出史家不同的史学思想、史家的学识和修养等。对史料进行考辨是保证史学真实性的前提之一，史家修养的提高是史书质量提升和史学发展的重要保障。当然，明代中后期私撰史书众多，不可能保证每一部史书都做到翔实、可靠，也不可能保证每一位史家都具备优良的素养，但大部分的史家能够自觉地意识到史学的重要性，并付诸实践，这对其他的私人史家也是一种鞭策和鼓励。明代中后期私撰史书在编纂观念方面继承了前人的成果，并有所创新。其创新的动机和目的都是在明代社会、史学发展出现新变化的背景下产生的。这些编纂观念的创新或为当时的政治提出有利的建议，或对今后史学的发展提供新思路。但这些编纂观念大都是在各私撰史书的具体实践中表现出来，理论认识较少，这也是造成私撰史书的编纂观念有创新却没有形成广泛影响的原因之一。

第四章　私撰史书中的史学观念

史书的价值不仅体现在对史实的记载和考证上，更体现在史学思想上。史学思想的活跃程度是衡量史学发展水平高低的重要标准。明代中后期私撰史书数量多，质量也参差不齐，因而没有出现像明末清初那样成系统的史学思想，但私撰史书较官修史书发达，且思想活跃，呈多元化发展。随着政局的变化、经济的发展和史学的进步，私撰史书所展现出的史学思想也发生变化。史学思想中包含着众多的史学观念，即关于史学本身发展的思想。明代中后期私撰史书主要的史学观念在不同阶段、不同史书中有不同的表现，总的来说主要包括对经史关系的新思考、历史功用观的新呈现、历史评价观念的新探讨三个方面。这三个方面一是体现了私人史家对明代中后期社会的进一步认识，二是它们也是明代中后期私撰史书史学思想的重要组成部分，是明代史学发展的重要表现。

第一节　经史关系的新思考

正确认识史学在学术上的地位，是史学研究的重要前提。“史学在学术上处于何等地位？主要表现于对经史关系的论述上，这是中国古代史学理论的一个具有特色的内容。”[①] 中国古代社会的经史关系，在经历了汉代“史附于经”、宋代“荣经”的发展历程后，在明代中后期明确出现了“六经皆史”的说法。现代学者就“六经皆史”的提出有两种意见，侯外庐认为“六经皆史”是章学诚的创见，“是在当时被认为最放肆的学说”，“不但是清初反理学的发展”，还“大胆地把中国封建社会所崇拜的六经教条，从神圣的宝座拉下来”；[②] 仓修良则认为“‘六经皆史’的命题，既不是章学诚的创见，也不是到了章学诚‘大胆地提出来的’，不过是章学诚针砭时弊，又重新提出并真正赋予‘六经皆史’以充实的内容和系统的理论”。[③] 两种说法各有依据，明代中后期的私撰史书也对经史关系展开讨论，进而阐明史学的独立地位，为章学诚系统论述“六经皆史”奠定了基础。

一 “六经者，吾心之记籍也”

王阳明是嘉靖年间心学的集大成者。万历十二年，王阳明从祀孔庙，王学的政治地位空前提高，王学得到广泛流传。在学术上，王守仁提出“心即理”，[④] 在哲学思想上影响了他对经史关系的认识。

王守仁提出“心即理”，认为“心外无物，心外无事，心外无理，心外无义，心外无善”，[⑤] 即外在世界是心的映射，万物的形态随着心的想法而产生变化，因此，人可以根据自己的经验去认知世界、改变世界。王守仁所识之“理”是存在于个体道德渊薮和意识里的普通之理，是个体意识和真理的统一。应用到经史关系上，即

① 杨翼骧、乔治忠：《论中国古代史学理论的思想体系》，《南开学报》1995 年第 5 期。

② 侯外庐：《中国思想通史》第 5 卷《中国早期启蒙思想史》，人民出版社 1980 年，第 509 页。

③ 仓修良：《章学诚和〈文史通义〉》，中华书局 1984 年，第 103 页。

④ 王守仁：《王阳明全集》卷 1《传习录上》，上海古籍出版社 1992 年，第 2 页。

⑤ 王守仁：《王阳明全集》卷 4《答王纯甫二》，上海古籍出版社 1992 年，第 156 页。

"具体经验过程的历史，都是混融如一地存在于体现良知良能的人的心中"。[①] 基于此，王守仁提出"六经者，吾心之记籍也，而六经之实，则具于吾心"。[②] 既然"六经"是"心之记籍"，那么王守仁的"事即道，道即事"也就顺理成章。"以事言谓之史，以道言谓之经。事即道，道即事。《春秋》亦经，五经亦史，《易》是包牺氏之史，《书》是尧、舜以下史，《礼》《乐》是三代史"，"五经亦只是史，史以明善恶，示训戒"。[③] 王阳明此处明确提出了"五经亦史"。《春秋》《易》《书》《礼》《乐》都是记载三代时的历史，历史事件中体现了一定的"道"，"道"包含在事件中，它们的共同目的是区分善恶，垂诫后世，所以史和"道"没有什么不一样，二者统一于"吾心"。而且，"经"所阐明的"道"是会随着时代的变迁而发生变化的，王阳明的弟子徐爱曾问他："如《三坟》之类，亦有传者，孔子何以删之?"王阳明回答：

> 纵有传者，亦于世变渐非所宜，风气益开，文采日胜，至于周末，虽欲变以夏、商之俗，已不可挽，况唐、虞乎？又况羲、黄之世乎？然其治不同，其道则一……文、武之法，则是尧、舜之道，但因时致治，其设施政令已自不同，即夏、商事业施之于周，已有不合，故周公思兼三王，其有不合，仰而思之，夜以继日，况太古之治岂复能行？斯固圣人之所可略也。[④]

世变则事异，把古时的著作奉为不刊之论是不正确的，"经"并

① 向燕南：《从"荣经陋史"到"六经皆史"——宋明经史关系说的演化及意义之探讨》，《史学理论研究》2001 年第 4 期。

② 王守仁：《王阳明全集》卷 7《稽山书院尊经阁记》，上海古籍出版社 1992 年，第 255 页。

③ 王守仁：《王阳明全集》卷 1《传习录上》，上海古籍出版社 1992 年，第 10 页。

④ 王守仁：《王阳明全集》卷 1《传习录上》，上海古籍出版社 1992 年，第 9 页。

不是绝对正确的，应当遵循“吾心”的变化。

王阳明对经史关系的认识以“心即理”的论述为前提，提出“事即道，道即事”，揭示了“六经”乃记载上古之事的载体，并非千古不变的至理，人的认识会随着时代和实践的变化而变化。虽然王阳明讨论经史关系的目的不是提高史学的地位，“而是在强调，以‘六经’为代表的思想如果不能借助史学融入个体的内在意识和情感生活中，是无法转化为道德行为的”，[①] 但在客观上，“破除了自汉以来封建统治者树立起来的六经的权威，在封建的思想锁链上打开了一个缺口，对思想解放起了很大的作用”，[②] 促使后来史家意识到经学需要借助史学来实现影响世道人心的作用，为史学地位的提升提供了空间。

二 “经史一也”——经史相埒

南中王学的传人薛应旂，在史学上著有《宋元通鉴》《宪章录》等，薛应旂对经史关系的认识继承了王阳明“事即道，道即事”的观点，认为“道本一致，学不容二”。薛应旂的求道过程是复杂的，先后分别长期受理学、心学影响，对经史关系也有自己的认识：

> 三十年前，从事举业，出入训诂，章分句析，漫无归着。一旦闻阳明王公之论，尽取象山之书读之，直闯本原，而工夫易简，正如解缠缚而舒手足，披云雾而睹青天，喜跃不胜，时发狂叫，遂以为道在是矣。如是者又三十年，然每一反观，居常则觉悠悠，遇事未见得力。及遍视朋侪，凡讲斯学者，率少究竟，乃

① 徐艳霞、宋军：《退而更化：历史传统的重建——试论国学复兴应以“读史”为中心》，《甘肃社会科学》2012 年第 4 期。

② 仓修良、夏瑰琦：《明清时期“六经皆史”说的社会意义》，《历史研究》1983 年第 6 期。

复展转于衷。年逾五十，犹未能不惑。及罢官归，则既老矣，恐终无所得而虚负此生，日以孔孟之书反复潜玩。赖天之灵，恍然而悟，始知朱子之言，孔子教人之法也；陆子之言，孟子教人之法也……道本一致，学不容二。[①]

可知，薛应旂一生所学融合了程朱、陆王之学，最终体悟到两者并不相悖。因此他在治学求道的路上，主张调和各家，"不溺于先入之说，不蔽于浅陋之见矣",[②] 有不尚经典的态度，认为孔子作《春秋》只不过是依据《鲁史》而成，且《春秋》体现出的褒贬赏罚标准也只符合当时的史实，不能放之四海而皆准。

薛应旂不尚经典进而认为"经史一也"。"古者，左史记言，右史记事。事为《春秋》，言为《尚书》，经史一也。后世史官，咸推迁、固，然一则退处士而进奸雄，一则抑忠臣而饰主阙，殆浸失古意而经史分矣。朱晦翁谓吕东莱好读史遂粗着眼。夫东莱之造诣不敢妄议，若以经、史分精粗，何乃谓精义？入神之妙，不外于洒扫应对之间也。"[③] 薛应旂认为"经史一也"主要有两个原因：一是经、史同源，作为后世之"经"的《春秋》《尚书》，于古时分别是记事、记言的史书；二是经、史有相同的目的，都是为了抑奸雄、进忠臣。司马迁、班固之后，史不能完全发挥这一功用，经、史始分。所以，经、史无精粗之分，更无高下之分。

薛应旂坚持"经史一也"，反对"经以道法胜，史以事词胜"的

---

① 薛应旂：《考亭渊源录》卷首《书考亭渊源录后》，《续修四库全书》第 517 册，上海古籍出版社 2002 年，第 567—568 页。

② 薛应旂：《方山先生文录》卷 16《折衷》，《四库全书存目丛书》集部第 102 册，齐鲁书社 1997 年，第 385 页。

③ 薛应旂：《宋元通鉴》卷首《义例》，《四库全书存目丛书》史部第 9 册，齐鲁书社 1996 年，第 687—688 页。

观点，认为“道见于事，事寓乎道，经亦载事，史亦载道”，[①] 经侧重于阐释义理，史则侧重于记载史实，经史互相验证，两者同样重要。所以，薛应旂提出中和汉、宋之学以期达到“经史一也”的目的。“盖汉儒之学长于数，若仪文节度之烦，虫鱼草木之变，皆极其详。其学也，得圣人之博。宋儒之学长于理，若天地阴阳之奥，性命道德之微，皆究其极。其学也，得圣人之约。合是二者而虚心体认，则天机相为感触，当自默会于燕闲静一之中，超然于意言象数之表，而吾心之全体大用，可一以贯之。”[②] 汉代学者长于文献的记忆和训诂，宋代学者长于探究天地人事的变化规律，二者相互补充，皆为“吾心之记籍也”。

可以看出，薛应旂对经史关系的认识，基于“经史一也”的认识而把经、史放在了同等重要的位置，两者地位相埒，不可偏重其一。那么，是否可以说史已经获得了独立的地位呢？薛应旂认为经、史都是君子立世的要器，这点与王阳明的看法一致，即“善可以为训者，时存其迹以示法；恶可以为戒者，存其戒而削其事，以杜奸”。[③] 也就是说，经、史的本质目的都是“维持人心不坏”，表彰儒家道德伦理，两者可看成是一种事物的两种表现形式。因此，他的《宋元通鉴》最大的特点就是于史事中明道，例如他分析宋代灭亡的原因是“南渡以后则汪黄秦汤韩史贾诸人相继擅权，内小人外君子，遂致善类销亡而士人无赖”。[④] 薛应旂从道德层面总结宋亡

---

① 薛应旂：《宋元通鉴·序》，《四库全书存目丛书》史部第9册，齐鲁书社1996年，第686页。

② 薛应旂：《方山先生文录》卷16《折衷》，《四库全书存目丛书》集部第102册，齐鲁书社1997年，第385页。

③ 王守仁：《王阳明全集》卷1《传习录上》，上海古籍出版社1992年，第10页。

④ 薛应旂：《宋元通鉴·序》，《四库全书存目丛书》史部第9册，齐鲁书社1996年，第686页。

的原因，备前代之善恶，“欲后人监前人之辙迹以为法戒，而不至于失身败事”。[①]

薛应旂在王阳明“五经亦史”的基础上进一步论述，针对程朱理学崇尚经典和“经精史粗”的观点，提出“经史一也”，将经、史等量齐观，提高了史学的地位。薛应旂提出“经史一也”的同时，“又从朱学重视知识传统、强调经典研习和文献训诂的‘道问学’思想出发，对一些宋明学者轻诋重视历史文献考据的汉学家的行径不以为然”，[②] 为明代中后期考据学的兴起提供了思想支持。但是，薛应旂仍然没有跳出理学的圈子谈论史学的价值。经、史地位同等是针对经、史的起源和以史求道的目的而言，最终仍是以“六经”作为评判历史的标准。

三　“天地间无非史而已”——贵史

王世贞继承和发展了王阳明、薛应旂“五经亦史”“经史一也”的观点，提出“天地间无非史而已”。王世贞虽非王学中人，却深受王学影响，曾说：“余十四岁从大人所得《王文成公集》读之，而昼夜不释卷，至忘寝食，其爱之出于三苏之上。稍长，读秦以下古文辞，遂于王氏无所入，不复顾其书。而王氏实不可废。”“王文成公之致良知，与孟子之道性善，皆于动处见本体，不必究析其偏全，而沉切痛快，诵之使人跃然而自醒。”[③] 表达了他对王门之学的认同，虽然在稍长后长时间内不再读王氏之书，但王氏之学对他的醍醐之功不可磨灭。对王门之学的认同自然也影响了王世贞对“五经亦史”

---

① 薛应旂：《宋元通鉴》卷首《义例》，《四库全书存目丛书》史部第 9 册，齐鲁书社 1996 年，第 690 页。

② 吴怀祺主编，向燕南著：《中国史学思想通史·明代卷》，黄山书社 2002 年，第 245 页。

③ 王世贞：《读书后》卷 4《书王文成公集（一、二）》，《文渊阁四库全书》第 1285 册，上海古籍出版社 1987 年，第 54、55 页。

“经史一也”的进一步思考，他对经史关系的认识包括三个方面。

一是认为史延续的时间比经长。“孔子之作《春秋》也，而君臣、父子、夫妇、长幼之伦著焉，中国、夷狄，君子、小人之界判焉，盖二百四十二年而千万世揆是也。故经不敢续也，亦无所事续也。至于史则不然，一代缺而一代之迹泯如也，一郡国缺而一郡国之迹泯如也。”[①]《春秋》完成后，尊卑、善恶的界限已经被划定，后世几乎没有变化。但“史”却不同，一代或一郡国之史缺失，其事迹后人就不得而知，所以相比较而言，史的社会价值更高。此处王世贞将“史”自觉地视为记载史实的文献。但是，既然评判事物的标准在《春秋》时就已经定下，且未有改变，那么史是否也受此标准的严格监控呢？王世贞没有做出明确的回答，却转而论述了史对于经不可或缺的作用。他发展王阳明“事即道，道即事”和薛应旂“经史一也”的观点，认为“道散于宇宙间，奚道而非物？奚事而非道？史不传则道没，史既传而道亦由之而传”。[②]道依赖史而存在，“道系于史”，王世贞所说之“道”与王阳明、薛应旂的“道”有所不同，不再围绕儒家经典而展开。他把“六经”作为史，研读“六经”，必须“得其要，则‘六经’为吾用，而其语皆筌蹄。不得其要，则吾为‘六经’役，老死而汩汩于章句”。[③]“六经”也只有为我所用时才是筌蹄，因此，经、史两者相较，更应该重视史。在尊经的时代，王世贞能有如此认识亦可谓发人智慧。

二是贵读史。王世贞对于经、史地位的认识可以用“贵读史”

① 陈子龙等：《明经世文编》卷335《王弇州文集四·国史策》，中华书局1962年，第3597页。

② 王世贞：《王凤洲纲鉴会纂·序》，光绪癸卯年春，上海经香阁石印，鸿宝斋书局代印。

③ 王世贞：《弇州山人四部稿》卷114《山西第二问》，台北：伟文图书出版社1976年，第5375页。

来概括。“吾读书万卷而未尝从‘六经’入。”[①] 他比较经、史的价值时说：“经载道者也，史纪事者也。以纪事之书较之载道之书，孰要？人必曰经为载道之书，则要者属经，如是遂将去史弗务。嗟乎！智愈智，愚愈愚，智人之所以为智，愚人之所以为愚，其皆出于此乎？”智人和愚人的差别就在于是否读史，如果不读史，只会更愚，因为“史学之在今日倍急于经，而不可以一日而去者也，故曰君子贵读史”。[②] 进而，王世贞对以往的重要史书的整体价值做了论述：

> 其论三代，有不尊称《尚书》者乎？然自舜、禹、汤、武及桀、纣而外，有能举少康、武丁、太康、孔甲之详以复者否？周之季，有不尊称《春秋》者乎？然自桓、文而上，有能举宣、平、共和之详者否？二汉而下，有不稗官《晋》，齐谐“六代”，期期《唐书》，芜《宋史》，而夷秽辽、金、元三氏者乎？然一展卷而千六百年之人若新，而其迹若胪列也。是史之存与不存也。[③]

从三代到元的事迹，皆被详细地记录下来，展卷犹如亲身经历，这是史所具有的独特价值。且《尚书》《春秋》等经典同后世《晋书》《唐书》《宋史》等史书一样，都只是记载了当时的历史，没有什么特殊的价值，由此王世贞升华出“天地间无非史而已”的观点。

三是天地间无非史而已。由上可知，王世贞已经明显地意识到史区别于经的价值，并且认为被保留下来的文字记载，包括“六经”

① 李贽：《续藏书》卷26《尚书王公》，《续修四库全书》第303册，上海古籍出版社1996年，第612页。

② 王世贞：《王凤洲纲鉴会纂·序》，光绪癸卯年春，上海经香阁石印，鸿宝斋书局代印。

③ 陈子龙等：《明经世文编》卷335《王弇州文集四·国史策》，中华书局1962年，第3597页。

都可称得上是史：

> 天地间无非史而已……六经，史之言理者也；曰编年，曰本纪，曰志，曰表，曰书，曰世家，曰列传，史之正文也；曰叙，曰记，曰碑，曰碣，曰铭，曰述，史之变文也；曰训，曰诰，曰命，曰册，曰诏，曰令，曰教，曰札，曰上书，曰封事，曰疏，曰表，曰启，曰笺，曰弹事，曰奏记，曰檄，曰露布，曰移，曰驳，曰喻，曰尺牍，史之用也；曰论，曰辨，曰说，曰解，曰难，曰议，史之实也；曰赞，曰颂，曰箴，曰哀，曰诔，曰悲，史之华也。[①]

显然，王世贞认为的史已经到了无所不包的程度了。“六经”是上古之史，论三代的史实尊《尚书》，论周的史实尊《春秋》，秦代焚书以后，《尚书》《春秋》等作为秦以前的史料，就更显得弥足珍贵了。对待“六经”应该抱着“征其信者，而阙其疑者”的态度，这也正是王世贞对待史料的态度。

王世贞对经史关系的认识已经不再囿于理学的范畴，而是将经、史真正放在平等的地位上讨论。“六经，史之言理者也”是从区分典籍立论的；“贵史”论，以经载道、以史记事，是从经史相分孰重立论的。[②] 经、史有不同的分工，在各自的领域内发生作用。在反映客观历史事实方面，史的价值高于经，“君子贵读史”，史所论之道也并非“六经”能独自囊括的。另外，在王世贞对经史关系的认知体系中，“史”主要指史籍、文献，并不包括客观的历史事实。但在具体论述时，王世贞时常将史籍和客观史实混为一谈，这是他认识上的

---

① 王世贞著，罗仲鼎校注：《艺苑卮言校注》卷一，齐鲁书社 1992 年，第 32—33 页。

② 汪高鑫：《经史尊卑论三题》，《史学史研究》2007 年第 2 期。

局限。尽管如此，王世贞对经史关系的认识仍然具有史学价值。他从史学、经学各自分属不同的学术体系的角度上看，认为经的价值在某种程度上不如史，甚至把经也纳入史的范围，作为史料进行研究，有初步的“出经入史”的意识。但是，在中国古代社会，“六经”的权威地位不易撼动，王世贞关于史学地位的认识也仅停留在保存史料的层面上。

四　“经史相为表里”——出经入史

与王世贞同一时代的李贽深受王门之学的影响，曾拜王门泰州学派的创始人王艮之子王襞为师，两次拜会王门嫡传罗汝芳，而且李贽对王世贞也甚为推崇，《续藏书》中多次引用王世贞之语。因此，李贽对经史关系的认识也是在王世贞等人的基础上发展而成的。李贽进一步对“经史一也”的观念进行阐述，否认“六经”的权威地位，认为“经史相为表里”，在史学上“六经”不但没有绝对的权威，在某种意义上经还是为史服务的，比薛应旂不尚经典的态度更为坚决。

李贽曾作《经史相为表里》一文：

> 经、史一物也。史而不经，则为秽史矣，何以垂戒鉴乎？经而不史，则为说白话矣，何以彰事实乎？故《春秋》一经，春秋一时之史也。《诗经》《书经》，二帝三王以来之史也。而《易经》则又示人以经之所自出，史之所从来。为道屡迁，变易匪常，不可以一定执也。故谓六经皆史可也。[①]

① 李贽：《焚书》卷 5《经史相为表里》，中华书局 2009 年，第 214 页。

此段话有两层含义。一是透露出李贽“经史相为表里”的经史关系论，即“经、史一物”。[①] 经、史二者相辅相成。如果只记史实，没有思想，则为秽史，就无法垂戒后世；如果只空谈道理，没有史学支撑，则为白话，就无法彰显事实本意。二是“六经皆史”。李贽首次明确用文字表述出“六经皆史”，《春秋》《诗》《书》等是一时之史，《易》则是“经之所自出，史之所从来”，是经、史的载体。既然经史相为表里，地位不分高下，那么何来史重于经之说？

从文字的表述和大致含义看，李贽的“经、史一物”与薛应旂的“经史一也”没有太大的差别。但李贽的“经”与薛应旂所说的“经”内涵已经发生了变化，而与王世贞所论的“经”有相似之处，即不单指儒家经典。李贽“经史相为表里”命题的内涵，有反对儒家经典权威的意味。首先，从“经”的发展角度看，儒家“六经”在孔子之后就已经被穿凿附会。“六经、《语》、《孟》，非其史官过为褒崇之词，则其臣子极为赞美之语，又不然则其迂阔门徒，懵懂弟子，记忆师说，有头无尾，得后遗前，随其所见，笔之于书。后学不察，便谓出自圣人之口也，决定目之为经矣，孰知其大半非圣人之言乎！”[②] 因此，后人在习“六经”时，应当对其做历史考据，而且儒家“六经”与先秦诸子的学说并无本质区别。“申、韩何如人也？彼等原与儒家分而为六。既分为六，则各自成家；各自成家则各各有一定之学术，各各有必至之事功。”但后世之人只注重儒家经典，并不断对其进行解释、训诂，以至“儒家者流，泛滥而靡所适从”，“又以‘博而寡要，劳而少功’八字盖之，可谓至当不易之定论矣”。[③] 其次，从“史”的发展角度看，“六经”也只是古代生活的写照。但

① 任冠文：《李贽的史学思想》，《南开学报》2000 年第 1 期。

② 李贽：《焚书》卷 3《童心说》，中华书局 2009 年，第 99 页。

③ 李贽：《焚书》卷 5《孔明为后主写申韩管子六韬》，中华书局 2009 年，第 224 页。

"世之龙头讲章之所以可恨者，正为讲之详，讲之尽耳"。[①] 对待"六经"要以不求甚解的态度，在尊经的基础上按己意解之。"若有做作，即有安排，便不能久，不免流入欺己欺人，不能诚意之病。"[②] 由此，李贽对待六经，"呈现出注重本体主体化的鲜明心学特征，赞同并坚守用'六经注我'的方式来对待圣人经典"，[③] 看重六经明道的功用，但不执一于儒家"六经"。

李贽否定"六经"在史学求"道"方面的标杆地位，主张"六经"是史学的一种，"六经"所宣扬的"道"也只是史学之"道"的一部分，有走出"六经"迷雾直入史学的倾向。最鲜明的体现就是他对《易经》的解释和运用，李贽曾提到《易经》是"经之所自出，史之所从来"，经史一体。同时，他把《易经》的根本原则"变易"作为研究经、史的方法论。无论经、史都是不断变化的，都是一时历史的记载，都不具备永恒不变的特质，人们应以平常之书读之、解之。"变动不居，周流六虚，不可为典要，惟变所适……变易故神。"[④] 其在撰写的《藏书》中也说："人之是非，初无定质；人之是非人也，亦无定论……夫是非之争也，如岁时然，昼夜更迭，不相一也。昨日是而今日非矣，今日非而后日又是矣。"[⑤] 每个时代都有适合这个时代的政策，对待历史不能"一定执也"。李贽冲破理学"天不变，道亦不变"的枷锁，一方面把"六经"从神坛上拉下来，《藏书》评价历史人物也不以孔子之是非为是非；另一方面把"六经"看成记录历史、研究历史的载体和素材。而指导李贽完成这一论述的恰恰是"六经"中的《易经》，这与王世贞的"六经"之语

① 李贽：《四书评・序》，上海人民出版社 1975 年，第 1 页。
② 李贽：《焚书》卷 1《答邓明府》，中华书局 2009 年，第 41 页。
③ 陈欣雨、蔡方鹿：《李贽经学思想发微》，《齐鲁学刊》2009 年第 2 期。
④ 李贽：《焚书》卷 3《张横渠易说序代作》，中华书局 2009 年，第 117 页。
⑤ 李贽：《藏书》卷首《世纪列传总目前论》，中华书局 1974 年，第 17 页。

只要能为我所用便是筌蹄，不能为我所用便是章句的观点是一致的。可知，李贽已经完全认同史是独立于“六经”之外的，且在史学范围内，经是为史服务的。为了表达人人都可以按自己的理解注释或评论“经”的观点，李贽特作《四书评》和《九正易因》，站在“史”的立场，用不同于“六经”的标准对《易经》和“四书”加以分析、批评。

李贽“经史相为表里”与薛应旂“经史一也”有相通的部分，即经、史相辅相成，互为补充。不同的是，薛应旂以经为本，强调经对史的指导意义；李贽则继承王世贞的“贵史”论，以史为本，从“经”辅助“史”的角度分析，且李贽对“经”的理解已经不局限于儒家经典，其核心是不执一。李贽讨论经史关系，首先反对“六经”的权威，其次将经、史放在平等的地位上，最后从史学角度客观评价经史关系。例如《春秋》等可以作为史料，《易经》也可以为研究和评价历史提供指导原则，有“出经入史”的含义。

五　小结

“六经皆史”或者“经、史一物”不是明代中后期才有的，之前学者早有议论。经史关系的争论自汉代“六经”逐渐树立起权威地位后开始，刘向、刘歆父子撰写《别录》《七略》，按照内容划分诸书，有区分经、史的意图但不明确。《汉书·艺文志》分诸书为六艺、诸子、诗赋、兵书、数术、方技六略，经、史之别日渐明显。唐代刘知几认为：“古往今来，质文递变，诸史之作，不恒厥体。榷而为论，其流有六：一曰《尚书》家，二曰《春秋》家，三曰《左传》家，四曰《国语》家，五曰《史记》家，六曰《汉书》家。”①

① 白云译注：《史通》内篇《六家第一》，中华书局2014年，第2页。

刘知几没有明确说“经即史”，但他将《尚书》《春秋》等纳入史的范围，其观点不言而喻。元代郝经提出“古无经史之分。孔子定六经，而经之名始立，未始有史之分也。六经自有史耳，故《易》，即史之理也；《书》，史之辞也；《诗》，史之政也；《春秋》，史之断也；《礼》《乐》经纬于其间矣，何有于异哉？至马迁父子为《史记》，而经史始分矣”。[①] 郝经从实质上是肯定“古无经史之分”，论证了“六经自有史”的命题，与薛应旂经、史同源的观点一致。明初宋濂曾说：“子但知后世之史，而不知圣人之史也。《易》《诗》固经矣，若《书》，若《春秋》，庸非虞夏商周之史乎？古之人曷尝有经史之异哉？凡理足以牖民，事足以弼化，皆取之以为训耳，未可以歧而二之。”[②] “六经”乃圣人之史、经史皆可牖民弼化的论断，也是对“六经皆史”的肯定。

但以往的论述都是零星的、个别的，没有受到普遍的关注和认同。宋代以前，学者论“六经皆史”基本从书籍的编纂体裁入手；宋代程朱之后，理学统领学术和精神活动，“六经皆史”被视为异端；王门之学从心学理论出发，提出“事即道，道即事”，在思想链条上打开缺口，为后来学者论述“六经皆史”提供了理论依据。明代中后期薛应旂、王世贞、李贽等相继对此问题做了进一步分析和阐释，使史学获得独立地位，并出现“出经入史”的观念。出经入史的关键在于不执一，一方面把儒家“六经”看作一时之史；另一方面反对“六经”权威，时移世易，“六经”所表现出的褒贬善恶标准不是永恒不变的。清代章学诚在他们的基础上对“六经皆史”做了系统论述，章学诚“六经皆史”说的基本内涵主要包括三个层次：

---

① 郝经：《郝文忠公陵川文集》卷 19《经史》，山西古籍出版社 2006 年，第 290 页。

② 《宋濂全集》之《龙门子凝道记》卷下《大学微第八》，浙江古籍出版社 1999 年，第 1803—1804 页。

一是作为王官之学的六艺，“六经皆周官之掌故”与“古无私门著述”；二是从述作角度诠释“以史明道”；三是“尊史”的专业意识及经史相通的观念。[①] 从中能很明显地看出“经、史一物”等思想的影子，“以史明道”中的“道”，章学诚也认为不能完全遵照周孔之道，而应随时势变化有所改变，“经同尊称，其义亦取综要，非如后世之严也”。“以意尊之，则可以意僭之矣。”[②] 尊经的同时，在史学领域内适足贬经，这比王世贞单纯从史料的角度分析史学地位，以证明其独立性更胜一筹。从章学诚的论述中可以明显看到明代中后期私人史家对经史关系认识的影子，它们是章学诚“六经皆史”的先声。

明代中后期“史”逐渐被抬到重要的地位，一方面是因为当时士人对“经”的认识出现偏差，为了纠正这种错误观念，必须从反对当时的“经”入手。南宋以后，朱子之学在思想意识形态领域有绝对的统治地位，在经史关系上朱熹提出了“经精史粗”、读书“以经为本”的观点。朱熹批评同时期的学者吕祖谦“于史分外子细，于经却不甚理会”。“史甚么学，只是见得浅！”[③] “看史只如看人相打，相打有甚好看处？陈同父一生被史坏了。直卿言：‘东莱教学者看史，亦被史坏。’”[④] 朱熹强调读经穷理，读书先读经后读史。“‘学者且先读《论语》《孟子》，更读一经，然后看《春秋》，先识得个义理，方可看《春秋》’，表现出明显的荣经陋史的倾向。”[⑤] 朱熹“荣经”的具体实践是对“四书”做了极为详尽的注解，其著作

① 刘巍：《章学诚“六经皆史”说的本源与意蕴》，《历史研究》2007年第4期。

② 章学诚著，叶瑛校注：《文史通义校注》卷1《经解》，中华书局2008年，第98、102页。

③ 黎靖德编：《朱子语类》卷122《吕伯恭》，王星贤点校，中华书局1986年，第2950—2951页。

④ 黎靖德编：《朱子语类》卷123《陈君举》，王星贤点校，中华书局1986年，第2965页。

⑤ 向燕南：《从“荣经陋史”到“六经皆史”——宋明经史关系说的演化及意义之探讨》，《史学理论研究》2001年第4期。

《四书章句集注》成为钦定的教科书和科举考试的标准。但造成士子“自一经之外，罕所通贯。近日稍知务博，以哗名苟进，而不究本原，徒事末节”。[①] 可见，当时士子所学之“经”是经过朱子改造的。朱学在明代统治者的利用下，成为士子追名逐利的工具，也造成了学术上的僵化。如前所述，自汉代后“经史”几乎是捆绑在一起讨论的，当“经”出现偏差时，学者自觉地就会想到“史”，用“重史”的方式纠正学术之误。另一方面是因为“史”的“以史为鉴”的适用范围更广，符合当时人们除弊救拯的愿望。明代中后期作为精英代表的士大夫，其士风“可为极敝……主本既亡，廉耻又丧”。[②] 与此同时，社会各方面也频繁出现危机，为了拯救世风和社会危机，社会各阶层都在积极寻找方法，如阳明心学兴起、文学领域掀起“复古”风、张居正的政治改革等。相对于其他领域，史学被接受的范围并不仅局限在史学范围内，万历前后编写的蒙学教材《龙文鞭影》《幼学琼林》等都是以历史故事为主要内容编写的。再如前文中提到的，明代中后期社会上出现了读史之风，加之刊刻条件的便利，许多史书被刊刻，史学被利用的可能性大大增加，学者对史学的认识也就逐渐加深，其重要性也就逐渐被认识。

明代中后期私人史家对史学地位的认识逐步深化，对史学的发展有积极作用。其一，学者从“经”的迷信中解脱出来，有了新的觉醒，要求加强史学的严肃性和客观性，并对传统史学进行批判。[③] 其二，“六经”作为史的地位被确定，扩展了研究秦汉以前历史的素材，促使学者对历史真实性进行考据。出经入史，使史学真正获得独

① 杨慎：《升庵集》卷52《举业之陋》，《景印文渊阁四库全书》第1270册，台北：台湾商务印书馆1987年，第447页。

② 高拱：《高文襄公集》卷31《本语》，《四库全书存目丛书》集部第108册，齐鲁书社1997年，第424页。

③ 葛兆光：《明清之间中国史学思潮的变迁》，《北京大学学报》1985年第2期。

立，为“六经皆史”的系统阐述打下坚实基础，动摇了支撑统治者思想“六经”的地位，为明末清初反封建思想的出现提供了支持。

第二节 史学功用观的新呈现

“史学功用”即史学的社会功能和作用，中国古代史学的功用主要包括“资政”和“劝惩”两个方面。先秦是史学逐步形成和确立的时期，史学功用论也在该时期发展起来。孔子整理的《诗》体现出“殷鉴”的思想，即“殷之未丧师，克配上帝，宜鉴于殷，骏命不易”，[①] 这是中国古代最早的史学功用论，说明当时人们已经意识到历史是可以借鉴的。

一 历代私撰史书对史学功用的认识

孔子修《春秋》更加详细地阐述了“殷鉴”思想。首先，孔子强调历史是前后贯通、相互联系的，因此是可以相互借戒的。他曾说：“殷因于夏礼，所损益可知也；周因于殷礼，所损益可知也。其或继周者，虽百世，可知也。”[②] 其次，孔子已经意识到历史的借鉴作用在于“资政”。所谓“资政”，即“史学应提供全套的政治方针、策略、经验教训和行为规范”。[③] 孟子曾论述孔子作《春秋》的原因，即“世衰道微，邪说暴行有作，臣弑其君者有之，子弑其父者有之。孔子惧，作《春秋》”。[④] 孔子鉴于当时世道混乱，希望改变现状，为社会秩序的安定提供标准，才私撰《春秋》。而《春秋》修成后

---

① 王秀梅译注：《诗经·大雅·文王》，中华书局2006年，第315页。

② 杨伯峻译注：《论语译注》，中华书局1980年，第21—22页。

③ 杨翼骧、乔治忠：《论中国古代史学理论的思想体系》，《南开学报》1995年第5期。

④ 万丽华、蓝旭译注：《孟子·滕文公下》，中华书局2006年，第138页。

"乱臣贼子惧"，[①] 司马迁也曾论《春秋》主要的史学功用，"上无明君，下不得任用，故作《春秋》垂空文以断礼义，当一王之法"。[②] 可见，《春秋》的主要功用体现在对当时社会秩序的规范，其主要目的是拨乱反正。最后，《春秋》恢复社会秩序的重要方式是"惩恶而劝善"，即"劝惩"。如《左传》对它的评价："《春秋》之称微而显，婉而辨。上之人能使昭明，善人劝焉，淫人惧焉。是以君子贵之。"[③] 刘知几也说："《春秋》之义也，以惩恶劝善为先。"[④] 可知，《春秋》把史学功用基本定位在了"资政"和"劝惩"两个方面。汉代以后儒学成为官方的统治思想，孔子对史学功用的认识也基本被传承。但是，《春秋》"资政"的途径是恢复三代之"礼"，"劝惩"所定之善恶的标准是"礼"，都是站在统治者的角度思考的。因此，"资政"和"劝惩"基本成为官修史书最基本的功用，私撰史书对史学功用的认识有自己的侧重，但基本也以这两者为主。

先秦以后，《史记》是汉代私撰史书的代表，司马迁在该书中称史学的功用主要是"志古之道，所以自镜也"[⑤] 和"述往事，思来者"。[⑥] "志古自镜"表明撰写《史记》的目的在于总结历史经验教训，训诫当世；"思来者"的目的在于对未来有所启示，即"究天人之际，通古今之变"，总结历史的兴衰成败，从中找出历史发展的规律，以此预测未来。魏晋时期私撰史书盛行一时，有借修前代史，以总结经验教训，为现实政治提供借鉴者；也有借撰史而名扬天下者；还有借著史为名，避居乱世者；也有以史针砭时政，达到劝谏的目的

① 万丽华、蓝旭译注：《孟子·滕文公下》，中华书局 2006 年，第 138 页。
② 司马迁：《史记》卷 130《太史公自序》，中华书局 1959 年，第 3299 页。
③ 杨伯峻编著：《春秋左传注·昭公十三年》，中华书局 1990 年，第 1513 页。
④ 白云译注：《史通》外篇《忤时第十三》，中华书局 2014 年，第 894 页。
⑤ 司马迁：《史记》卷 18《高祖功臣侯者年表》，中华书局 1959 年，第 878 页。
⑥ 司马迁：《史记》卷 130《太史公自序》，中华书局 1959 年，第 3300 页。

者。在当时涌现出了一批优秀的私人史家，如陈寿、干宝、荀悦、裴松之、范晔、沈约、魏收、袁宏等。陈寿《三国志》评价历史人物注重品第，例如评价曹操“超世之杰矣”，[①] 评价刘备“弘毅宽厚，知人待士，盖有高祖之风”，[②] 评价孙权“屈身忍辱，任才尚计”，[③] 当时人称该书“辞多劝诫，明乎得失，有益风化”。[④] 荀悦曾阐述修史的意义，说：“古者天子、诸侯有事，必告于庙。朝有二史，左史记言，右史记动。动为《春秋》，言为《尚书》。君举必记，臧否成败，无不存焉。下及士庶，苟有茂异，咸在载籍。或欲显而不得，或欲隐而名章。得失一朝，而荣辱千载。善人劝焉，淫人惧焉。故先王重之，以副赏罚，以辅法教。”[⑤] 荀悦认为修史与国家的赏罚、法教密切相关，明确提出历史是为治国施政提供借鉴的。东晋时袁宏认为“史传之兴，所以通古今而笃名教也”。[⑥] 刘勰《文心雕龙·史传》认为撰史的目的是“彰善瘅恶，树之风声”。[⑦] 可知，魏晋时期的大部分史家认为史学的主要功用在于彰善瘅恶、笃名教。

唐代私撰史书对史学功用的认识集中在“资政”上。唐代官修史书兴盛，但也出现了《史通》这样的私撰史学理论著作，刘知几曾论史学功用曰：“史之为用，其利甚博，乃生人之急务，为国家之要道。有国有家者，其可缺之哉！”[⑧] 刘知几用“生人之急务”“国家之要道”概括史学功用。杜佑修撰《通典》的目的也是“征诸人事，

---

① 陈寿：《三国志》卷 1《魏书·武帝纪》，中华书局 1959 年，第 55 页。

② 陈寿：《三国志》卷 32《蜀书·先主传》，中华书局 1959 年，第 892 页。

③ 陈寿：《三国志》卷 47《吴书·吴主传》，中华书局 1959 年，第 1149 页。

④ 房玄龄等：《晋书》卷 82《陈寿传》，中华书局 1974 年，第 2138 页。

⑤ 荀悦：《申鉴》卷 2《时事》，龚祖培校点，辽宁教育出版社 2001 年，第 11 页。

⑥ 袁宏：《后汉纪》卷首《序》，张烈点校，中华书局 2002 年，第 1 页。

⑦ 刘勰著，范文澜注：《文心雕龙》卷 4《史传》，人民文学出版社 1958 年，第 283 页。

⑧ 白云译注：《史通》外篇《史官建置第一》，中华书局 2014 年，第 506 页。

将施有政”。[①] 宋代官修《新唐书》的原因是“商、周以来，为国长久，惟汉与唐，而不幸接乎五代。衰世之士，气力卑弱，言浅意陋，不足以起其文，而使明君贤臣，俊功伟烈，与夫昏虐贼乱，祸根罪首，皆不得暴其善恶以动人耳目，诚不可垂劝戒，示久远，甚可叹也”。[②] 官修史书重视史书“劝惩”功用的思想影响了私撰史书。李心传《建炎以来系年要录》虽然没有明确说明该书的修撰目的，但在具体论述时常以纲常伦理评价事件和人物，从侧面反映出对史书“劝惩”功用的利用。他曾借李纲之语批评宋代的士大夫“自崇、观（宋徽宗年号崇宁、大观的并称）以来，朝廷不复崇尚名节。故士大夫寡廉鲜耻，不知君臣之义”。[③]

南宋朱熹以后史书以宣扬纲常伦理为主要目的。朱熹把史学引向以纲常伦理为褒贬是非的唯一标准的方向上，他认为纲常伦理“贯穿百氏及经史，乃所以辨验是非。明此义理，岂特欲使文词不陋而已？义理既明，又能力行不倦，则其存诸中者，必也光明四达，何施不可”。“义理明，则利害自明。古今天下只是此理。”[④] 在朱熹那里，史学是为理学服务的，著述和评判史著的标准都是“义理”二字。史学“劝惩”的功用被发挥到极致。明代正统年间周叙上疏请求重修《宋史》，并强调修史是为了“扶纲常，明伦谊，内夏外夷，正名定统，遏人欲于横流，存天理于既灭者”。[⑤] 重伦理道德、辨明正统是周叙重修《宋史》最主要的目的，这一目的的确立以理学为宗旨，着重发挥史书的“劝惩”功用。明前期的私撰史书以人物传记为主，

① 杜佑：《通典》卷 1，中华书局 1996 年，第 1 页。
② 欧阳修：《新唐书》卷末《进唐书表》，中华书局 1975 年，第 6471 页。
③ 李心传：《建炎以来系年要录》卷 6“建炎元年六月壬戌”，中华书局 1956 年，第 149 页。
④ 黎靖德编：《朱子语类》卷 139《论文上》，王星贤点校，中华书局 1986 年，第 3322 页。
⑤ 周叙：《石溪周先生文集》卷 5《修明统纪疏》，《四库全书存目丛书》集部第 31 册，齐鲁书社 1997 年，第 610 页。

如杨廉《皇明理学名臣言行录》、宋端仪《考亭渊源录》等都是名臣言行的资料汇编，主要目的是赞扬有理学思想的士大夫，以有裨于世教。

历代私撰史书对史学功用的认识，除了《史记》强调总结规律，说明历史发展的趋势外，其余基本是在孔子《春秋》所提出的“资政”“劝惩”两个方面徘徊。魏晋时期的私撰史书以彰教化为主，唐代以“资政”为主，宋明又以追求义理为主。《史记》所体现出的深刻的史学功用论，与司马迁个人的史学才能有很大关系，后世极少有人能超越。魏晋时期社会总体处于动荡的状态，史家为避讳各个政权之间的争斗，加之魏晋南北朝门阀士族观念的兴盛，以品第评价人物，直接导致了私撰史书以“彰教化”为主要目的。唐代官修史书兴盛，官方修史以有资于统治为主要目的，私撰史书也受其影响，以“资政”为主。唐代晚期，社会开始走下坡路，在史学上“以史治心、治心以治世的主张，不仅丝毫不触动‘为国家者’，反而能够维护其既得利益和已经取得的统治地位，因而总是为统治集团所提倡……转而注重伦理道德的内心自省，探寻帝王的心术修养”。[①] 宋代无论官、私史书都注重史书的“劝惩”功用，南宋以后宣扬伦理道德成为史学功用的首要内容，其影响延至明代前期。

可知，历代私撰史书的史学功用以“劝惩”为主，而“劝惩”的标准不一。南宋以前，“惩恶劝善”是“劝惩”的主要内容，善恶的标准以“名教”“教化”为准，南宋以后统一为理学的伦理道德。明代中后期私撰史书对史学功用的认识与以往的私撰史书不同，有继承也有发展：一方面私撰史学逐渐与官方史学追求的资政、鉴戒等融合；另一方面继承以往私撰史书重“劝惩”的功能，但不绝对以纲

① 谢保成：《隋唐五代史学》，商务印书馆 2007 年，第 222—223 页。同见谢保成《二十四史修史思想的演变》，《学术研究》2007 年第 9 期。

常伦理为标准。

二　明代私撰史书资政用世

史学的“资政”之功包括两个方面：垂往训今和对当代的批评。如前文所述，垂往训今的史学功用一直被史家所认识。裴松之曾说：“智周则万理自宾，鉴远则物无遗照。虽尽性穷微，深不可识，至于绪余所寄，则必接乎粗迹。是以体备之量，犹曰好察迩言。畜德之厚，在于多识往行。”[①] 一个人尽性穷微，虽未必能识历史发展的奥妙，但一定能获得一些启示，因此多识往行，有助于提高人的智慧，修养人的道德，为今世提供经验教训。自唐代史馆建立后，官方逐渐形成为前朝修史的惯例，这也影响了私撰史书以修撰前代史和通史为主，例如杜佑《通典》、郑樵《通志》、朱熹《资治通鉴纲目》等。明代中后期的私撰史书既有对前代史的改编，也有对当代史的记载，目的都是资政用世。

（一）垂鉴与私撰前代史

薛应旂改编宋、元史为《宋元通鉴》，明确指出改编前史的目的是寻找历史经验教训，垂往训今，称：“鉴者监也，备前代之善恶为后世之法戒，故不曰史而曰鉴者，取斯义也。”[②] 但薛应旂改编前史，独独选择《宋史》，并非随意选择。除了与前文论述的嘉靖朝前期的政治和史学背景有关外，还与宋、明两代的实际状况相关。薛应旂曾在《宋元通鉴·序》中说：

> 少读二十一史，苦其浩瀚，既取荀悦、袁宏前后《汉纪》、

① 陈寿：《三国志》卷尾《上三国志注表》，中华书局 1959 年，第 1471 页。

② 薛应旂：《宋元通鉴》卷首《义例》，《四库全书存目丛书》史部第 9 册，齐鲁书社 1996 年，第 687 页。

> 范祖禹《唐鉴》、欧阳修《五代史》读之，各成一书，咸可法戒，然后会而观之，犹若未备。及读司马光《资治通鉴》，上起战国，下终五代，先后贯穿，而一千三百六十二年之事迹，灿若指掌矣……俯思蚤岁，涉猎子史，则溺意词章，依傍经典，则高谈性命，俱无裨实用……且回视宋元世代不远，人情物态，大都相类，《书》曰：我不可不监于有夏，亦不可不监于有殷。宋元固今之夏殷也，所宜为监者盖莫切于此矣。[①]

薛应旂之所以选择宋代历史为明代提供借鉴，是因为宋、明两代所面临的社会状况类似，两者可比较和鉴戒之处甚多。王宗沐《宋元资治通鉴》共有三十三处评论，每一处评论都旨在反思历史，常用“不可不戒”等语。例如批评宋仁宗听信小人之言罢庆历新政，没有自己的主见，不能做到知人善任，不由感慨“人君之权安在不问行之当否，而以言之多寡为是非，则议论之端何穷，宋卒以是亡国”；[②] 再如叙述宋初优渥文臣，以至后期蔡京、秦桧等误国和宋初释兵权，以至后期军队孱弱、靖康之祸起等，认为此“二事最大而为害最甚”“以告后之立法者”[③] 等，都旨在对明代的政治有所借鉴。

万历年间陈邦瞻也与薛应旂有类似的观点，称：“今国家之制，民间之俗，官司之所行，儒者之所守，有一不与宋近者乎？非慕宋而乐趋之，而势固然已。”[④] 他的《宋史纪事本末》是首部以纪事本末

---

① 薛应旂：《宋元通鉴 · 序》，《四库全书存目丛书》史部第 9 册，齐鲁书社 1996 年，第 685—687 页。

② 王宗沐：《宋元资治通鉴》卷 10，《四库未收书辑刊》第 1 辑第 14 册，北京出版社 2000 年，第 12 页。

③ 王宗沐：《宋元资治通鉴》卷 52，《四库未收书辑刊》第 1 辑第 14 册，北京出版社 2000 年，第 619 页。

④ 陈邦瞻：《宋史纪事本末 · 叙》，中华书局 1977 年，第 1191—1192 页。

体撰写的宋代史书，选取的宋代的历史事件都是他认为的能够为明代提供借鉴的，即“治不得不相为因，善因者鉴其所以得，与其所以失，有微有明，有成有萌，有先有后，则是编者夫亦足以观矣”。[①]此外，陈邦瞻还详细地列举出宋代盛衰兴亡的原因，希望朝廷以此为鉴：

> 大抵宋三百年间，其家法严，故吕武之变，不生于肘腋；其国体顺，故莽卓之祸不作于朝廷。吏以仁为治，而苍鹰乳虎之暴无所施于郡国；人以法相守，而椎埋结驷之侠无所容于闾巷。其制世定俗，盖有汉唐之所不能臻者。独其弱势宜矫，而烦议当黜。事权恶其过夺，而文法恶其太拘，要以矫枉而得于正，则善矣。[②]

明确指出朝廷应该因袭宋代家法严、国体顺、吏治仁、法相守，摒弃繁于议论、拘泥文法、过甚夺权的做法。王圻《续文献通考》对南宋嘉定以后的典章制度进行了有现实针对性的续补和增补，王圻称该书是“俾考古者得以证今”“俾在事者得以按迹而图揆”“俾司国计者稽焉，庶足以备不虞”。[③] 明确指出史书要有利于考古证今，只有如此，用事之人才可以从中得到启发，以裨益当下。例如王圻在该书中不载仙释，在《方外考》中按编年叙道、释两家的流变时，详述历史上因佞道崇佛而荒怠朝政的帝王，以此来告诫当前统治者。王圻此书约撰写于万历初年，嘉靖帝笃志修玄，癖好神祗符瑞之事刚过，万历初年张居正改革就如火如荼地展开，但万历十年张居正死

① 陈邦瞻：《宋史纪事本末・叙》，中华书局 1977 年，第 1192 页。
② 陈邦瞻：《宋史纪事本末・叙》，中华书局 1977 年，第 1192 页。
③ 王圻：《续文献通考・凡例》，现代出版社 1986 年，第 1—2 页。

后，万历帝亲操大柄，泄愤于张居正专权，又因立太子一事，怠于朝政。此种情形下，王圻希望以史书警诫统治者，不要重蹈覆辙。

（二）世变与私撰当代史

许凌云曾指出，《史记》的一大特点是“厚今薄古，详今略古”，进而指出“我国古代史学大都注重当今”，“实录、国史都是现代史、当代史”。[①] 中国古代史学重视当代史为现实政治服务，但“实录”“国史”都是以官方为主体进行修撰，明代中后期撰写当代史的重任便落在了私人史家身上。嘉靖朝以后掀起的撰写当代史热潮，初期以写开国史为主，嘉靖末年以后，私撰当代史著作的时间断限基本延长到史家生活的时代。

明代中后期私撰史书重视修撰当代史以“资政”，有自己的原因。童时明称：“居今慕古，其弊将胶柱而调瑟，不几于耳食乎？近己而法变相类，议合而易行，则有当世之典章，何必上古？”[②] 研究距离当代较远的历史，所处的历史境况已大不相同，而距离较近的历史相似之处颇多，有直接可以为政治提供借鉴的地方，因此，研究近代史和当代史更具史学价值。雷礼在为郑晓《吾学编》作的序中也称：“生逢圣世，当究心昭代典故，前修得失。”[③] 陈建《皇明通纪》注重对比明初与当下（嘉靖朝）的国家实力，并告诫当朝者要有所警醒，称：“祖宗时士马精强，边烽少警，而后来则胡骑往往深入无忌也；祖宗时风俗淳美，真才辈出，而迩来则渐浇漓也；祖宗时财用有余，而迩来则度支恒忧匮乏也；祖宗时法度昭明，而迩来则变易废

① 许凌云：《漫谈中国古代史学的优良传统》，《广西师范大学学报》1982 年第 2 期。

② 童时明：《昭代明良录》卷首《自序》，转引自钱茂伟《童时明〈昭代明良录〉述略》，《文献》1990 年第 2 期。

③ 雷礼：《吾学编 · 序》，郑晓：《吾学编》，《四库禁毁书丛刊》史部第 45 册，北京出版社 2005 年，第 4 页。

弛比比也……是果世变江河之趋不可挽与，抑人事之得有以致之也。”① 直言明初时军队强壮、人才辈出、风俗淳朴、财力雄厚，但近来朝政各方面有江河日下的迹象，应当及时做出改革。朱国祯经历嘉靖、万历、泰昌、天启、崇祯五朝，深知明代中后期的社会弊端，《皇明史概》在记土木堡事件后借吴士奇之口评论此事：“假令土木之变，门外未平，洞贼方构，宸濠踵起，此皆时事之万几也，殷鉴不远，故传其事，以备衣袽之戒云。”② 以当朝事为当代提供借鉴的意图明显。私撰史书这么做的目的是展示明代中后期的各种社会问题，而只有在通今的基础上，才能找到问题的症结，解决问题。正如嘉靖年间的曾省吾所言：“学以经世为大，士不习国家已然之效而欲以经世亦难矣。”③

明代中后期私撰史书撰写本朝史的目的主要是告诫当世。高岱在嘉靖三十六年写成《鸿猷录》，所录凡六十事，他在书中表现出了对嘉靖朝局势的担忧，认为：“国家养士二百年，而缓急一无所恃，乃使奸宄之徒得以乱国干纪，群臣何得辞其责也？”④ 正是这种危机感促使他完成了第一部纪事本末体明史。薛应旂的《宪章录》在时间顺序上与他的《宋元通鉴》是前后相续的，目的是清晰地认识宋代至明代的历史变化，以此才能更好地垂鉴当世。他在《宪章录》中强调“事不师古者，鲜克永世也”，认为“与其托诸空言，不若见诸行事之深切著明也。其惓惓爱君体国之心，曷尝一日自已哉！……故自鼓箧以至入仕，凡我昭代之成宪典章，或纪载于馆阁，或传报于邸

① 陈建：《皇明通纪·序》，钱茂伟点校，中华书局 2008 年，第 2 页。

② 朱国祯：《皇明史概·大事记》卷 17“平浙寇”，台北：文海出版社 1984 年影印崇祯五年刊本，第 4565 页。

③ 高岱：《鸿猷录》附录《曾序》，上海古籍出版社 1992 年，第 397 页。

④ 高岱：《鸿猷录》卷 16《追戮仇鸾》，上海古籍出版社 1992 年，第 377 页。

舍，见辄手录，历有数年……汇为斯编，与经世者共之”。[①] 提出撰写该书的目的是“经世”。瞿九思《万历武功录》，书名看似是宣扬万历的武功，实则是为了讽谏神宗的好大喜功。例如他在叙述朝廷对各地起义的镇压时，不单单描写双方对抗的军事情况，而且着重叙述其原因，如“其下山广川狭，民贫土瘠，赋役颇繁”，“疆吏第坚闭其矿，士人尚不敢为利，而况于流寇乎？”[②] 等，表现出对朝廷的不满。再如，王世贞《弇山堂别集》中有《市马考》，记载了洪武至隆庆时期明朝与周边国家和地区的马匹交易情况，王世贞称：“高帝时，南征北讨，兵力有余，唯以马为急，故分遣使臣以财货于四夷市马，而降虏土目来朝。及正元万寿之节，内外藩屏将帅，皆用马为币，自是马渐充实矣。其互市之详，《会典》与志皆不载，故记之。”[③] 万历以后，北方边境危机再起，马匹对军事力量的强盛有重要作用，王世贞特撰《市马考》以期对现实政治有所裨益。邓之诚叙述张萱《西园闻见录》的体例时称：“本旨在以事存人，以人存言……盖世道衰微，慨然有作，非比空谈拜献也。”[④] 《西园闻见录》共 107 卷，其中外编是第 26—102 卷，用了很大篇幅来收录有益于国政的言论和建议，以便更好地帮助统治者解决现实问题。

（三）弊政与政治史的撰写

明代中后期面临的一个重要危机是政治荒怠。嘉靖帝在“大礼议”之后，任用奸相，对朝臣多用廷杖，不断加派赋税。万历皇帝则不理朝政几十年，矿使税使毒遍天下，庸人柄政，阉宦四出，明朝已经到了衰亡的边缘。有志之士在修撰史书时敢于直言揭露明代政治

---

① 薛应旂：《宪章录·序》，全国图书馆文献缩微复制中心 1988 年。

② 瞿九思：《万历武功录》卷 1《饥民王汉臣列传》《矿盗王张住列传》，《续修四库全书》第 436 册，中华书局影印本 1962 年，第 115、116 页。

③ 王世贞：《弇山堂别集》卷 89《市马考》，中华书局 1985 年，第 1707 页。

④ 邓之诚：《西园闻见录跋》，张萱：《西园闻见录》（九），明文书局 1940 年，第 881 页。

的弊端，希望统治者有所改正。

薛应旂《宪章录》中有许多按语，是全书的点睛之笔，对明代中后期的弊政多有批评。例如他曾议论嘉靖朝吏治贪腐一事："当时罢职官员，唯无赃犯重情其有可用者并听举用。自严氏擅权，遂以考察中伤善类，倡为不许举用之说。自是玉石不分，一犯宰臣之怒者，皆禁锢终身矣。"[①] 严嵩掌权后，借考察官吏之机中伤善类的事件层出不穷，官场自此黑暗。与严嵩处于同一时代的薛应旂，不惧权威，敢于直批明代的腐朽政治，精神可嘉。陈建《皇明通纪》也哀叹当时吏治不如明初，称"祖宗时，用人不拘一途，未尝大分流品，亦未尝限资格与夫年劳之拘，用惟其贤、惟其能而已矣，故当时号称得人"。[②] "我朝资格之拘也，滥觞于成化，而愈胶固牢不可破于今时。"[③] 明初用人不拘一格，既不按照资历也不按流品，只看其是否贤能，但是成化以后，按资格用人的恶俗日益泛滥，时至嘉靖年间已经牢不可破。因此，陈建认为朝廷用人"大抵超迁、久任与不拘流品之法，三者不可阙一。不超迁则不能鼓舞豪杰，不久任则虽才无以成功，拘流品则使人自画，而绝其向上之心，怠其有为之志"。[④] 不但提出了当时政治在用人方面的失误，还提出了改革的建议。郑晓《吾学编》中也批评当时的用人制度，认为嘉靖初张璁掌权后"公卿大臣，旬月三更，有志节者，相率引去；在位者，皆骫骳嗜利之徒"。[⑤] 可见，私撰史书认为当时政府腐败产生的一个重要原因是用人制度不合理。

于慎行、王世贞等则从官制的角度分析了明代出现政治危机的原

① 薛应旂：《宪章录》卷26"景泰三年二月"按语，全国图书馆文献缩微复制中心1988年。

② 陈建：《皇明通纪》卷11"宣德五年按"，钱茂伟点校，中华书局2008年，第574页。

③ 陈建：《皇明通纪》卷17"天顺元年按"，钱茂伟点校，中华书局2008年，第762页。

④ 陈建：《皇明通纪》卷11"宣德五年按"，钱茂伟点校，中华书局2008年，第574页。

⑤ 郑晓：《吾学编余》，《续修四库全书》第425册，上海古籍出版社2002年，第273页。

因。于慎行认为“本朝效其（元朝）遗意，设十三藩司，与六部品级相亚，盖犹有行省之意。而职任体统，则以内制外，有相临之分，固唐、宋监司之任也。抚按之体日隆，而藩司俯首趋承，若其下吏，又卑于设官之初，则失甚矣”。[①] 认为明朝藩司受制于六部抚按，限制了其作用的发挥，进而影响了明朝边疆的安定。藩司受制于六部抚按，但又与六部的品级相亚，容易造成官员职责不明。其他官职也有类似情况，如“部刺史者，即今之御史。御史按察郡邑，本以刺奸肃纪贞度，非有守土之责也。今下至米盐琐细，吏卒徭役，御史一一察之，非法也。即长吏佐史，互相诇察，太阿倒持，冠履反置，又非体也。郡邑相承，以苛刻为能，朘削元元以观炫。而民间凋敝，至于亲戚不相往来，千室之邑，无弦歌之声，阡巷小儿，或不群戏，乐生之气萧然矣。此正薛公所谓邪，世不以为忧，而日从事法禁之间，惟恐其不厉也。不亦重伤邦本，为元气之忧邪！”[②] 御史的职责本来只是监察郡邑，如今连柴米这样的琐屑事务都一一过问，并且要求官吏之间互相监督，这是不合体法的，致使郡邑失去生气，这些都是御史超越自己职责而造成的不良影响。

王世贞则从总体上论述了明代典制出现的问题：“或不无一时之好而有所登进，或不考于甲令之旧而有所抵迕，或饰喜出于燕昵而少折衷，或疑功归之惟重而未为衡，或假无方之立而不必公，或取政府之徇而不必当，或言路启于新进而不暇详，或曹局迫于奉行而不暇执。主之者快而旁睹者骇，授之者以为常而受之者以为异也。”[③] 认为明代的典制有的是出于统治者一时的喜好而定，有的因循守旧，有的并未考虑实际情况，有的只是做出规定却没有执行，等等。他所指

① 于慎行：《读史漫录》第 14 卷，齐鲁书社 1996 年，第 501 页。
② 于慎行：《读史漫录》第 4 卷，齐鲁书社 1996 年，第 87 页。
③ 王世贞：《弇山堂别集》卷 6《皇明异典述一》，中华书局 1985 年，第 99—100 页。

出的这些制定典制时应注意的问题，对后世乃至今天都有借鉴意义。除此之外，《弇山堂别集》中的《皇明盛事述》《皇明异典述》等有许多是对社会现实积弊的批评，如《中官考》痛斥宦官专权加剧了明代中后期政治的黑暗，并告诫统治者“一瑾死，百瑾生”，因此君主应该做到“事由独断，参寄文武”，[①] 如此才能杜绝宦官专权的灾祸。沈德符《万历野获编》的内容主要有三类：一是明代的失政、弊政，二是宦官干政的情况，三是皇权专制下臣民的政治活动。全书基本上是对明代中后期政治的批判，例如卷 2“列门”“矿场”等专门考察了万历时期矿害的由来，卷 8“计陷”、卷 18“告讦”“嘉靖丁亥大狱”等叙述了“大礼议”之争的危害。

明代中后期私撰史书敢于大胆批评当朝政治，体现出史家强烈的社会责任感。他们指出明代中后期政治昏暗的原因是用人制度不合理、典制的制定上存在失误、宦官干政等。但是身处以皇帝为至高无上的中国古代社会，私人史家们缺乏足够的胆量质疑君权，没有对政治弊端产生的根源进行深究。大多私人史家只是在描述状况，除了陈建、王世贞、于慎行等少数人之外，其他人没有对弊端提出行之有效的改革措施。总之，私人史家有感于明代中后期政治的黑暗，有意识地将其记载下来并予以批判，但受制于各种因素，不能实施改革措施，只能付之青史以待后人详察。

（四）边患与军事史的撰写

明代中后期政治黑暗是明代面临的内忧，边境危机则是外患，因此许多私撰史书一改以往史书主要偏重政治内容的撰写，转而关注军事内容的记载，尤其是明代边疆地区的军事状况。

明代中后期较早出现的私撰明史注重对明代军事的论述。明代中

① 王世贞：《弇山堂别集》卷 90《中官考》，中华书局 1985 年，第 1719—1720 页。

后期第一部私撰纪事本末体明史《鸿猷录》所记皆用兵者，记述了明初至嘉靖年间重要的战争。高岱在叙述撰写此书的目的时称“睹守成之功烈，则必慎防患之图”，督促统治者重视军事建设，防备外患的出现。[①] 郎瑛在嘉靖朝也曾亲历兵燹，目睹倭寇动乱、人民流亡，他在《七修类稿》，如卷 13《三无》、续稿卷 2《浙省倭寇始末略》、续稿卷 3《近日军》等中，表达了对现实军事状况的不满，认为国家目前的军队“徒有养军之害而无卫民之实”。[②] 陈建《皇明通纪》针对明代中后期军队战斗力越来越弱的状况提出了自己的看法，认为明初以来实行卫所制，但到了中后期，卫所士兵已经不能完成抵御外侵的任务，政府就用其他军队作战，比如“平中原盗用边兵，平蜀盗用苗兵，平江西盗用狼兵，而两京十三省之兵举无一可恃”。[③] 卫所士兵没有了作战机会，政府又常常拖欠军粮，造成嘉靖年间发生许多兵变。为此，陈建建议废除卫所制，寓兵于农，这样既可以减少养兵之费，又能减少士兵的逃亡，还能增强战斗力。陈建还对当时的边备深感忧虑：“今嘉靖圣天子励精图治，而丑虏犹时肆凭陵，胡马直抵近郊，京师九门为之尽闭，昌平陵寝为之震惊，居庸、紫荆为虏坦途良乡，通州为虏外府。数十年后，吾不知其所终。杞人之忧，实深耿耿。”[④] 郑晓在嘉靖初年中进士，时值北方战事日繁，他就对兵部档案格外留心，了解北部边地的地理状况和军队状况。郑晓曾协理戎政，《吾学编》中特设《北虏考》，专记明朝与蒙古瓦剌、鞑靼之间交往的历史，在列传中还替武将立传，以期对嘉靖年间与蒙古之间的交往有所借鉴。武将戚继光曾撰《纪效新书》和《练兵实纪》总

---

① 高岱：《鸿猷录》卷首《序》，上海古籍出版社 1992 年，第 1—2 页。

② 郎瑛：《七修类稿》续稿卷 3《近日军》，上海书店出版社 2001 年，第 564 页。

③ 陈建：《皇明通纪》卷 32“正德八年按”，钱茂伟点校，中华书局 2008 年，第 1122 页。

④ 陈建：《皇明通纪》卷 13“正统六年按”，钱茂伟点校，中华书局 2008 年，第 634 页。

结他的抗倭和与蒙古作战的军事经验。

李贽《藏书》也专门为武将立传，认为武将是“国之利器”，[①]在保障国家安危方面有重要作用。不但如此，李贽还曾身披戎装英勇抗倭。嘉靖三十九年，李贽因父亲病故，回泉州守制，恰逢有倭寇来袭，他就身披孝服，率领亲族加入抗倭的战事中。大概因亲身经历过战事，李贽对武将的重要性有深切的认识，才一改传记略武将的做法。于慎行认为边疆危机与边地将领的职能受限有关。他把明代的边镇将领和汉代做了比较，认为“今日法网之密，十百于汉，使大将不得伸缩，何暇鼓舞吏士，相与期于绳墨之外哉！”[②] 汉朝能在与匈奴的对抗中获得胜利，是因为“汉时边郡太守，既统兵符，各当其塞，法省权一，易以展布”。[③] 明朝对边将的束缚过于严苛，边将犯一点小错就会受到惩处，且还受到边郡文官的限制，这使边将小心翼翼不敢有所作为。张萱《西园闻见录》中收录的军事资料甚详。例如外编“兵部”从卷 52 到卷 83，包括边防、海防、防倭、贡市、京营等内容。其中卷 52 至卷 55 是有关边防的内容，“九边总论”中收录杨溥、薛瑄、丘濬、魏焕、申时行、许论等人关于边防守御、整饬军备等的建议和主张；“三关”主要收魏焕、谭学、余子俊、丛兰、王琼等关于偏头、宁武、雁门三关的军事情况的论述；“三卫”收众臣、将关于朵颜、福余、泰宁三卫的议论。可见，张萱注重北边诸镇的军事情况，且重点在辽东地区，表明万历后期北边的危机已由蒙古转向了辽东。“防倭”中也记录了嘉靖年间的抗倭斗争和防御措施，以及胡松、肖彦、胡宗宪等人的言论。张萱所做的工作主要是搜集资料，有助于后人了解嘉靖、万历时期的“南倭北虏”之患，且他根

① 李贽：《藏书》卷 47《武臣总论》，中华书局 1974 年，第 2636 页。

② 于慎行：《读史漫录》第 3 卷，齐鲁书社 1996 年，第 68 页。

③ 于慎行：《读史漫录》第 3 卷，齐鲁书社 1996 年，第 62 页。

据实际情况有重点地选择记录内容，表现出对现实军事的关注。茅元仪《武备志》是“中国古代内容最丰富的军事百科全书”,[①] 是这一时期重要的私撰军事著作。

私撰史书对明代中后期所面临的边疆危机有清醒的认识，并对造成这一状况的原因做了简单分析，提出改革意见。但是这些私撰史书在统治集团中影响甚小，对统治者的约束和震慑力也弱，所提出的建议基本没有得到统治者的关注和重视。

明代中后期私撰史书注重垂往训今、资政用世，在史学上注重对宋代史和当代史的改编和修撰，这是与以往的私撰史书不同的地方。其原因一是宋代与明代时间上相距不过百年，尤其是所面临的社会危机类似，可借鉴之处较多；二是以明代前期的历史为借鉴对象，在感情上更能引起共鸣，同一个朝代内出现相同的失误，给人的震撼力相对更强烈些。可知，明代中后期私撰史书考察近、当代史的最终目的是与现实相联系，期望从历史上找到当世问题的解决办法，告诫当朝统治者防微杜渐，其史学的归宿点是资政。此外，该时期私撰史书“资政”与以往史书不同的另一个方面是，对当世需要借鉴的地方，都是以具体的例子为起点对细节问题进行叙述和评论，具体而详细，没有抽象的理论。

明代中后期，私撰史书承担起了对世道批判和重建的重任，它们大多着眼于现实问题，试图扶危定倾，拯弊救亡。明代自嘉靖以后，沉积的弊端日益暴露，君昏臣暗是嘉靖、万历两朝政局的写照，政治、军事等危机都在这一时期开始严重。有责任感的仁人志士不仅意识到社会发生的变化，还通过各种途径寻求解决之道。针砭现实、关切时弊成为私撰史书的重要内容，体现了史学经世的思想。面对社会

① 乔娜：《茅元仪〈武备志〉探析》，硕士学位论文，中国社会科学院研究生院，2014 年，第 12 页，其文已经对《武备志》做了详细研究，本书不再论述。

危机，明代中后期私撰史书除了关注政治、军事外，对其他方面的内容也有记载。例如王圻《续文献通考》中的《田赋考》增加了河渎江湖之考，主要与田赋征收相关，虽义例不纯，但起到了经世的作用。陈建《皇明通纪》针对明代中后期面临的财政危机，主张废除宗禄制度，允许宗室之人自力更生。总的来说，明代中后期私撰史书对明代经济方面的记载和批评不如政治、军事详细。一方面是因为政治史历来是中国古代史书记载的主要内容，各阶层对政治的关注程度都比其他方面高；另一方面，边疆危机是朝野上下均深有体会的社会现实。因此，私撰史书对政治、军事的关心远超过其他方面。

明代中后期私人史家在汲汲不断地寻找现实问题出现的原因和解决方法。在动荡不安的历史条件下，社会际遇激发了他们对历史与现实的忧虑和深思，这种忧虑和深思在史著中都有深沉的表露。尽管不同的史著有不同的看法，侧重点也不尽相同，但他们有一个基本的共同点，就是通过对前代历史的分析和对当代历史的真实记载，引以为鉴，希望国家长治久安。自然，在当时的历史条件下，一方面他们的批评和建议分散，很难引起统治者关注；另一方面他们没有强大的权力和机会实现抱负。尽管他们的目的很难达到，但他们关注现实的态度和敢于批评时政的勇气、自觉继承和发展以天下为己任的思想，对后人来说是一笔宝贵的遗产。

三　明代私撰史书求道劝惩

明代中后期政治危机出现，有人认为是“士风日败，而治理所以不兴也”。[①] 因此，部分私撰史书为纠正士风，以“求道”为务。

春秋时期希望恢复三代之道；汉代经学兴起后，“天不变，道亦

---

① 高拱：《高文襄公集》卷31《本语》，《四库全书存目丛书》集部第108册，齐鲁书社1997年，第416页。

不变”是道的主要特性，“施之当时则为道德，垂之后世则为典经”；[①] 魏晋玄学兴起后，维护名教就成为道的主要任务，“君臣父子，名教之本也”；[②] 宋代理学重视辨正闰、明顺逆、严篡弑之诛，褒奖尊者、贤者和死节者；明代理学继承宋代的理学思想。现代学者汪高鑫认为：“‘求道’即是追求历史编纂的道义原则……是基于一种主观的价值或道德批判，它必须符合时代伦理……但其基本内涵主要有两个方面，其一是对纲常伦理道德的自觉维护，其二是对王权合法性的神意解说。”[③] 明代中后期私撰史书的“求道”更侧重于第一个方面，但不单是对理学伦理纲常的维护，也有一些是不完全遵循理学的伦理纲常的。明代中后期私撰史书对第二个方面也有论述，但主要是从历史事实上阐明明代历史地位的合法性，并非从神意方面解说（第四章第三节、第五章第二节有涉及）。

嘉靖以后，史书撰述的类型增多，大部分私撰史书注重发挥史书劝善惩恶、彰显人伦道德的作用。例如魏显国《历代史书大全》写法模仿《资治通鉴纲目》，目的就是彰显人伦道德。柯维骐《宋史新编》取材自《宋史》原文，史料价值不高，其主要目的是弘扬宋代的理学，“曰《宋史新编》，示不沿旧也。本纪则正大纲而存孤危，志表则略细务而举要领，列传则崇勋德而诛乱贼”。[④] 柯维骐以忠孝节义为基本标准考察宋代，例如他认为文天祥、江万里等人“乃忠义最著者，反不得与，似失立传本旨”，[⑤] 把宋代的诸叛臣单独列传，以明人伦，把《道学传》放在《循吏传》之前以突出道学，体现出明显的以明人伦道德为撰述目的。薛应旂《宋元通鉴》虽然是续

① 荀悦：《汉纪》卷25《成帝纪》，张烈点校，中华书局2002年，第437页。
② 袁宏：《后汉纪》卷26《孝献皇帝纪》，张烈点校，中华书局2002年，第509页。
③ 汪高鑫：《中国古代史学的“求道”理念》，《史学史研究》2014年第1期。
④ 黄佐：《宋史新编·序》，柯维骐：《宋史新编》，台北：新文丰出版公司1974年，第1页。
⑤ 柯维骐：《宋史新编》卷首《凡例》，台北：新文丰出版公司1974年，第1页。

《资治通鉴》，但不以“资治”为主，而侧重“明道”。薛应旂不满于《资治通鉴》“多详于名臣硕辅之经国政事，而于儒学隐逸或从节略”，[①] 因此，在该书中尽管“所纪元事，尤为疏漏，惟所载道学诸人……多出于正史之外”。[②] 向燕南总结薛应旂的史学思想时，称他的史学思想的特点之一就是“备前代之善恶为后代之法戒”。[③]

明代中后期的人物传记延续明前期人物传记彰显纲常伦理的思想。明前期私撰史书对人伦道德进行宣扬，主要通过褒奖名臣，即修撰《名臣传》的方式“求道”。明代中后期，雷礼在阐述《国朝列卿纪》的修撰目的时说：“俾居其官者鉴已往之得失，知所以劝惩焉。”[④] 童时明《昭代明良录》所记人物偏举明良，且记善不记恶，选择可以成为榜样的事迹记载，体现出明显的求道意图。王圻阐述修撰《稗史汇编》的功用时称：“元儒仇远，博采群书，著为《稗史》，而陶九成氏又从而增益之，作为《说郛》，二先生用心良亦苦矣。然览者犹病其繁芜秽杂……余尝读而好之……重加雠校，凡繁芜之厌人耳目，诡异之荡人心志者，悉皆芟去勿录。若我朝诸君子所著小史诸书，有足阐发经传、总领风教者，虽片言只语，兼收并蓄。”[⑤] 王圻在元人的基础上重编《稗史》，但删去了繁芜、荒诞之处，增加能够阐发经传、总领风教的内容。蔡增誉在序中评价该书“叙朝章国宪似《书》，征风考俗、博物多识似《诗》，别贞淫、严劝戒似《春秋》”。

① 薛应旂：《宋元通鉴》卷首《义例》，《四库全书存目丛书》史部第 9 册，齐鲁书社 1996 年，第 3 页。

② 永瑢等：《四库全书总目提要》卷 48 史部 4《宋元资治通鉴》，王云五主编：《万有文库》本，商务印书馆 1931 年，第 92 页。

③ 向燕南：《薛应旂的史学思想》，《史学史研究》1999 年第 3 期。

④ 雷礼：《国朝列卿纪》卷首《引》，《续修四库全书》第 522 册，上海古籍出版社 2002 年，第 11 页。

⑤ 王圻：《稗史汇编》卷首《引》，《四库全书存目丛书》子部第 139 册，齐鲁书社 1995 年，第 533 页。

明代中后期私人史家除了自身作史以明道为目的外，也希望官修史书能本着这一原则修史。王世贞曾上书请求重修《太祖实录》："臣又唯《太祖实录》洪武三十一年止，中间至永乐元年尚有阙漏未载……臣愚欲下内阁诸耆硕臣，考究革除年间事迹，别为一书，附之国史之末，其侍讲方孝孺、尚书铁铉，殒身灭族，以卫社稷，宜鉴其吠尧之忠，赐以易名之典，他若尚书齐泰等亦要明著功罪，以示劝惩。"[①] 王世贞请求重修《太祖实录》，除了要还建文朝客观的历史地位外，也为了表彰在建文朝以死抗争的忠义之臣，批判首鼠两端的人。

"求道"是史学功用的固有属性之一，明代中后期私撰史书注重求道有一定的合理性。自嘉靖朝起道德沦丧的现象愈演愈烈，嘉靖帝即位之初就因"大礼议"之争与朝臣针锋相对，一些谄媚之人趁机上位。嘉靖帝希冀长生，信奉道教，用事之臣无不以青词邀眷，敢言时政者少之又少，皇帝施行廷杖也是常有的事。隆庆年间朝政有所好转，但隆庆帝在位时间较短，万历朝自张居正死后，皇帝怠于朝政，倚靠阉宦敛财，百官又多旷其职。总之，明代自嘉靖以后社会整体的精神状态呈现滑坡和堕落的趋势，甚至"有人言及君臣之义、进退之节者，则骇异而非笑之"。[②] 精神状态的激励自然要从精神入手，因此，私撰史书以史为鉴，试图恢复以往的道德模式。宋、明两代以理学思想为主，史家首先在理学范围内宣扬，明理学的纲常伦理。虽然也有部分史家反对理学的伦理道德，但又不得不利用理学中能够适应当时社会需求的道德教化民众。可知，明代中后期私撰史书以

---

① 王世贞：《弇州山人四部稿》卷 106《应诏陈言疏》，台北：伟文图书出版社 1976 年，第 4948—4949 页。

② 高拱：《高文襄公集》卷 31《本语》，《四库全书存目丛书》集部第 108 册，齐鲁书社 1997 年，第 424 页。

“求道”为务，是鉴于当时社会上的不良士风。史家无法直接掌握政治权力，但又希望对社会做出贡献，只有从伦理道德入手，用治心达到治世的目的。因此，他们所求之“道”又不仅局限在理学的人伦道德中，能够劝惩世人、以正风俗、维持世道人心的“教化”都在宣扬的范围内。最明显的例子就是私撰史书对忠义思想的再弘扬。

四　忠义思想的再弘扬

忠义思想是中国古代社会关于君臣关系和社会道德的重要内容之一。孔子在《论语》中认为：“居之无倦，行之以忠。”[①]“君使臣以礼，臣事君以忠。”[②]即作为臣子要恪尽职守，勤勉做事，但如果君主不以礼待臣，臣子也可以弃君而去。中国古代历朝纪传体正史中除了为忠义之人单独列传外，《晋书》《新唐书》的《忠义列传》、《新五代史》的《死节传》等还以列传的形式表彰忠义之人。对忠义之人的表彰不仅出现在官修史书中，明代中后期私撰建文朝史籍也以记此类人物为主。

（一）私撰建文朝史籍表彰忠义

明代的建文朝史籍自嘉靖年间开始增多，嘉靖朝黄佐《革除遗事》、许相卿《革朝志》等，以人物传记的形式记载建文朝事，但书名多用“革除”或“革朝”二字。这一时期建文朝史籍的编撰相对粗疏，考订也不严谨，且各书之间相互抄撮的成分较多。例如黄佐《革除遗事》“本莆田宋公端仪《革除录》、清江张君芹《备遗录》，旁采诸家传记，稍增饰之”。[③]清代朱彝尊曾评价嘉靖年间的建文朝

---

① 康有为注，楼宇烈整理：《论语》卷12《颜渊》，中华书局1984年，第183页。

② 康有为注，楼宇烈整理：《论语》卷3《八佾》，中华书局1984年，第40页。

③ 该序现存《四库全书存目丛书》本无，见北京大学图书馆明抄佚名国朝典故本，收入明《金声玉振集》、清《借月山房汇钞》等书。

史籍："尝谓黄佐《革除遗事》与当时纪建文事诸书，皆不免惑于《从亡》《致身》二录。盖于虚传妄语，犹未能尽加芟削云。"[①] 认为嘉靖年间的建文朝史籍多抄袭《从亡随笔》和《致身录》两书，且不加考辨，因此殊多舛误。

嘉靖年间的私撰建文朝史籍在叙述史事时，着重表彰忠义之臣。黄佐《革除遗事》现存六卷传记，在《死事列传》中定义"忠义"："食人之禄，当死其事，臣无二心，伊天之制。"[②] 许相卿《革朝志》体例较同时期的其他私撰建文朝史籍而言相对严整，内容也较为真实，以门目分褒贬，列传有《死难》《死事》《死志》《死遁》《死终》《传疑》《别传》《外传》，把记述的重点依然放在死节忠义之臣上。许相卿曾阐述修撰《革朝志》的目的，称："（建文）殉国之臣，一时累百，三代革命，罕前闻矣，两汉以还勿论也。殆自天地剖判，肇有君臣以来，而创见于斯焉，於乎盛哉！其皆天地精英之萃，圣祖功化之神，书之足以树风贞，风光信史，震耀奇伟于宇宙间，屹为千万世委质臣人而怀二心者防，诚不可以莫之传已。"[③] 他认为建文朝死节之臣甚多，将其事迹流传下去，能够起到树风贞的作用，可以教育心怀二心之人，不可不传。

万历朝以后表彰忠义的私撰史书也以建文朝史籍为主，如朱睦㮮《革除逸史》、屠叔方《建文朝野汇编》、张朝瑞《忠节录》、焦竑《逊国忠节录》等。这一时期史籍的书名用"革朝"或"革除"二字的很少，直接用"建文""忠节"等字眼的较多。因此，除了《忠

---

① 永瑢等：《四库全书总目提要》卷 53 史部 9《革除遗事》，王云五主编：《万有文库》本，商务印书馆 1931 年，第 110 页。

② 黄佐：《革除遗事 · 死事列传》，《四库全书存目丛书》史部 47 册，齐鲁书社 1996 年，第 277 页。

③ 许相卿：《革朝志序》，《四库全书存目丛书》史部第 47 册，齐鲁书社 1996 年，第 130—131 页。

节录》《逊国忠节录》等专门颂扬建文朝忠臣之士的人物传记外，像《建文朝野汇编》这样的综合性史书，记载的人物也都是不侍二君的忠义之士。以《建文朝野汇编》为例，全书共20卷，其中《报国列传》12卷，记载了所有的靖难之役中的死节之臣。该书还有《建文定论》一卷，汇集了历朝请求褒奖建文朝忠臣的奏章，以此说明历朝在不断地追求忠义。

（二）私撰建文朝史籍兴盛的原因

建文朝史事在嘉靖朝以前因为政治原因，无论是官方还是私撰史书都很少涉及。建文帝是明代唯一以皇太孙身份继承皇位的皇帝，然登基四年就被叔父燕王朱棣取而代之，朱棣也成为中国古代历史上第一个以藩王身份起兵并当上皇帝的人。永乐皇帝在位期间曾三次修改《太祖实录》，改建文元年为洪武三十二年，革除建文年号，将建文朝四年的历史从官修史书中抹去。此外，永乐帝还通过灭方孝孺“十族”、瓜蔓杀景清、销毁建文年间所出的榜文条例等手段，对建文朝存在过的痕迹做了清理。因此，在永乐朝及以后的很长一段时间内，无人敢言建文朝的史事。

永乐以后，建文朝的部分史料仍被偷偷地保留下来，例如宣德时黄翰光编著了建文朝臣子卓敬的年谱《卓忠贞年谱》，方孝孺的弟子们也私下抄写了他的文集《侯城集》，并在宣德以后刊刻行世。至英宗年间，距永乐朝帝位已传三代，官方对建文朝遗臣的态度有所转变，英宗于天顺元年释放了尚存于人世的建文帝的亲属数人。弘治初年，礼部尚书杨守陈上书，请求恢复《建文实录》，以补国史之阙，但杨守陈未来得及上奏就病亡了。正德年间，祝允明《国朝典故》中就记载了铁铉、陈彦回等人为建文帝殉节的事迹。第一部建文朝史书是正德十一年张芹的《备遗录》，前文提到，黄佐修撰《革除遗事》时曾参考该书。现存《备遗录》是一部建文朝人物的传记，目录中所列人物有七十个，但有十五人没有具体的事迹记载，只有名字和官职，但毕竟开了建文朝史籍之先。嘉靖以后建文朝史籍开始大量出现，主要原因有三。

一是现实需要激起民众的忠义之心。嘉靖朝前后，社会危机不断出现，北部与蒙古族的摩擦不断、沿海倭寇侵扰不断、万历朝在边疆和对外进行了三次大的战争、女真兴起等，严重削弱了明廷的实力。在一次次的战争中，于社稷危亡之际，人们的民族热情被唤起。激励民众的忠义之心，于本朝故事中选取榜样的效果远比从久远的历史人物中寻找榜样来得直接，冲击力也更强。建文朝的臣民死难者众多，死难的惨烈程度也是迫人心弦的。万历十三年，万历帝释方孝孺谪戍者的后裔，他们分布在浙江、江西、福建、四川、广东等地共一千三百多人，但方孝孺已经绝后，没有可继承者。张燧曾描述这一情形："我国朝革除，虽南北交兵，原叔侄相代，乃当时死难不屈之臣，上自宰辅，下逮儒绅不具论，而深山穷谷中往往有佣贩自活、禅寂自居者。异哉！此亘古所无也。"① 建文朝死节之臣的英勇事迹感动了史家，而史家也希望借助史籍使这种精神流传下去，于是明代中后期就出现了许多私撰建文朝史书。直至崇祯年间，建文朝史籍仍以表彰忠义为务。崇祯元年，梁子璠上书请谥建文朝诸臣："假令诸臣而在，今日则必无称功颂德之词，必无干儿义孙之事，必无建立生祠之举。方今廉耻尽丧，此正人心瞶瞶之际，所赖提以忠义，令知警悟。"②崇祯年间表彰忠义诸臣，一方面是延续万历以来私撰建文朝史籍的做法；另一方面崇祯年间，明代的政治、经济、军事都行将就木，无论是官方还是民间都亟须唤醒人们的忠义精神，挽救时局。这是史家社会责任感与社会需求相结合的产物。

---

① 张燧：《千百年眼》卷 12《革除死难之多》，河北人民出版社 1987 年，第 207 页。

② 《崇祯长编》卷 13，台北：中研院历史语言研究所 1976 年，第 749 页。

二是对建文朝清明社会的怀念。明代中后期，嘉靖、万历等懈怠朝政，或沉迷于修道，或长期与朝臣隔绝，社会上各种危机显露端倪却未能得到及时的纠正。黄佐《革除遗事》中就对建文帝善待人才表示赞同，“建文君即位，念（宋）濂为皇考兴宗旧学之臣，召怿（濂之孙）复官于翰林……同郡楼琏、蒲阳郑楷，皆见擢用”。[①] 陶懋炳所说：“盖成祖以下诸帝，皆成祖子孙。明后期国是日非，昏乱日甚。士大夫于失望之余，痛心疾首于‘靖难之役’，同情与怀念是役的失败者建文帝。于是，关于‘靖难之役’的种种野史杂说纷至沓来，不胫而走。”[②] 出于对现实政治的不满，士人开始怀念建文朝的善政。永乐帝销毁的关于建文朝史事的史料，主要涉及削宗藩和“靖难之役”，因此关于建文朝的善政在史书中仍有迹可循。

三是官方对建文朝地位的态度变化。前文已述，自永乐朝后历朝都有请求表彰建文朝忠臣的奏疏，直至万历二十三年恢复建文年号。万历二十三年，礼科给事中杨天民请改正革除建立年号，御史牛应元复请，礼官范谦等复奏。最终，万历皇帝下诏建文事迹附太祖高皇帝之末，但保留“建文”年号。自此，万历朝以后的私撰建文朝史书皆直书建文年号。

（三）其他私撰史书表彰忠义

嘉靖年间除了建文朝史籍表彰忠义外，其他私撰史书中也有表彰忠义的部分。郎瑛《七修类稿》卷 10 列“国初忠臣”条，记述明初讨伐陈友谅、征蜀过程中的忠臣良将，以表彰他们对明代统一做出的贡献。该条后列“建文忠臣”，称列该条的原因是：“今思周武应天顺人，夷齐甘死首阳，两不相妨，况文庙尝曰：‘彼食其禄，自尽其

---

① 黄佐：《革除遗事·宋怿》，《四库全书存目丛书》史部第 47 册，齐鲁书社 1996 年，第 262 页。

② 陶懋炳：《李贽史论新探》，《史学史研究》1985 年第 1 期。

心。练子宁在，朕当用之。’昭庙又曰：‘若方孝孺，皆忠臣也。’”[1]周武顺天命取天下，伯夷死于首阳山，两者并不矛盾。永乐皇帝曾说：臣子拿国家的俸禄，自当尽心竭力。如果练子宁还在，我也会重用他。洪熙皇帝也说方孝孺等人是忠臣。郎瑛借永乐皇帝之语，表明该条的目的是彰显忠义。

柯维骐《宋史新编》站在宋代的角度，批判降臣。例如郦琼曾降金，元修《金史》中有此人的列传，《宋史》中却无，已然将其视为金臣，但柯维骐《宋史新编》却将其列入《叛臣传》中，其他宋末降元的将相，如刘整、留梦炎等也都被列入《叛臣传》中加以批判。柯维骐对元修《宋史》没有把文天祥列入《忠义传》不满，认为不为死怵、不为利动、捍卫国家而死、守护疆土而死、为主而死、触逆奸邪而死等，都是为忠义而死。柯维骐推崇岳飞，称赞其："本以勇敢进，而旁通儒业，恂恂检饬，以忠义自誓。"[2]郑晓的《吾学编》也赞扬"（建文）革除遗事，当时死义之臣何多？考书契以来，未有盛于此者也"。[3]郑晓向往建文朝的文治，怜惜建文朝的死义之士，认为他们的忠义之事应当被记录在史籍之中，才能使其精神更广泛地流传。因此，他在《吾学编》卷 52 至卷 59 专记建文朝的忠义之臣，名为《逊国臣记》。

在涉及建文朝的史事时，王世贞也将侧重点放在了赞扬建文朝诸臣舍生取义的忠义精神上，称："其侍讲方孝孺、尚书铁铉，殒身灭族，以卫社稷，宜鉴其吠尧之忠，赐以易名之典，他若尚书齐泰等亦

① 郎瑛：《七修类稿》卷 10《建文忠臣》，上海书店出版社 2001 年，第 101—102 页。
② 柯维骐：《宋史新编》卷 129《岳飞传》，台北：新文丰出版公司 1974 年，第 530 页。
③ 郑晓：《吾学编·逊国臣记》，《续修四库全书》第 424 册，上海古籍出版社 2002 年，第 611 页。

要明著功罪，以示劝惩。”[①] 建文朝为君赴死之人都有着杀身成仁的气魄，他们的精神值得后人铭记和称颂。正如焦竑所说，表彰忠义之臣能够起到“旌群哲之义烈，化兆人之肝胆，修二百年之轶事，挽千万世之颓风”[②] 的作用。朱国祯《皇明史概》中《逊国臣传》收录建文朝死难臣民凡一百六十六人，意在表彰忠义之臣，并将方孝孺、黄子澄等人被处死和灭族时的情景描写得极为惨烈，更加衬托出他们的忠义。

综上，明代中后期私撰史书中有许多内容是对忠义思想的表彰，但主要集中在建文朝史籍中。嘉靖年间的建文朝史籍以记述建文朝历史和建文朝死节、降臣居多，万历时期的建文朝史籍则只记死节之臣，以突出对忠义思想的宣扬。私撰史书宣扬忠义思想，主要是为了“树风贞”，以达到“劝惩”的目的。私撰建文朝史书在嘉靖朝以后大量出现，主要是与当时社会的迫切需要相关。明代自嘉靖以后社会危机日益严重，无论是从战争局势上，还是对臣民的教化上，宣扬忠义都有利于促进上下一心，在思想上对挽救危亡做出贡献，这是史学发挥“劝惩”功用的有效途径之一。对忠义的追求属于纲常伦理的内容，但在明代中后期它符合现实和史学的双重要求，因此在私撰史书中也获得了一席之地。

五　小结

史学的功用自史学诞生之日起就一直被讨论，随着时代的变化，史学的功用也发生着变化。如前文所述，自先秦的“殷鉴”始，至南宋强调“义理”，史学功用在不同时期的侧重不同。宋代至明末，

① 王世贞：《弇州山人四部稿》卷106《应诏陈言疏》，台北：伟文图书出版社1976年，第4948—4949页。

② 焦竑：《澹园集》卷14《忠节录序》，李剑雄点校，中华书局1999年，第134页。

又可分成两个阶段，向燕南认为“自宋代王安石改革失败以后，思想界是向内转，其结果是以内圣控外王的经世之途得到更多的强调”。[①] 尤其南宋朱熹《资治通鉴纲目》的广泛流传和理学的影响，促进了泛道德史学的发展。明代初期无论是官修史书还是私撰史书都以明道为先，宣扬理学的纲常伦理，褒奖德行优秀者，最终达到教化世人的目的。

明代中后期社会各方面的危机日益严重，史学也积极发挥作用，希望改革时弊，挽救危亡。明代中后期私人史家把史学资政、劝惩的功用用“经世”两字概括。焦竑关于这一功用的论述较为充分，他首先认为学术，包括史学的根本目的在于致用。“余惟学者患不能读书，能读书矣，乃疲精力于雕虫篆刻之间。而所当留意者，或束阁而不观，亦不善读书之过矣。夫学不知经世，非学也；经世而不知考古以合变，非经世也。”[②] 学术不能服务于现实，就不能称之为经世，在经世的道路上，史学应该“载诸世务，可为应用资者”。[③] 史学的经世包括两个方面：一是可为治国龟镜者，尤其是那些“耳目亲睹，缵承尤切”[④] 者，史家更应注意载录；二是史书还要注重表彰那些能“旌群哲之义烈，化兆人之肝胆”的人，[⑤] 使史学发挥有益纲纪、教化的作用。可见，史学资政、劝惩的功用在明代中后期私撰史书中得到了认同。

明代中后期部分私撰史书以求道劝惩为务，除了要拯救时弊外，与官修史书也有一定的关系。明初官修劝惩性质的书籍为社会各阶层

---

① 向燕南：《从“主于道”到“主于事”：晚明史学的实学取向及局限》，《学术月刊》2009年第3期。

② 焦竑：《澹园集》卷14《荆川先生右编序》，李剑雄点校，中华书局1999年，第141页。

③ 焦竑：《澹园集》卷14《荆川先生右编序》，李剑雄点校，中华书局1999年，第141页。

④ 焦竑：《澹园集》卷9《重写累朝训录进呈表》，李剑雄点校，中华书局1999年，第53页。

⑤ 焦竑：《澹园集》卷14《忠节录序》，李剑雄点校，中华书局1999年，第134页。

树立了应当遵循的规范和准则，例如训诫藩王的《昭鉴录》、训诫大臣的《志戒录》、训诫功臣的《稽制录》等，而且这类书籍在整个明代是一直延续修撰的。这也是明代官修史书成为政治的附庸，走向僵化、凝滞的一个重要原因。但如此多的劝惩性史书都没能阻止明代中后期发生如梃击、移宫、权臣和宦官专权等事件。官修史书没有实现它的史学功用，私撰史书便自觉地承担起这一职责。但私撰史书也面临着一些困难，限于撰史者的非史官身份、刊刻条件和影响力等，私撰史书所提出的“资政”和“劝惩”建议在当时基本没有得到用事者的采纳。因此，对于统治者而言，它们只是起到了发声的作用，未能产生实际的效果。但对于民众而言，私撰史书在很大程度上符合大众接受的内容，也就容易对其进行教育。例如明代中后期的人物传记突破名臣范围，扩大至社会各阶层，使史书在更大范围内被接受并熟知，而人们对模仿优秀人物和憎恶反派人物是比较容易做到的。再如建文朝史籍的编纂以赞扬这一时期的死节忠臣为主，激励明代中后期的民众勇于反抗北部边疆和南部沿海地区的侵扰。

总之，明代中后期私撰史书对史学功用的认识继承了《春秋》“资政”和“劝惩”的主张。在对史学功用利用的过程中，明代中后期私撰史书不同于其他朝代的史书偏重于一方面，而是两方面并举。在具体论述的过程中，明代私撰史书对这两方面的阐述方式和内涵较前代都发生了细微的变化。明代中后期私撰史书重“资政”，重视近、当代史的撰写；实现“劝惩”以“求道”为途径，而“道”既有理学的纲常伦理，又包括维持人心不坏的教化。明代中后期私撰史书对史学功用的认识和利用，体现在对具体历史事件的分析上，并在此基础上对官方提出批评和改革的措施。因此，它们对史学功用的认识虽然没有形成新的、系统的理论，但在史学功用各方面的内涵上做了适应性调整，使其更符合明代的社会需求，并用“经世”概括史学功用，为后世“经世”概念的广泛使用和形成起到了积淀作用，为理论的发展做了实践上的准备。

第三节　历史评价观念的新探讨

明代中后期私撰史书对历史评价观念的探讨主要体现在人物评价标准上。评价人物的观念包括评价对象的范围、评价标准等方面的内容。“最初的评价人物的观念，滋生于先民对远古传说中英雄人物的敬仰。”[①] 秦汉以后，史家对“人”的关注程度越来越高，历代修撰的纪传体正史就是以人物活动为主要记述对象的史书。“中国古代史学，在其漫长的发展过程中，形成了多种传统……而就史书的内容而言，则有政治史的传统。”[②] 因此，中国古代史书中所记载的人物也以与政治密切相关的人物为主。

评价历史人物，必然会有一定的标准。《春秋》是历史上最早的私撰史书，孔子在该书中评价人物遵循“礼”的原则。例如《左传》曾引孔子之语，言：“董狐，古之良史也，书法不隐。”[③] 赵盾的族弟赵穿杀死灵公，史官董狐记载“赵盾弑其君”，理由是赵盾身为国家正卿，逃亡却不越过国境，等灵公被杀后又返回继续执政，且不讨伐杀死灵公之人。董狐从“礼义”的角度，而不是事实的角度认为赵盾弑其君，孔子称其为“良史”，即是对董狐以“礼”为准则的称赞。秦汉时期，《史记》撰写七十列传的标准是“扶义俶傥，不令己失时，立功名于天下”，[④] 即把是否符合“义”和利于“天下”作为

① 瞿林东主编，瞿林东、张子侠、刘治立著：《中国古代历史理论》上卷，安徽人民出版社2011年，第393页。

② 张秋升：《中国古代史学的政治史传统》，《南开学报》2007年第3期。

③ 杨伯峻编著：《春秋左传注·宣公二年》，中华书局1990年，第663页。

④ 司马迁：《史记》卷130《太史公自序》，中华书局1959年，第3319页。

评价人物的标准。魏晋玄学重名教，史家评价人物时也多以名教为准。例如陈寿在《三国志》中记载臧洪抗击袁绍，结果城池弹粮将要尽绝时，臧洪杀了自己的妾让众将士食之。陈寿没有指责这一残忍行为，反而称赞臧洪“雄气壮节”，“以兵弱敌强，烈志不立，惜哉！”[①] 隋唐时期史馆制度建立，官修史书的水平大大提高。因此，史书评价人物的标准也以官方为准，“述忠贤事业，载奸佞丑行，以传无穷者，史官之任也”。[②] 既交代了该时期史书所撰述的人物对象的范围，也是评价的标准。宋代理学兴盛，评价人物以纲常伦理为标准。例如欧阳修重写《五代史》和《唐书》，认为：“道德仁义，所以为治；而法制纲纪，亦所以维持之也。”[③] 南宋理学正式成为官方的统治思想后，以理学伦理纲常为作史的指导原则，有助于增加史作的哲理化深度，在一定程度上能促进史学思想的成熟。但日久则容易流于空谈，撰史者主观意识的表达超过了对历史事实本身的追求。

明代中后期社会方方面面都发生着变化，一味地以道德为准而不顾客观历史发展的评价标准已经不适应时代的要求了。自嘉靖年间以后，人物评价的观念有所变化。

一　评价人物范围的扩大

明代嘉靖以后私撰人物传记仍有相当的数量。一部分是续写《名臣录》，例如童时明《昭代明良录》、项笃寿《今献备遗》、王世贞《嘉靖以来首辅传》等。但从名称上看，“名臣”的字样大大减少，但如王世贞《嘉靖以来首辅传》、李贽《续藏书》等记明代人物，仍以“名臣”为主，只是书名中不见“名臣”字样。另一部分

① 陈寿：《三国志》卷7《魏书·臧洪传》，中华书局1959年，第236—237页。

② 王溥：《唐会要》卷64《史馆下·史馆杂录下》，中华书局1955年，第1110页。

③ 欧阳修：《新五代史》卷46《王建立传》，中华书局1974年，第514页。

则把记述的对象扩大至社会各阶层、各职业。

王世贞与杨豫孙补辑《皇明名臣琬琰录》，除了记名臣外，还加入了“武弁中珰之贵重者与布衣之贤者”，记载的人物超过千人，卷数也过百。[①] 王世贞、杨豫孙在名臣录中增加武将和布衣，不仅是内容的增加，也显示出他对这些人物的赞赏。郑晓曾是武将，知晓军事，他在《吾学编·名臣记》中补充了许多武将的传记。李贽《续藏书》分明代的臣子为名臣、功臣和辅臣，名臣之下又有开国名臣、逊国名臣、经济名臣、忠节名臣等，共二百余人。李贽使用分类记载的方式，除了记载人物方便以外，也在分类中无意识地对人物进行了评价。焦竑《国朝献征录》在选择所记载的人物范围时，“举一代王侯将相、贤士大夫、山林瓢衲之迹，巨细毕收”，[②] 按照官职、地域、品性等分人物为六十八门，清代万斯同评价该书“搜采最广”。[③] 张萱《西园闻见录》分内、外、杂三编，内编按照人物德行分二十五卷，一百个小目，邓之诚称该书“尤足称者，著书本旨在以事存人，以人存言”。[④] 该书收录的人物多为下层官吏和普通百姓，记述了许多其他私撰史书未载的人物。例如内编“严肃”目中记洪武年间苏州知府王观为政严整的事迹，这在《明史》和其他私撰史书中都未见到，可以帮助后人更好地了解明代社会。

私撰史书除了广泛搜采本朝人物事迹外，也注重记载前朝的历史人物。邓元锡在其通史性著作《函史》中称：“帝者之所纪，相者之所谟，圣者之所作，明者之所述，志士之所裁，仁人之所安，达贤之

---

① 王世贞：《弇州山人四部稿》卷71《皇明名臣琬琰录小序》，台北：伟文图书出版社1976年，第3431页。

② 顾起元：《国朝献征录序》，焦竑：《国朝献征录》，上海书店1987年，第1页。

③ 万斯同：《石园文集》卷7《寄范笔山书》，《续修四库全书》第1415册，上海古籍出版社2002年，第510页。

④ 邓之诚：《西园闻见录跋》，张萱：《西园闻见录》（九），明文书局1940年，第881页。

所通，节士之所完，下至幽人贞士庶妇季女，介乎不欺其志也焉。”①因此，《函史》在记载和评价人物时无论贵贱都给予褒贬。李贽《藏书》记述了战国至元代八百多个历史人物，其中有帝王、乱世英雄、大臣，还有乐工、宦官，甚至无名氏，在《焚书》中还赞扬了一些女性的才能和行为，这些都显示出李贽记述人物范围的广泛。并且在记述每一类人物时，他都以“前论”或“后论”的形式说明此类人物的重要性。

明代中后期私撰史书为了更方便快捷地整理所记述的人物，多采取类传的方式，即把同一类人物编排在一起，并冠以相应的标题，这不但扩大了记载人物的范围，也使人物特点和对人物的褒贬在标题中一目了然。例如，李贽《藏书》记汉武帝时标题为“英雄继创”，汉光武帝为“圣主重兴”，宋仁宗为“守成贤主”。童时明《昭代明良录》分开国、靖难、翊远、馆阁、卿贰、理学、直节、循良、忠义、武胄、外戚、隐逸、内监十三类。焦竑《国朝献征录》不再专门以“名臣”为对象，全书分人物为五大类，各类之下又有分类。首类与皇家人物相关，有宗室、戚畹、驸马都尉、公、侯、伯 6 种；其次与官署相关，有中书省、内阁、詹事府、翰林院等 30 种；其次与官职相关，有左右都督、都督同知、都督佥事、锦衣卫、都司、各衙 6 种；其次与地域相关，有北直隶、南直隶、浙江、江西等 14 种；最后与幕府相关，有都府幕、锦衣幕、藩府幕佐 3 种。该书分类详细，门类众多，在明代中后期人物传记中堪称首位。瞿九思《万历武功录》主要记万历以来在农民起义、社会变乱、民族冲突中表现较突出的人物，例如卷 1 至卷 6 以地域划分，记矿民、叛兵、山贼、海贼、饥民等事，卷 6 中还有“缅甸”一目，卷 7 至卷 14 按方位记瓦

① 邓元锡：《函史·自序》，《四库全书存目丛书》史部第 25 册，齐鲁书社 1996 年，第 3 页。

剌、鞑靼的首领和人物。该书对研究这一时期的社会动乱和民族关系有重要参考价值。明代中后期还有一些私撰史书专记建文朝人物，如罗汝鉴《群忠备遗录》、许相卿《革朝志》、朱睦㮮《革除逸史》等。以类传的形式对人物进行记载，一是体现出史家对各类人物的重视，不只局限于名臣一种，二是能容纳更多的人物，三是便于查找。类传或者集中对某一类人进行赞扬或批评，或者集中说明了某一方面的问题，在更大范围内对人物进行记载，更能全面地反映现实和人的心理状态。

明代中后期私撰史书记载的人物类型增加，表面上看是内容的增加，实际反映出私撰史书评价人物标准和方法的变化。

二　评价人物标准的变化

明代中后期私撰史书的作者大部分是进士，他们接受传统儒家教育和理学思想的时间较长。儒家非常重视人的道德修养，治国平天下的基础是修身，“内圣”的理想境界就是对君子人格的追求。以朱熹为代表的理学主张历史以明义理为要务，“读书既多，义理已融会，胸中尺度一一已分明，而不看史书，考治乱，理会制度典章，则是犹陂塘之水已满，而不决以溉田。若是读书未多，义理未有融会处，而汲汲焉以看史为先务，是犹决陂塘一勺之水以溉田也，其涸也可立而待也”。[①] 在朱熹看来，读史要先明理才能对史实有准确的价值判断，否则只不过是在看流水账，没有意义。明代中后期的私撰史书虽不完全赞同朱熹以儒家纲常伦理作为评判历史的标准，但在寻找解决现实问题的方法时，首先还是以固有的思维模式思考问题，重视纲常伦理和道德教化。

---

① 黎靖德编：《朱子语类》卷 11《读书法下》，王星贤点校，中华书局 1986 年，第 195 页。

（一）延续理学的纲常伦理

明代中后期社会出现诸多问题，社会各界都在积极寻找解决问题的方案。在史学界内，史家们受程朱理学思想影响颇深，不可能完全摆脱程朱思想和思维方式，因此当他们寻找解决问题的途径时，不可避免地带有理学思想的烙印。

明代中后期部分私撰史书以义理为标准安排内容。何乔远《名山藏》各“记”的目的都以卫道为主，“读臣林诸记，可进君子；读臣林杂记，可退小人；读列女、高士诸记，可扬幽贞而奖廉静；读方外货技诸记，可抑淫巧而服要荒”，[①] 以伦理纲常为标准安排各记的人物和事迹。童时明《昭代明良录》只记载贤明君主和忠良之臣的事迹，表现出明显的宣扬义理的思想。王圻《续文献通考》将列传引入典制体史书中，其中《节义考》用了21卷的篇幅记忠臣、孝子、节妇、义士等，而关于典制的《田赋考》不过16卷，《职官考》不过20卷。吴士奇《皇明副书》按照理学重劝惩以立名教的思想安排列传的类目。该书将以往纪传体史书中的《儒林传》改为《名理传》，《酷吏传》改为《名法传》，目的是区分儒、法思想的不同。该书还立《笃行传》《取节传》《义子传》等，目的是“诸君子虽未必尽轨于大道，要其立志较然不滓于俗，有足风者”。[②] 可见，吴士奇撰史的目的是树立风声，对酷吏、宠臣、中官等予以批判，但与理学家不同的是，吴士奇认为的“闻道之人”不是仅局限于贤人志士之间，即使是医士、娼妓等，只要有德行都可以成为表彰的对象，因此他专列《医卜传》赞扬那些君子不从事的职业中的有德行的人。吴士奇不再以人物的身份为准判断其道德水平的高低，与理学家认为的

---

① 李建泰：《名山藏序》，何乔远：《名山藏》卷首，江苏广陵古籍刻印社1993年，第9页。

② 吴士奇：《皇明副书》卷87《笃行传》，转引自钱茂伟《晚明史家吴士奇史学述略》，《安徽史学》1993年第4期。

只有君子仁人才能闻道的观点相比是进步的。

私撰史书在评价历史时也以纲常为准。柯维骐曾说："先儒有言，士之品有三。志于道德者，功名不足以累其心；志于功名者，富贵不足以累其心；志于富贵者，无所不至矣。夫求道德之士于三代之下，焉能如古圣贤？但能忠信廉洁，以礼义为进退，以名节自砥砺，此其根本也。根本既立，虽乏功业文章，不足为病。根本既丧，即富贵之流耳，他何取哉？夫纯善显恶，譬如祯祥妖孽，夫人能知之。惟其有短有长，或谓可相掩，或谓宜取节，故论多不一。试以三品之说律之，谁能以口舌争也？"[①] 先儒称士的品格有三个等级：志于道德、志于功名和志于富贵。只有坚信忠信廉洁、礼义、名节才是志于道德，才能如古之圣贤，这是士之品格的根本，有了这个根本，即使是缺乏功业文章，仍可算是士。可见，柯维骐把遵循儒家的伦理道德视为首要，因此在他改编的宋史著作《宋史新编》中，以忠孝节义为基本准则观察宋代的历史，解释史实的原因时都将其归结为人伦道德。比如他认为像割股疗疾乃是"至性所发，非可强而能者。旌典或漏，在史氏宜得书"。[②] 书中还记守节的烈女，认为她们是"女德所先，在常情尤难哉"。[③] 他还把宋代亡国的诸叛臣单独列传，把《道学传》放在《循吏传》之前，这些显示出他对理学思想的宣扬和对纲常伦理的重视。

此外，薛应旂也称他的《宋元通鉴》"是编凡有关身心性命之微，礼乐刑政之大，奸良邪正之辨，治乱安危之机，灾祥休咎之征，可以为法，可以为戒者，皆直书备录"。[④] 薛应旂认为身心性命之微、

---

① 柯维骐：《柯子答问》卷6，《续修四库全书》第939册，上海古籍出版社2002年，第531页。

② 柯维骐：《宋史新编》卷176《孝义传》，台北：新文丰出版公司1974年，第687页。

③ 柯维骐：《宋史新编》卷180《列女传》，台北：新文丰出版公司1974年，第701页。

④ 薛应旂：《宋元通鉴·序》，《四库全书存目丛书》史部第9册，齐鲁书社1996年，第686页。

奸良邪正之辨等是史学的重要意义，能使君臣士庶各安其职，明确自身在纲常伦理中的位置。因此他分析宋朝灭亡的原因时称："陈亮所谓'举国之人皆风痹不知痛痒，竟忘君父大仇'，以是辽、金虽灭，元遂起而乘之，而宋因以亡。"[①] 认为宋代亡于举国丧失了纲常伦理，不知忠孝节义，以至对国家安危麻痹不知痛痒，以至蒙古南下时不知团结反抗，以致灭亡。王洙《宋史质》中的《君子传》《小人传》在以前的纪传体史书中是没有的，两传以《春秋》书法和纲常伦理作为标准，到处贯穿君子、小人的概念，有明显的理学化倾向。《宋史质》中的其他列传如《孝义传》《卓行传》《叛臣传》等都采用类传的形式宣扬纲常伦理。

纵观宋明时期，理学是思想的主流，史学自不能完全脱离时代思想的控制。宋明史家多注重阐发《春秋》之义，以史明道，且多突破汉唐解释《春秋》仅从字句褒贬上入手，从阐释大义和理学角度解释《春秋》，进而指导史学思想以重"义理"为主，对史实的评论以是否符合"义理"为准。正如钱茂伟所言"一个社会的主导性思想，同时也是一部史著的主导思想。在宋明时代，社会推崇纲常思想，轻视工商精神，自然，历史著作中也是如此"。[②] 因此，明代中后期部分私撰史书仍重视记载和宣扬理学的纲常伦理。

（二）探索新的评价标准

明代中后期私撰史书也在不断探索新的评价标准，不再严格地把"道德"限定在理学的"纲常伦理"范围内。道德的内容远比理学的纲常伦理广泛，且道德的含义可随时间、事件的不同发生变化。对于君臣来说，"民本"就是最高的道德；对于普通人而言，只要是发自内心的真实需求，又不损害其他人即为最高道德。以"民本"为重，

---

① 薛应旂：《宋元通鉴·序》，《四库全书存目丛书》史部第 9 册，齐鲁书社 1996 年，第 686 页。

② 钱茂伟：《明代史学的历程》，社会科学文献出版社 2003 年，第 440 页。

就会有一颗恤民之心，对待不同的历史情境下发生的相似的史实就会有不同的评价。如对冯道的评价，从理学的纲常角度出发，他事十二君并耶律契丹，是不“忠”；但从道德的层面看，在当时政权频繁更替的情况下，冯道以己身侍奉不同的君主，保全自己的同时，又保证了百姓五十年间免受战争之苦，且冯道也是个廉洁有才干的人。善恶、好坏本无绝对的区别，有善者，有恶者，也有善恶并存者，历史的是非是相对的，是随着时代的变化而变化的。

随着认识的不断加深，私人史家开始质疑以往史书对史事的评价。薛应旂曾批评后世史家对前史记载不假思索地附和的行为：“后之史官于众所好者，虽其事未必皆是，而辄为附和，几于佞史；于众所恶者，虽其事未必皆非，而务为排摈，几于谤书。”[①] 三代一直被后世视为理想时代，但明代中后期的一些史家认为流传下来的愈是久远的事迹愈不可靠。于慎行认为三代之中夏、商与周不能同等视之，认为：“夏商之亡，皆以暴侈不德……而周以数邑之地，保有九鼎，以处强国之间，竟无以一矢加之者，数穷理极，至于消尽……故曰周之国祚不胜于夏商，直其亡胜耳。”[②] 夏、商亡于无德暴行，周则亡于数穷理极，犹如人老而亡。可见，于慎行对夏、商、周的灭亡原因有不同的看法，且倾向于批评夏、周的“暴侈不德”。秦始皇在后人眼中一直以暴虐的形象出现，然明代中后期部分史家不以为然。王世贞认为“秦皇、汉武不足为人主训也，然而功足言也”，[③] 李贽《藏书》也称其为“千古一帝”。王世贞、李贽都是从功业上肯定秦始皇，不再从秦始皇任法家而行酷法的角度评价，突破旧的思维方式来

① 薛应旂：《宋元通鉴》卷首《义例》，《四库全书存目丛书》史部第 9 册，齐鲁书社 1996 年，第 689 页。

② 于慎行：《读史漫录》第 1 卷，齐鲁书社 1996 年，第 7 页。

③ 王世贞：《弇州山人四部稿》卷 112《读秦本纪》，台北：伟文图书出版社 1976 年，第 5246 页。

评价人物，而且两人在论述中也阐述了“‘秦之取天下而不以道者，其罪不在始皇而在庄襄’。至于六国之所以灭亡之因，则‘其罪不在始皇之取而在守也’”的观点。[①] 肯定秦始皇的功绩，辩证地评价历史人物。宋代的文治在中国古代社会达到极致，被后人称道，陈邦瞻认为恰恰是宋代的文治导致了王朝的衰亡。陈邦瞻《宋史纪事本末》认为宋亡于君臣失德，但君臣失德的原因是纲常伦理被发挥到了极致：“逮于宋，则仁义礼乐之风既远，而机权诈力之用亦穷……大抵宋三百年间，其家法严，故吕武之变，不生于肘腋；其国体顺，故莽卓之祸不作于朝廷。吏以仁为治，而苍鹰乳虎之暴无所施于郡国；人以法相守，而椎埋结驷之侠无所容于闾巷。其制世定俗，盖有汉唐之所不能臻者……事权恶其过夺，而文法恶其太拘，要以矫枉而得于正，则善矣。”[②] 陈邦瞻认为宋代矫枉过正，虽然避免了外戚专权、酷法害民，但过于注重仁治的氛围反而使君臣只关注表面仁义，而忽略内心道德的修养，结果只能导致国家越来越衰弱。

纲常伦理在不同的环境下会产生不同的作用，当它严重束缚人们的行为或者为实现纲常而做出有违己心的行为时，它就会成为批判的对象。正如李贽在《焚书·高洁说》中所言：“余性好高，好高则倨傲而不能下。然所不能下者，不能下彼一等倚势仗富之人耳；否则稍有片长寸善，虽隶卒人奴，无不拜也。余性好洁，好洁则狷隘而不能容。然所不能容者，不能容彼一等趋势谄富之人耳；否则果有片善寸长，纵身为大人王公，无不宾也。”[③] 李贽不以人的地位和身份取人，只看重人的内在品德，他并不认为纲常伦理存在错误，而是世人以纲常为借口实为名利的做法，“护惜太甚，为格套局面所拘，不知古人

---

① 吴佳展：《王世贞史论散文研究》，硕士学位论文，台北：东吴大学，2007 年，第 59—60 页。

② 陈邦瞻：《宋史纪事本末·叙》，中华书局 1977 年，第 1192 页。

③ 李贽：《焚书》卷 3《高洁说》，中华书局 2009 年，第 105 页。

清静无为、行所无事之旨，与藏身忍垢、委曲周旋之用……不能虚心平气，求短于长，见瑕于瑜，好不知恶，恶不知美”。[①] 人们往往执着于维护所谓的“纲常伦理”，践行纲常伦理不是出自真心，而是为了树立良好的表面形象，不认真思考纲常伦理真正所要达到的目的，不能平心静气地评价人物。评论人物的行为是否道德，应该看他所处的环境和局势，不一定要符合儒家之道，只要对天下和百姓有利、符合人情，均可称之为有道德。总而言之，评价历史人物应该看他的实际历史作用，而不是以他的行为是否符合理学价值作为标准。

明代中后期部分私人史家开始质疑以往史书中的历史评价和判断，探索新的评价标准，发现历史人物或事件的另一面，改变以往单纯地以纲常伦理为标准的评价方式。

三　评价人物方法论的变化

前文已述，明代中后期私撰史书中的史学思想基本都受到阳明心学的影响。王阳明认为历史评价标准中的是非只是撰史者的好恶之心，曾有人问王阳明：“是与非孰辨乎？”王阳明回答说：“子无求其是非于讲说，求诸心而安焉者是矣。”又问：“心又何以能定是非乎？”曰：“无是非之心，非人也。口之于甘苦也，与易牙同；目之于妍媸也，与离娄同；心之于是非也，与圣人同。其有昧焉者，其心之于道，不能如口之于味，目之于色之诚切也，然后私得而蔽之。子务立其诚而已。子惟虑夫心之于道，不能如口之于味、目之于色之诚切也，而何虑夫甘苦妍媸之无辩也乎？”[②] 王阳明认为没有是非之心不能称之为“人”，判断是非时不需要纠结儒、释两家的差异，判断

① 张建业：《李贽文集》第1卷《续焚书》附《李温陵传》，社会科学文献出版社2000年，第133页。

② 王守仁：《王阳明全集》卷7《赠郑德夫归省序》，上海古籍出版社1992年，第238页。

是非的能力是天生就有的，“人生大病，只是一傲字。为子而傲必不孝，为臣而傲必不忠，为父而傲必不慈，为友而傲必不信”。[①] 是非只是人们一时的好恶而已，没有一成不变的标准，也没有可以评判所有事物的统一标准，只要是出于“诚”心，不戴有色眼镜评价人，就能做到以“心”定是非。

王世贞曾说：“有一人之是非，有一事之是非，有片言可折之是非，有千古不决之是非。”[②] 判断是非的标准随着人、事、时间的变化而变化，这就要求史家必须有自己的判断，不能人云亦云。同一时期的李贽也认为：“人之是非，初无定质；人之是非人也，亦无定论。无定质，则此是彼非并育而不相害；无定论，则是此非彼亦并行而不相悖矣。”[③] 认为世界最初没有固定的、统一的判断是非的标准，不同的人对事物的判断会有不同，但社会并没有因为彼此的不同而停滞不前。“是非之争也，如岁时然，昼夜更迭，不相一也。”[④] 判断是非的标准犹如昼夜更替一般，是时刻发生变化的。可见，王世贞、李贽都赞同没有哪一种判断标准是在任何情况下都适用的。因此，他们都对宋明以来遵循理学的判断标准提出批评。

王世贞曾说：“宋儒之好刺诽古而颛其尊若此。”[⑤] 批评宋儒以理学的伦理纲常为评价人物标准的做法。例如前文提到的王世贞反对宋儒对冯道的评价，再如他赞扬粘罕在金国打败辽、宋过程中所做出的历史贡献，言：“孰谓胡无人哉！”[⑥] 与理学家贬低少数民族的态度相反。李贽更是大胆地认为“前三代，吾无论矣；后三代，汉唐宋是

---

① 王守仁：《王阳明全集》卷3《传习录下》，上海古籍出版社1992年，第125页。

② 王世贞：《祝子罪知录序》，祝允明：《祝子罪知录》卷首，《四库全书存目丛书》子部第83册，齐鲁书社1995年，第609页。

③ 李贽：《藏书》卷首《世纪列传总目前论》，中华书局1974年，第17页。

④ 李贽：《藏书》卷首《世纪列传总目前论》，中华书局1974年，第18页。

⑤ 王世贞：《弇州山人四部稿》卷112《读荀子》，台北：伟文图书出版社1976年，第5260页。

⑥ 王世贞：《弇州山人四部稿》卷110《粘罕》，台北：伟文图书出版社1976年，第5201页。

也。中间千百余年而独无是非者，岂其人无是非哉？咸以孔子之是非为是非，故未尝有是非耳”。[①] 直接提出“不以孔子之是非为是非”，从源头上反对理学以纲常伦理为判断是非的标准。他在《藏书》中充分肯定被理学家所不容的女主武则天的功绩，称“试观近古之王，有知人如武氏者乎……爱养人才为急耳，今观娄、郝、姚、宋诸贤，并罗列于则天之朝。迨及开元，犹用之不尽……固武氏之所深心爱惜而敬礼者也”。[②] 焦竑在论述撰写人物传记应当遵循的原则时认为：一是不应只“大臣三品以上乃得立传”，而应该贵贱并立，不必以位为断；二是应当善恶并立；三是应当客观地评价人物，不要受统治者和已有定论的干扰。[③]

明代中后期私撰史书提出判断是非的标准不是一成不变的，不能一味地遵循宋儒的理学标准。最终提出对人物的评价应当以人物的实际作为为基本参考，不能按照既定的标准选择所记载人物的事迹，即遵循“以事论不以人论”[④] 的原则。对人物正反两方面的事迹都要如实记载，在此基础上对人物的行为做出合理的解释和评价，不唯道德论，从而为“循名责实”标准的运用提供了理论指导。

四　评价人物循名责实

评价史事不以理学思想为纲，注重人物对历史的实际影响，即通常所说的“循名责实”。陈建在《皇明通纪》中称：“世俗多徇名，而愚此《纪》务循名而责实。”[⑤] 即评价人物不能只看他的名声，而是要看其实际作为。秦始皇在历代史家笔下，多以暴君的形象出现，

---

① 李贽：《藏书》卷首《世纪列传总目前论》，中华书局 1974 年，第 18 页。

② 李贽：《藏书》卷 56《李勣》，中华书局 1974 年，第 3169—3170 页。

③ 焦竑：《澹园集》卷 5《修史条陈四事议》，李剑雄点校，中华书局 1999 年，第 29—31 页。

④ 王世贞：《弇州山人四部稿》卷 110《魏征》，台北：伟文图书出版社 1976 年，第 5184 页。

⑤ 陈建：《皇明通纪》卷 18“天顺二年按”，钱茂伟点校，中华书局 2008 年，第 772 页。

王世贞、李贽等则不以为然，认为“秦皇、汉武不足为人主训也，然而功足言也”。[①] 李贽认为秦始皇“混一诸侯”的功绩不应该因为他的残暴而被否定。对于汉武帝，李贽认为虽然连年征战耗费了大量财力、军力，但最终取得的结果是扩大了汉朝的疆域，也保障了汉朝边境近百年的安定，即“当其时拓地几二万余里，视汉高所遗不啻倍之”。[②] 武帝之后“历昭、宣，以及元、成、哀、平百二十余年，边城不闭，兵车不用，虽抱孺子于天下之上，而单于且稽颡来朝矣。盖至于易姓更主，而百姓犹案堵如故者，然后知其为孝武之赐而不自知也。截长补短，其利百倍，有为之功业亦大矣”。[③] 后人享受着汉武帝的功业带来的益处却不自知，反而责备汉武帝在位期间的“穷兵黩武”，并以“武”字作为他的谥号。王世贞也肯定秦始皇虽“恶极矣，然其创制立法可纪也”。[④] 对秦始皇的功过认识清楚，不因为秦始皇的恶名就把所有罪名加之于身。

五代时期的冯道曾事四姓君主，辅佐十二位皇帝并耶律契丹，在遵循纲常伦理的中国古代社会是不忠的典型，宋代以后常遭人指责。例如后周世宗要伐北汉时，冯道劝阻，欧阳修在史书中讽刺他“前事九君，未尝谏诤”，此次向皇帝谏言，世宗不但没有听，还因为“鄙（冯）道不以从行”，把他贬为“太祖山陵使”，并最终取得了战争的胜利。[⑤] 欧阳修间接地认为世宗取得胜利的原因在于没有听信冯道之语。实际上，冯道曾多次劝谏所侍奉的君主，尤其在后唐，曾劝谏庄宗要君臣和睦、明宗不要贪图享乐等。而且五代时期首相任山

① 王世贞：《弇州山人四部稿》卷 112《读秦本纪》，台北：伟文图书出版社 1976 年，第 5246 页。

② 李贽：《藏书》卷 32《德业儒臣后论》，中华书局 1974 年，第 1830 页。

③ 李贽：《藏书》卷 32《德业儒臣后论》，中华书局 1974 年，第 1830—1831 页。

④ 王世贞：《弇州山人四部稿》卷 112《读秦本纪》，台北：伟文图书出版社 1976 年，第 5245 页。

⑤ 欧阳修：《新五代史》卷 54《杂传》，中华书局 2000 年，第 402—403 页。

陵使是惯例，冯道当时在后周任中书令，因此，他任山陵使并非欧阳修所言是世宗冷落他的结果。况且，后周世宗伐北汉是在显德元年三月，而冯道是在二月就任山陵使的。可见，从纲常伦理出发，欧阳修为了突出世人对冯道“不忠”行为的厌恶，不惜以违背历史事实的方式撰写史书。

明代中后期私人史家对冯道的态度有所改观。王世贞认为“冯道，一椎鲁士耳，历相十余君而不死，此何故哉？遇治则入，遇乱则出，入则为相，出则为巨藩，位三公，爵真王，而卒以令终。彼非能行贿免也，非阿谀取容也，又非有布衣之故也，彼盖得庄老之术而善用之”。[①] 冯道是一个善用庄老之术的人，虽几易其主，但却不靠阿谀奉承、行贿等方式获得地位，在乱世中能够保全自己又不做伤害他人之事，懂得进退，比起那些满嘴仁义道德，当自身利益受到损害时就无所不用其极的人，在道德水准上高出许多。李贽评价冯道时，认为从道德层面上，冯道一人事多主的行为为道学家所不耻，但是从实际的社会效果和冯道的个人品性而言，冯道反而应受到赞许，“民得安养而后君臣之责始塞，君不能安养斯民，而后臣独为之安养斯民，而后冯道之责始尽。今观五季相禅，潜移默夺，纵有兵革，不闻争城。五十年间，虽经历四姓，事一十二君并耶律契丹等。而百姓卒免锋镝之苦者，道务安养之之力也”。[②] 李贽把冯道放在五代战乱的社会大背景下进行评价，他凭借一己之力使百姓在五十余年中免受战火之苦，这应当是他的主要功绩。由此看来，道德层面的批判不够客观，而能够有助于社会发展和保全安定的功业，才是真正值得被赞扬的。

① 王世贞：《读书后》卷3《书冯道传后》，《文渊阁四库全书》第1285册，上海古籍出版社1987年，第44页。

② 李贽：《藏书》卷68《冯道传》，中华书局1974年，第3815—3816页。

不仅评价以往的历史人物如此，私撰史书对本朝人物的评价也是如此。例如沈德符《万历野获编》对严嵩、海瑞、张居正等的评价都不再一味地被道德标准束缚，认为："严分宜（严嵩）作相，受世大诟，而为德于乡甚厚。其夫人欧阳氏尤好施予，至今袁人犹诵说之。"[①] 谈论到海瑞刚正不阿、清明廉洁的时候，也指出他"一意澄清而不识时务，好为不近人情之事"[②] 的性格缺陷。对于张居正这样的权臣，尤其在张居正死后，万历皇帝对他的态度急转直下，指责他刚愎自用、僭越等情形下，沈德符不畏皇权，不受外界干扰，肯定张居正在国家危难时的救世之功。对夺情一事，沈德符虽认为张居正的做法不符合纲常，但表示理解，"时局遂又大变，乃知江陵宁冒不韪，必为不肯一日舍纶扉，盖亦非得已也"。[③] 张居正为了稳定朝局，背着被天下人指责不孝的骂名，依旧兢兢业业地值守于朝堂之上，这也是迫不得已的选择。沈德符能够设身处地地思考人物所处的环境，理解他们不得不违背世人所认同的道德而做出的无奈选择。

徐学谟《世庙识余录》也对严嵩父子的倒台产生怀疑，"按嵩先已失宠于上而犹在直。每缙绅来谒者，出美酒数杯饮之，曰此皇上所赐以优吾老者，徐、袁二公不及也。盖恐怕言官乘间起而诡为此以塞人之口，然外议已籍籍腾沸矣。故应龙之疏，必有授之意者，况有蓝道行扶乩辞语先入之，能无从乎？"[④] 认为严嵩在已经失去皇帝宠信的情形下，还明目张胆地饮酒、挤兑徐阶等人不合情理，这大概是言官们为了增加严嵩父子的罪恶而编造的，由此徐学谟又推断所抄没的严嵩家产的数量也一定没有传言中的多："比籍没，严氏资财已稍稍

---

① 沈德符：《万历野获编》卷 8"内阁二"条，中华书局 1997 年，第 214 页。
② 沈德符：《万历野获编》卷 22"督抚"条，中华书局 1997 年，第 556 页。
③ 沈德符：《万历野获编》卷 7"内阁一"条，中华书局 1997 年，第 194 页。
④ 徐学谟：《世庙识余录》卷 22，全国图书馆文献缩微复制中心 1991 年。

散逸。按臣奉诏征之，急不能如数，乃听（彭）孔等指攀，于是株蔓及于无辜，一省骚然矣。”[①] 向燕南、余茜《明后严嵩时代的史学生态与史学文本中的严嵩》一文就曾指出要客观分析明代私撰史书对严嵩的记载，认为“既要意识到徐阶、王世贞等对严嵩负面形象建构的影响，也要意识到艾南英等竭力为严嵩开脱者与严嵩的乡谊关系”。[②] 焦竑主张对人物评价要坚持“当善恶并列，不必以人为断”的原则，[③] 所以他的《国朝献征录》不仅包括的人物数量多，而且在选取人物的相关资料时“折衷是非，综校名实”。[④]

明代中后期私撰史书评价人物不局限在政治领域，善于发现各个阶层中可褒贬的人物，不分贵贱地记述和评论人物。同时，评价人物也不再囿于纲常伦理的标准，而是注重“循名责实”，以实际功业为评判的标准，增加以往负面人物值得称赞的事迹，综合考察其所处的环境，不以成败论英雄。记述人物的范围和评价标准是评价人物观念的两个主要方面，而该时期评价人物观念的变化，是受当时史家方法论的影响。

五　小结

明代中后期私撰史书评价历史，在嘉靖朝主要是对以往历史的评价，万历朝主要是对本朝人物和历史进行评价。原因是嘉靖朝出现了改编旧史的热潮，且嘉靖朝心学刚刚兴起，理学在士人中的影响仍然较大，因此私撰史书多以纲常伦理为标准对前朝历史进行评价。万历年间，一方面，官方对建文朝历史禁忌的正式解除间接地刺激了本朝

---

① 徐学谟：《世庙识余录》卷 24，全国图书馆文献缩微复制中心 1991 年。

② 向燕南、余茜：《明后严嵩时代的史学生态与史学文本中的严嵩》，《史学史研究》2015 年第 1 期。

③ 焦竑：《澹园集》卷 5《修史条陈四事议》，李剑雄点校，中华书局 1999 年，第 30 页。

④ 顾起元：《国朝献征录序》，焦竑：《国朝献征录》，上海书店 1987 年，第 2 页。

史的撰写，也就增加了私撰史书对本朝人物的评价；另一方面，心学获得大发展，王世贞、李贽等人的思想也得到传播，影响了私撰史书对历史的评价。

明代中后期私撰史书的人物评价观念的变化体现在两个方面：一是评价人物对象范围的扩大；二是评价人物注重“循名责实”，全面考察人物事迹，善恶并书。对当代人物的评价能够最大限度地抛开官方和已有价值判断的干扰，对以往历史人物的评价在原有基础上，注重发现人物正反两方面的事迹。就事论事，客观分析人物所处的环境，不再单纯地以理学的纲常伦理为评判的唯一标准。人物评价出于撰史者的“诚心”，真实地表述自身的看法，不再以迎合大众、官方的口味为主，使后人更加信服评价的结果。私撰史书注重人伦道德在史学借鉴中的作用，这是它们解决现实问题的重要途径之一。史书中多次谈到夏、商亡于暴侈不德，宋亡于小人等，目的都是提醒明代统治者要注重道德修养，尤其是君主的德行。明代中后期私撰史书已经认识到把道德评价作为判断是非的标准有很大的局限性，历史事件和人物活动所处的历史环境是复杂多变的，不可能有一模一样的情形出现，单纯从道德角度很难做出客观公正的评价。纯粹以纲常伦理评价历史事件和人物，不仅不能使所有的纲常伦理得到验证，还容易偏离对历史事件和人物在历史上的地位和作用的认识。因此，明代中后期的私人史家并非反对纲常伦理的内容，相反，在诸多史作中还注重发挥纲常伦理所起到的劝惩、利风教等作用。他们反对的是评论历史以伦理道德为绝对标准，而不全面把握历史事件和人物，不循名责实的做法。

第五章　私撰史书中的历史观念

史学思想除了史学观念外，还包含许多历史观念，即对人类历史发展过程的思考。就明代中后期的私撰史书而言，主要包括三方面的内容：对天人关系的新认识、正统论的新演变、历史变化观念的新表述。这些历史观念受到当时社会政治、思想变化的影响，对历史动因或者历史现象的解释都出现了与前人不同的论述，是明代中后期私撰史书史学思想发展的又一重要表现。

第一节　天人关系的新认识

明代中后期私撰史书中的史学思想在继承前人的基础上，又有新的变化。史学思想的产生与现实、史家的个人经历都有很大关系。总体来说，明代中后期私人史家基本是在传统儒家思想和程朱理学的熏陶教育下成长起来的，但又身处明代中后期多元化发展的社会，其思想结构中必然有因袭传统的部分，也有对现实社会状况的思考。明代中后期私撰史书对传统史学思想的继承与革新，在历史观念上首先表现在人们对天人关系的新认识上。

一　天与“人心”

天人关系是中国古代思想的一个重要话题，在史学思想上也是一个很早就被讨论的问题。如何认识和解读天人关系，直接关系到史家叙述历史的方式和如何说明自身与外部世界的关系、社会变动的原因等。“‘天’是先秦、秦汉时期人们历史观念的核心所在，大体来讲有三层涵义：有意志的天、自然界的天和作为客观环境的天。‘人’是当时人们历史观念中的一个重要概念，最初专指人君，即天子。”[①] 春秋战国时期，天人关系已经逐渐形成了轻天重人的倾向，后世基本延续这一思想，但这一认识也会随着环境的变化出现反复。关于天、天和人的关系一直是史学思想中的重要问题，中国古代社会在讨论治乱兴衰和历史运动时都离不开对“天”的阐述，“究天人之际”成为最早形成的历史观。随着社会的发展和人们认识的提高，“天命”观逐渐受到怀疑，“人”的思想发展起来，“人为”“人事”在历史中的位置越来越重要。唐代柳宗元提出了“天人相分”，认为“古之所以言天者，盖以愚蚩蚩者耳，非为聪明睿智者设也”。[②]“夫圣人之为心也，必有道而已矣，非于神也，盖于人也。”[③] 圣明的人心里所想的都是按照一定的道理来的，并不是上天赋予的，是人思考和研究出来的。如此，柳宗元就把长期以来充满神秘色彩的“天”摒除在历史观之外。宋代史家在史学思想上一方面继承“天人相分”说，另一方面又试图将“天理”和“王道”统一起来，建立新的“天人合一”的观念。认为“得天理之正，极人伦之至者，尧、舜之道也；

① 瞿林东主编，瞿林东、张子侠、刘治立著：《中国古代历史理论》上卷，安徽人民出版社2011年，第3页。

② 柳宗元：《柳河东集》卷3《断刑论下》，上海人民出版社1974年，第58页。

③ 柳宗元：《柳河东集》卷16《禬说》，上海人民出版社1974年，第296页。

用其私心，依仁义之偏者，霸者之事也……故治天下者，必先立其志，正志先立，则邪说不能移，异端不能惑”。[①] 朱熹用天理思想重新阐释历史，撰《资治通鉴纲目》，李方子称该书“义正而法严，辞核而旨深，陶镕历代之偏驳，会归一理之纯粹”。[②] 宋明史学对天人关系的认识基本沿袭朱熹的观点。至明代中后期，这一状况有所改变，私撰史书大多不再在哲理上对天人关系进行阐述，而主要从撰史的具体实践中体现出来，重视“人”的存在。

明代中后期私撰史书中仍有天命、谶纬思想的存在。于慎行在讨论王安石“天变不足畏”时指出：“夫人君尊居九五，臣妾亿兆，威名灵爽，侔于造化，惟天监在上，临下有赫，可以慑服其心，而不敢肆于民上。若以灾异变怪，归之天数，则天壤之间，更有何事可畏？何言可惑？其不至于败亡者几希！商受之言曰：‘我生不有命在天。’是犹知有天，而以人无如何也。”[③] 于慎行明确指出君权受制于天、天象示警于君主等思想，与秦汉“君权神授”的观念如出一辙。朱国祯《皇明史概》中也有不少把对历史的解释归之于“天命”，例如他将朱元璋开创基业的成功归之于“神应”，把建文帝的失败归之于“天命已去”，把正统帝在土木堡被俘又被放回归之于“天威天意”，等等。

王洙认为“天不变，道亦不变”，但又强调天统于人，而人又统于心。他肯定天道的存在，认为“道也者，天道也。天不变，道亦不变”。[④] “道统在天地中，譬若太和元气，然不以昼明，不以夜晦。

① 程颐、程颢：《二程集》卷1《论王霸札子》，王孝鱼点校，中华书局2004年，第450—451页。

② 《李方子后序》，朱熹：《资治通鉴纲目》卷首下，《文渊阁四库全书》第689册，上海古籍出版社2003年，第29页。

③ 于慎行：《读史漫录》第12卷，齐鲁书社1996年，第425页。

④ 王洙：《宋史质·叙略》，转引自钱茂伟《明代史学编年考》，中国文联出版社2000年，第103页。

潜者，见之机也；明者，行之具也。是故元乱而道不乱。”[①] 王洙虽然说的是道统，但他的前提是“天”不会发生变化，而他又不绝对肯定天是不变的，认为天道不变，但必须收纳于人心：“道奚统乎？曰统于天。天奚统乎？曰统于人，人奚统乎？曰统于心。是故有是心，斯有是人……斯有是道。无是心，斯无是人；无是人，斯无是天；无是天，斯无是道。此道统所以有绝有续也。”[②] 两种互相矛盾的观点在王洙这里并行不悖，这也是他的《宋史质》以《春秋》书法和纲常伦理作为撰史标准的原因。天可以主祸福，但人可以避祸的理念正是《宋史质》辨人类而明天道主旨的理论依据。

强调天统于人，人又统于心的观念，意味着强调人心对天的重要意义，意味着通过人的主观努力可以实现接近天道的愿望，单纯地推崇天的观念已经不复存在，人和人心的作用被日益重视。邓元锡《函史》下编完全按照天、地、人的体系构建，“法象衡陈于上，晦明否泰通塞，万变而不失其常者，天也。九域分布于下，神明粪土隆污，回易而不失其方者，地也；五性参两于中，治乱废兴进退存亡，纷纶纠错而不失其正者，人也”。[③] 在邓元锡看来，天是不会轻易改变的，而地、人又各有其所，看似尊崇天，实际是天、地、人同等重要，“夫用归于毋逆天道，毋绝地理，毋乱人纪，俾物各得其极而已矣”。[④] 他将天、地、人统一起来，既同意天对人有威慑力，又指出人的道德表现是参差不齐的，三者各得其极，那么人对天的依赖就没

---

① 王洙：《宋元史质》卷100《道统后序》，《四库全书存目丛书》史部第20册，齐鲁书社1996年，第462页。

② 王洙：《宋元史质》卷100《道统后序》，《四库全书存目丛书》史部第20册，齐鲁书社1996年，第461页。

③ 邓元锡：《函史》上编《序》，《四库全书存目丛书》史部第25册，齐鲁书社1996年，第3页。

④ 邓元锡：《函史》上编《序》，《四库全书存目丛书》史部第25册，齐鲁书社1996年，第3页。

有那么绝对了。又说："故消息者，时；当否者，位；卷舒者，道；贞一者，志。得全者，全天心，天而道；不得全，全人畏，义而节。"① 即上天的气运消息形成时间，地上的事物有合理的也有不合理的，贯通于天、地、人之间的事物形成天道，人的心志有专一的也有不专一的。如果拥有这四者，那么天、地、人就能达到统一，是为"天道"；只尊崇天而不重视人的个体道德差异，就不能视之为客观的历史。

明代中后期私撰史书对天人关系的基本认识已经不再以天为中心，而是将天、人放在同等重要的位置。天亦不是永恒不变的，天统于人，人统于心，但又存在"天不变，道亦不变"的认识，这两种互相矛盾的观念在明代中后期私撰史书中均有体现，尤其是在嘉靖朝的《宋史质》中。这与前文中提到的嘉靖朝心学刚刚兴起，正处于新旧思想的交替阶段，而心学又注重"人心"的论述是一致的。但像《函史》这种用哲理构建史书的形式，非有哲学修养的史家能懂，这也是造成后人很难直观地了解明代私撰史书关于天人关系认识的原因之一。

二　明君与仁政

"天"和"人"在人事中的作用大小不再以"天"为尊，人为的因素在增强，相对于"天"的"人"首先指君主，因此明代中后期不少私撰史书赞扬明君，强调仁政。中国古代的君主制度从夏代开始到明代已经延续了四千年左右，明代以前在史学思想上经常以讨论天人关系为前提，进而论述"君权神授"的历史观念。先秦《左传》

① 邓元锡：《函史》上编《序》，《四库全书存目丛书》史部第25册，齐鲁书社1996年，第3页。

也论人事，但依然承认“天生民而立之君，使司牧之，勿使失性”。[①] 西汉董仲舒把“君权神授”观念初步系统化、理论化，认为“人之人，本于天，天亦人之曾祖父也”。[②] 君主成为天与民之间的媒介，此后“君权神授”的观念不断被完善。“君权神授”意味着君主有至高无上的权力。随着时间的推移，“君权神授”观念对君主也有了一定的要求，即“内圣外王”。所谓“内圣”是对君主人格修养、才智品德的要求，所谓“外王”是对君主发政施仁、平治天下的要求，“内圣是根据，外王是表现。由内圣开出外王，以外王彰显内圣。另一层是因果关系，‘圣’是前提，是原因，而‘王’则是结果”。[③] 对君主“内圣外王”要求的提出，促使后世史家评价君主时多注重君主对臣民的抚恤和仁爱。尤其唐宋时期，“水能载舟，亦能覆舟”的思想认识反映出君主深刻的民本思想。但君主注重民本思想的根本目的仍是维护统治，其前提仍是坚持“君权神授”，坚持民本只不过是为统治政策的实施减少阻力。

明代中后期私撰史书赞扬明君的原因是他们施行仁政，顺应民意。私撰史书不再认为天可以决定一切事物，主张发挥人的主观能动性，进而认为君主权力的获得也不再以“君权神授”为绝对方式。正如李贽所说“民得安养而后君臣之责始塞”，[④] 只有人民得到养护，君主的权力才得以实施，君权才有存在的价值。因此，君主要特别注意施行仁政，以保证自己权力的来源不受挫。柯维骐《宋史新编》中对宋徽宗、宋钦宗不能为社稷死，也不避难以图复兴的行为予以批判，曾说：“抑春秋之法，国君死社稷，正也；避难而图兴复，义犹

① 杨伯峻编著：《春秋左传注·襄公十四年》，中华书局 1990 年，第 1016 页。

② 董仲舒撰，凌曙注：《春秋繁露》卷 11《为人者天》，中华书局 1975 年，第 385 页。

③ 瞿林东主编，瞿林东、张子侠、刘治立著：《中国古代历史理论》上卷，安徽人民出版社 2011 年，第 366 页。

④ 李贽：《藏书》卷 68《冯道传》，中华书局 1974 年，第 3815 页。

未绝也。帝父子并为囚虏，何以逭斯责哉!"[①] 认为他们被囚禁后不思民众之安危，不图复兴，是逃避历史的不义之人。真正的君主为社稷而生的最高表现是顺从民心，"古之治天下者，必达乎斯民之心，通乎此心之理。其举措未必同也，其合于道一也"，"因天下而为天下也，天下之要不在于我而在于民，不在于民而在于民之心"。[②]

李贽《藏书》也提出"天之立君，本以为民"的主张，并把它作为评价古代君主的一个重要标准。他赞扬汉文帝临终前仍关心民政，"身崩而念在民，真仁人哉!"[③] 战国后期，秦国攻击齐国，齐王建不战而降，其他诸侯国指责齐国不合纵攻秦，以致亡国。李贽则认为齐王建有大功于民，他以一人之死而"全齐百万生灵乎，干戈不格且四十年。战国之民，齐何独幸与。夫天之立君，本以为民尔"。[④] 重视民心，就要养民、安民，"夫社者，所以安民也；稷者，所以养民也"。[⑤] 正因为如此，李贽才会对文景之治甚为推崇，"汉兴扫除烦苛，与民休息。至于孝文，加之以恭俭，孝景遵业，五六十年之间，至于移风易俗，黎民淳厚。周云成康，汉言文景，美矣"。[⑥]

私撰史书中所赞扬的以民心为重的明君，基本是以仁义治国而非用法治国的君主。于慎行曾言："名法之学，不祥之器。"[⑦] 他认为"夏商之亡，皆以暴侈不德，天怒人怨，假手汤武，一举而夷其社"。[⑧] 夏商灭亡是君主不施行仁义，导致天人共愤所引起的。薛应

① 柯维骐：《宋史新编》卷 8《钦宗本纪》，台北：新文丰出版公司 1974 年，第 28 页。

② 薛应旂：《方山先生文录》卷 17《三代直道而行》，《四库全书存目丛书》集部第 102 册，齐鲁书社 1997 年，第 390—391 页。

③ 李贽：《藏书》卷 3《孝文皇帝》，中华书局 1974 年，第 113 页。

④ 李贽：《藏书》卷 1《田齐》，中华书局 1974 年，第 17 页。

⑤ 李贽：《藏书》卷 68《冯道传》，中华书局 1974 年，第 3815 页。

⑥ 李贽：《藏书》卷 3《孝景帝》，中华书局 1974 年，第 116—117 页。

⑦ 于慎行：《读史漫录》第 2 卷，齐鲁书社 1996 年，第 20 页。

⑧ 于慎行：《读史漫录》第 1 卷，齐鲁书社 1996 年，第 7 页。

旂也称“信乎法之不足任也；任法而不任人，则虽周公之法，吾未见其不敝也。况汉之《三章》、唐之《六典》、宋之《家法》，苟非其人，曷足恃哉！此为治者之所以必先任人”。“尧舜之道，不以仁政不能平治天下，是法固不容于不任也。然其人存则其政举，其人亡则其政息……盖无其人，则具在方策者，不过为往事陈迹，固不能推而达之天下也。纵能循其途辙，而时俗异尚，风气异宜，必不能化裁推迁，以得夫立法之本意，而行之无敝也。苟得其人，则虽不必事事牵合，然以是心而行是政，得其意而不拘其迹，而因革损益，天下之政，粲然毕举矣。”[①] 薛应旂分析了法与人的区别，没有人制定和实施法，法也不能推广至天下，即使依照旧法，也不能使之全部适应不断变化的世界。只有尊崇人心，顺应民意，不拘泥于法，善于用人，天下才能得到很好的治理。尧舜之道就是以仁义治天下，但尧舜死后就失去了实施尧舜之道的人，人亡政息，尧舜时期的理想世道也就不复存在了。郑晓曾听父辈们“言建文君宽仁慈厚，少好文章、礼乐，不喜任律法”,[②] 对建文朝仁治的怀念，激励了他在嘉靖朝时就敢于私撰明史，记载建文朝的史事。

三　小结

明代中后期私撰史书对人的重视是在继承唐代柳宗元“天人相分”的理论和宋代“天理”“王道”相统一的理学思想的基础上发展而来，私撰史书在这两者之间摇摆不定，却又偏向于“天人相分”。重民心、施仁政等观念正是在这样的认识之下融入史书的撰写中去

---

① 薛应旂：《方山先生文录》卷 16《任人》，《四库全书存目丛书》集部第 102 册，齐鲁书社 1997 年，第 387—388 页。

② 郑晓：《吾学编》卷 20《逊国臣记》，《北京图书馆古籍珍本丛刊》第 12 册，书目文献出版社 1990 年，第 92—93 页。

的。除了受以往观念的影响外，心学在明代中后期的发展也为私人史家重新认识天人关系提供了新的思想启发，出现了反对义理史学的呼声，质疑天不变的传统理论。天不再拥有不可违逆的权威，人心才是天理，人的重要性、人欲的合理性被认识，私人史家要求“天”在人间的代表，即君主重视人、重视民心。改变了以往天人关系中，天不变、君受制于天、人受制于君的观念，逐渐向顺应民心、得民心而保君位才是顺应天命的思想转变。可见，明代中后期私撰史书依旧在天与人的重要性上徘徊，但已经表现出明显的重人事的倾向，最明显的表现就是对古代社会的君主专制进行批评。先民后君，最后是天的逻辑顺序，与先秦最初所讨论的天人关系中先天后君民的顺序正好相反，是天人关系在这一时期发展的成果，为明末清初早期启蒙思想中的反对君主专制提供了史学理论。但是，私撰史书在理论上没有过多的阐述，基本是在具体的史实评论和史书结构中体现对天人关系的认识，因此容易造成明代中后期私撰史书不重视对天人关系的探讨的假象。明代中后期私撰史书之所以会更多地关注人和人心，主张君主要顺应民心、任人唯贤，与明代中后期社会出现的危机密切相关。士大夫试图通过这样的思想来净化政治权力，为统治者提供兴除利弊的方案，挽救危亡，不再将希望寄托于虚妄的“天”，而是放在更具行动力和能够产生实效的“人”的身上。

第二节　正统论的新演变

一　宋元明时期正统论的演变

正统论是中国古代政治理论的一个重要命题，也是史学领域内的重要问题，其本质内容是通过理论论证王朝存在的合理性和合法性。

“中国史学上之正统说，其理论之主要依据有二：一为采用邹衍之五德运转说，计其年次，以定正闰……另一依据《公羊传》加以推衍，皇甫湜揭‘大一统所以正天下之位，一天下之心’。欧公继之，标‘居正’‘一统’二义。”[①] 可知，正统论分为两种，一种是按照“五德终始”说，从时间上推衍王朝的正统性。例如秦朝建立后，“始皇推终始五德之传，以为周得火德，秦代周德，从所不胜。方今水德之始……更名河曰德水，以为水德之始”。[②] 另一种是按照《公羊传》的推衍，但是经过唐代皇甫湜和宋代欧阳修的补充论证，王朝的正统性主要包括地理位置和实际统治地域的居中这两个含义。唐宋以后不再从时间上推衍王朝的正统性，而是从空间上阐明正统之义。

（一）宋代正统论的发展

宋代欧阳修“阐发了新的‘正统’论，从而取代了五德终始的‘正闰’说，这是一个划时代的思想事件”。[③] 他认为历史上的王朝正统地位的获得有两种情况：一是“居天下之正，合天下于一，斯正统矣。尧舜夏商周秦汉唐是也”；二是“始虽不得其正，卒能合天下于一。夫一天下而居正，则是天下之君矣，斯谓之正统可矣，晋隋是也”。[④] 即正统包含两个含义：居正、一统。但相比较而言，欧阳修更看重居正。何为“居正”？除了方位上的“正”以外，欧阳修还提出了以“德”为正：

> 统天下而得其正，故系正焉。统而不得其正者，犹弗统乎尔……汉唐之主仗义而诛变，以取天下，其可谓之正统欤？犹未

---

① 饶宗颐：《中国史学上之正统论》，上海远东出版社 1996 年，第 74—75 页。

② 司马迁：《史记》卷 6《秦始皇本纪》，中华书局 1959 年，第 237—238 页。

③ 瞿林东主编，罗炳良、江湄、徐国利、刘治立著：《中国古代历史理论》下卷，安徽人民出版社 2011 年，第 157 页。

④ 欧阳修：《欧阳文忠公集》卷 16《正统论下》，《四部备要》本。

> 离乎憾也。秦之得天下也以力不以德；晋之承魏也，以篡继篡；隋亦若是，而徒禅云尔……圣人不生而暴伪代兴，名与实自重久矣。必待后世之明者断焉，断而不以其势，舍汉、唐、我宋，非正统也。[①]

欧阳修主要以“德”为标准对符合“正统”的朝代进一步划分，最后得出只有汉、唐、宋三个正统朝代，有浓重的理学思想。宋代与辽、金政权并立，如果以“一统”和“居正”为标准，宋代不能完全算是正统王朝，但如果继承中原的仁义道德也是“居正”的标准，那么宋代就可以归到正统王朝之列。这是欧阳修针对现实情况对正统论做的改造，以适应宋代的历史。

元代以少数民族的身份入主中原，如何理解正统观牵涉到元代合法地位的解释。元代正统观念的争论在史学上集中表现为如何修撰宋、辽、金史，“以宋为正统，辽、金为载记，则失去少数民族的基本立场；以辽、金为北史，宋分为宋史、南宋史，为传统观念所不容”。[②] 因此，元修宋、辽、金史因为正统之争一直没有定论，直到元代后期元顺帝时才开始以“三国各为正统”的体例进行修撰。但直到明代中期，后人对元代三史并立的做法仍不满意，其主要依据是欧阳修的以“德”为正的观念。但在南宋朱熹以后，“德”已经逐渐转化成理学之德。官修《宋史》完成后，杨维祯即作《三史正统辨》，称“正统之义，立于圣人之经，以扶万世之纲常”，时人欧阳元功“读且叹曰：‘百年后，公论定于此矣。’”[③]

---

① 欧阳修：《欧阳文忠公集》卷59《正统辨上、下》，《四部丛刊初编》本，商务印书馆1926年。

② 谢保成：《中国史学史》，商务印书馆2006年，第771—772页。同见谢保成《二十四史修史思想的演变》，《学术研究》2007年第9期。

③ 张廷玉等：《明史》卷285《杨维祯传》，中华书局1974年，第7308页。

（二）明代前期正统论的变化

明代前期正统论存在两种观点：一是继承元末以是否继承纲常为“居正”的标准；二是于正统论中加入夷夏之辨的内容。成化年间，蒋谊反对宋儒以是否“合天下于一”作为判断王朝正统地位的依据，理由是“（宋）太祖本周世宗之爱将，而陈桥兵变，挥兵反旆，朝不改籍，市不易肆。虽未必出于无心，而深仁厚泽，庶几有三代之风。故应取唐，取宋，以接汉之正统，若《春秋》之取齐桓、晋文，取其慕义而强仁也”。[①] 如果以“一统”作为正统的依据，那么宋、辽、金并立，宋不能称为正统，但如果以“仁义”作为依据，则宋堪称正统，这与《春秋》承认齐桓公、晋文公的霸主地位是相似的。但是，鉴于元代以少数民族的身份入主中原，后期施行了许多不恰当的民族政策，以及明代北部边疆长期以来都受到蒙古族的威胁，明代的正统观念中也出现了华夷之辨的思想。

方孝孺是明代较早把华夷之辨引入正统论的学者：

> 天下有正统一，变统三。三代，正统也，如汉、如唐、如宋，虽不敢几乎三代，然其主皆有恤民之心，则亦圣人之徒也，附之以正统，亦孔子与齐桓、仁管仲之意欤？奚谓变统？取之不以正，如晋、宋、齐、梁之君，使全有天下，亦不可为正矣。守之不以仁义，戕虐乎生民，如秦与隋。使传数百年，亦不可为正矣。夷狄而僭中国，女后而据天位，治如苻坚，才如武氏，亦不可继统矣。[②]

① 杨翼骧编著，乔治忠、朱洪斌订补：《增订中国史学史资料编年（元明卷）》，商务印书馆 2013 年，第 90 页。

② 方孝孺：《逊志斋集》卷 2《释统上》，宁波出版社 1996 年，第 53—54 页。

方孝孺认为占有天下者为正统，但占有天下却无仁义者、夷狄、女主都不能称为正统。可见，方孝孺的正统论除了继承元末以来以理学的仁义作为正统的标准外，进而提出夷狄、女主统治的王朝也不能称为正统的观点，华夷之辨的思想被包含在正统论中。正统年间周叙曾多次上书请求重修《宋史》，称："辽、金、宋三史不协正纲"，"宋承中华之统，礼乐教化之隆，衣冠文物之盛，仁义忠厚之风，三代以后之所仅见……后虽南渡，而天命人心实所归附，盛德弘纲难以泯灭"，[①]"元以强力入主中国，辽金二虏皆其族类"。[②]认为宋代真正继承了中华礼乐仁义的传统，当属正统，况且元代是少数民族以强力取代宋朝，辽、金和元朝统治者一样，都属于少数民族，宋、辽、金三史并立，不能彰显宋代的盛德弘纲，因此有必要重修《宋史》，突出宋代的正统地位。官方对周叙的建议并没有采纳，官修《宋史》也没有刻意贬低辽、金，表明了官、私史书中正统论对夷夏之辨的不同看法。

明英宗在土木堡事件中被俘，此事对史学界的影响颇大，刺激私撰史书强调夷夏之辨。丘濬在该事件后作《世史正纲》，言："其宏纲大旨，果何在哉？曰在严华夷之分，在立君臣之义，在原父子之心。夫华夷之分，其界限在疆域：华华夷夷，正也；华不华，夷不夷，则人类淆，世不可以不正也。君臣之义，其体统在朝廷：君君臣臣，正也；君不君，臣不臣，则人纪隳，国不可以不正也。父子之心，其传序在世及：父父子子，正也；父不父，子不子，则人道乖，家不可以不正也。"[③]丘濬阐明的正统之义有三，一是严华夷之分，

① 周叙：《石溪周先生文集》卷5《修书疏》，《四库全书存目丛书》集部第31册，齐鲁书社1997年，第599页。

② 黄宗羲：《明文海》卷174《周叙〈论修正《宋史》书〉》，中华书局1987年，第1740页。

③ 丘濬：《世史正纲》自序，文昌郭氏家塾本1936年。

二是立君臣之义，三是原父子之心。可以看出，他所主张的正统基本只包含了伦理道德和华夷之辨，而没有天下一统的内容。

明代正统观念的发展变化一方面继承宋代以来注重理学道德的判断标准，另一方面依据明代的现实情况，融入夷夏之辨的观念。明朝是中国古代社会第一个以结束少数民族建立的全国统一政权为起点的王朝。因此，在建立之初必然会为新政权的合法性和合理性寻找依据，在史学内部，这正是正统论所要解决的问题。因此，如何转变学术观念，恰当地理解正统论为现实政治服务，成为史家的重要任务之一。唐宋以前的正统论包括“居正”和“一统”两个方面，然而在经历了宋代与少数民族并立、明朝承继自少数民族建立的元朝、明代边疆一直饱受来自蒙古的威胁、明朝与元朝一统天下的局面相去甚远等，正统论中的“一统”标准，在宋、明两代都不适用。明初方孝孺的正统论中已经开始出现夷夏之别的思想；周叙请求重修《宋史》的目的也是纠正官修宋、辽、金史各为正统的做法，建议重修的三史“以宋为正史，附辽、金于其后，定名而正统，尊夏而外夷，伸前代未惬之论，垂万世史笔之公”，[①] 蕴含了夷夏之辨的思想。但即使是周叙愿意自费重修《宋史》，也都被官方拒绝。周叙的行为刺激了私撰史书对《宋史》的改编，尤其是土木堡事件后，夷夏之辨、尊宋为正统的观念在嘉靖年间私人改编《宋史》的史学活动中被广泛接受。

二 嘉靖年间正统论的发展

土木堡事件后，以宋为正统有了现实意义，但周叙请求重修《宋史》失败。嘉靖年间与蒙古族关系紧张，姚涞曾上奏请求将元朝

① 黄宗羲：《明文海》卷174《周叙〈论修正《宋史》书〉》，中华书局1987年，第1740页。

与其他朝代区隔开，称“华夷大分也……惟其（元世祖）猾夏之罪深，故圣祖攘夷之功大；惟其乱华之祸惨，故圣祖诛暴之义彰……元主得与帝王并列，以渎我祀典”。[①] 认为华夷之别是大义，明太祖朱元璋反抗元朝是大义，元世祖不应当和历朝的皇帝一起被祭祀，但姚涞的奏疏被嘉靖帝驳回。前有周叙反对宋、辽、金并立，后有姚涞反对祭祀元代皇帝，都被官方拒绝。但私人史家以改编《宋史》为开端，重新阐释正统论，呈现出两种趋势：一是强调夷夏之防，尊宋为正统；二是从皇朝统纪的角度看，为明朝争正统。

（一）强调夷夏之防

虽然在客观上少数民族地区与中原地区是存在差别的，但不能因此将两者放在不平等的位置上。然而明代中后期，正统年间的土木堡事件、嘉靖年间的俺答汗事件，使夷夏之防再次受到关注。在史学领域，嘉靖朝出现了私人改编《宋史》的热潮，部分史书以强调夷夏之防为主。

王洙《宋史质》是嘉靖朝最早改编《宋史》的私人史作，《宋史质》中的正统观念主要有两个特点。一是将夷夏的区别上升到人类与禽兽的区别。他阐明《宋史质》的主旨是：“辩人类而明天道也……自此义一明，然后无王猾夏之罪始正，中国之势始尊，外夷之防始严，人类禽兽之辨始定。”[②] 把华夷之分比喻成人类与禽兽之别。二是尊宋朝为正统，排斥元朝，列辽、金于外国。“今《史质》削去大元之号，而以闰纪名。去（元）世祖皇帝等谥，而直书忽必烈等名。芟除其至元、大德等元，而概以一年、二年纪事。”[③] 王洙《宋

① 陈子龙等：《明经世文编》卷241《论元世祖不当与古帝王同祀疏》，中华书局1962年，第2517页。

② 王洙：《宋史质》卷13《天王闰纪》，台北：大化书局1977年，第85—86页。

③ 王洙：《宋史质》卷13《天王闰纪》，台北：大化书局1977年，第85页。

史质》中删去忽必烈“世祖”的谥号，删去元代年号，以甲子纪年，实际上也就否定了元朝的存在，把元朝摒弃于中国王朝之外。同时贬低少数民族政权，认为“中国虽微，天之嫡也。夷狄虽强，天之娇也……置辽、金、元于夏人、高丽之列，正以见天王无偏安之业，中国有常尊之势”。[①]《宋史质》专立《夷服传》，记辽、金、西夏，其指导思想就是夷夏之防，认为：“先王严五服之制，所以谨华夷之辨也。是故《春秋》书法，四夷虽大，皆曰子……元人合辽、金、宋为三史，且以外国名，非制也，兹黜之。”[②] 批评元修三史使宋、辽、金各为正统是不遵循华夷之辨的祖制，否认宋与辽、金等少数民族政权并立的史实。

此外，王洙《宋史质》不仅在时间上删去元代存在的痕迹，还着力宣扬宋代的纲常伦理，从思想上尊宋为正统。他称撰述《宋史质》的目的是“孔子成《春秋》而乱臣贼子惧，此固正纪之所名也”，“《春秋》以尊周为主……而惟曰天王者，应时正号之义也……曰天王者，正名也”。[③] 王洙认为应当依据《春秋》之法，只有称“天王”才是正统的正确叫法，因此他在《宋史质》中称宋本纪为“天王正纪”。他还把《宋史》中的《道学传》改为《道统传》，目的在于突出宋儒在理学传承中的重要作用，强调宋代的伦理纲常。《宋史质》还设有《权奸传》《佞幸传》《君子传》《小人传》等，以纲常伦理为标准划分奸与忠、君子与小人。可知，在《宋史质》中，王洙无论是重视纲常伦理，还是贬抑少数民族，意图都是宣扬宋代的正统地位。

柯维骐《宋史新编》稍晚于《宋史质》，与《宋史质》主要排

---

① 王洙：《宋史质》卷89《夷服传》，台北：大化书局1977年，第437页。

② 王洙：《宋史质》卷首《叙略》，台北：大化书局1977年，第5页。

③ 王洙：《宋史质》卷1《天王正纪》，台北：大化书局1977年，第27页。

斥元代的夷夏之别不同，《宋史新编》主要关注宋、辽、金正统地位的确立。柯维骐认为“宋接帝王正统。契丹、女真相继起西北，与宋抗衡，虽各建号，享国二百年，不过如西夏元昊之属，均为边夷”。[①] 因此，他在安排史书体例时“以宋为正，辽、金与宋之交聘交兵，及其卒其立，附载本纪，仍详君臣行事为传，列于外国，与西夏同”。[②] 还把南宋临安城破后，流亡到福建、广东地区并建立政权的赵昰（年号景炎）和赵昺（年号祥兴）也纳入本纪，以突出宋代的正统地位。

嘉靖末年，薛应旂《宋元通鉴》和王宗沐《宋元资治通鉴》则都承认元朝的正统地位。薛应旂曾言：“（元）世祖十七年混一天下，始为元纪……但宋祚既亡，而世祖偃然帝中国，南北尽属其疆理……王（祎）、宋（濂）二公纂修《元史》，悉大书年号，盖不没其实。”[③] 王宗沐也承认“元一天下，始于至元庚辰（元世祖至元十七年），迄于至正丁未（元顺帝至正二十七年）”。[④] 尽管两人都承认元代的正统地位，都承认元世祖灭掉南宋的最后一个流亡政权后完成统一，元朝成为实际统治中国的王朝，但薛应旂认为元灭宋以后，“此亦气数之一大变”，[⑤] 王宗沐把辽、金在元世祖之前的君主称为“国主”，“示不得与宋并，夷之也”。[⑥] 可见，薛应旂、王宗沐虽然承认了元代在时间顺序上继承宋代的客观事实，但仍把辽、金作为“夷”

---

① 柯维骐：《宋史新编》卷首《凡例》，台北：新文丰出版公司 1974 年，第 1 页。

② 柯维骐：《宋史新编》卷首《凡例》，台北：新文丰出版公司 1974 年，第 1 页。

③ 薛应旂：《宋元通鉴》卷首《义例》，《四库全书存目丛书》史部第 9 册，齐鲁书社 1996 年，第 690 页。

④ 王宗沐：《宋元资治通鉴》卷首《义例》，《四库未收书辑刊》第 1 辑第 14 册，北京出版社 2000 年，第 2 页。

⑤ 薛应旂：《宋元通鉴》卷首《义例》，《四库全书存目丛书》史部第 9 册，齐鲁书社 1996 年，第 690 页。

⑥ 王宗沐：《宋元资治通鉴》卷首《义例》，《四库未收书辑刊》第 1 辑第 14 册，北京出版社 2000 年，第 4 页。

来记述，也含有夷夏之别的思想。

（二）为明朝争正统

嘉靖年间，私人改编《宋史》强调夷夏之防，首先是现实的刺激，其次私撰史书强调夷夏之防不是为了否定元朝，而是为了证明明代的正统地位。

周叙请求重修《宋史》，其最终目的是赞扬明统，认为："洪惟我圣朝混一疆理，振古未有，文明声教比隆唐虞。"[①] 明代可比之唐虞，当为正统，且明代的正统之位承接自宋代。因此，要明确明代的正统地位和彰显明代的宏伟之业，必须先明确宋代的正统地位，重修《宋史》有重要的现实意义。为了给明代争得正统地位，《宋史质》甚至不惜否定元代的存在，直接以明继宋。如前文所述，《宋史质》中删去元代的年号、谥号，称明太祖的高祖为德祖元皇帝，并承袭宋统，以后皆称明太祖的曾祖、祖父等。认为"元者，赵宋之闰位，昭代之驱除也，皆天命也"，[②] 宋、明之间的元朝只能算是闰位，明代是继承宋代的正统而来的。总的来说，四库馆臣对王洙《宋史质》的评价较为中肯："大旨欲以明继宋，非惟辽、金两朝皆列于外国，既元一代年号亦尽削之。而于宋益王之末，即以明太祖之高祖追称德祖元皇帝者承宋统……自有史籍以来，未有病狂丧心如此人者。"[③] 嘉靖末年，郑晓也曾为了凸显明代的正统地位而贬斥辽、金、元的统治，称："夫自石晋以幽燕山前后十六州赂契丹，而论于夷者四百四十八年。宋靖康之变，女真奄有中原，迨至鞑靼，遂并华夏，盖二百四十一年。我太祖皇帝兴，平定海宇，华戎于是乎判，治教于是乎

① 黄宗羲：《明文海》卷174《周叙〈论修正《宋史》书〉》，中华书局1987年，第1740页。

② 王洙：《宋史质》卷首《叙略》，台北：大化书局1977年，第3页。

③ 永瑢等：《四库全书总目提要》卷50史部6《宋史质》，王云五主编：《万有文库》本，商务印书馆1931年，第40—41页。

明。”[①] 认为宋代靖康之变以后，辽、金、元统治时期是中原地区的“不明”之世，直到明朝建立才又恢复了“华夏”。

从历史纪实的角度看，《宋史质》实不可取，但其中体现出的以明继宋、扬明为正统的思想代表了嘉靖时期学者对于正统论的认识。从现实角度出发，这样的观念是为了表达对少数民族侵扰中原的愤慨，希望激励人们团结力量抵抗暴力。时人秦鸣夏就曾赞扬该书：“明《帝纪》之正闰，志道统之断续，则又超然独得，可以俟后圣而不惑者，信哉其为良史也！”[②] 秦鸣夏没有批评该书记载不实，而是对其表现出的攘夷、尊明为正统的思想表示赞赏。可见，《宋史质》在当时是符合社会需要的，正如清代刘声木称，如果该书乃“王洙一人之私见，决不敢如此，想当时舆论已有此说”。[③]《宋史质》从主观思想入手，力图为现实政治服务，在夷夏之辨上甚至不惜否定历史，但是这种以非历史主义的态度修撰史书的做法是不利于史学发展的。因此，《宋史质》后的史书虽然也扬明正统，但不再以否定元代存在的方式撰写史书。

嘉靖年间的正统论经历了前期和后期的发展变化。前期以改编元修《宋史》为主的《宋史质》和《宋史新编》为代表。两者表现出明显的夷夏之防的思想，《宋史质》甚至罔顾历史事实，以明代虚接宋代。后期以薛应旂、王宗沐等人的史书为主，在尊重基本的历史事实的基础上，表现出尊宋为正统的思想。前后正统论观念的变化主要体现在对元代地位的认识上。大部分的私撰史书主张夷夏之辨，但承认元代的历史地位，同时尊宋为正统，辽、金为夷，极少部分的私撰史书否认元代的存在。夷夏之辨的最终目的不是验明宋代或者元代的

① 郑晓：《删改史论附国朝制书》，上海图书馆藏万历刻本。

② 秦鸣夏：《史质序》，王洙：《宋史质》卷首，台北：大化书局 1977 年，第 1 页。

③ 刘声木：《苌楚斋续笔》卷 5，中华书局 1988 年，第 507 页。

正统地位，而是阐明明代继承了华夏的正统之位。但至嘉靖年间，明代已历将近二百年，对明代正统地位讨论的必要性和现实意义都已不大。因此，嘉靖后期，当明朝与蒙古的关系稍缓之后，私撰《宋史》也不再过分地以夷夏之防的观点贬抑元代，而是朝着求实的方向发展。

嘉靖末年，薛应旂、王宗沐在撰写史书时都强调历史在时间上的前后连贯，这就决定了他们两人的史书不可能像王洙那样绕开元代，直接以明继宋。薛应旂曾自述"及读司马光《资治通鉴》，上起战国，下终五代，先后贯穿，而一千三百六十二年之事迹，灿若指掌矣"。[①] 王宗沐也赞扬编年体"编次年月，则盛衰沿革易于考证，简缉全史，则卷帙稍省"。[②] 同时，两人的史书在记元代时都以元代完成大一统的时间作为开端，表明两人对正统观念的认识也包含了"一统"的思想内涵。嘉靖朝的杨慎也曾以"一统"的标准扬明统："余谓汉唐可称一统，宋仅与晋比尔，不得并汉唐也……一统之盛过汉唐而追三代者，孰有逾我大明之今日乎？"[③] 杨慎以"一统"的标准划分正统，三代、汉、唐之后是明代，宋代都不能列入正统之列。正统观念中"一统"的标准再次被重视，成为嘉靖以后，万历朝正统观念的新变化。嘉靖末年正统观念不再过分地强调夷夏之防，因为明代在时间顺序上是继承元朝而来，如何看待元代的地位直接关系到明代在中国古代史上的统序，承认元统，有助于扬明统。

---

① 薛应旂：《宋元通鉴·序》，《四库全书存目丛书》史部第 9 册，齐鲁书社 1996 年，第 685 页。

② 王宗沐：《宋元资治通鉴》卷首《义例》，《四库未收书辑刊》第 1 辑第 14 册，北京出版社 2000 年，第 2 页。

③ 杨慎：《升庵集》卷 48《宋统似晋》，《景印文渊阁四库全书》第 1270 册，台北：台湾商务印书馆 1986 年，第 393 页。

三　万历朝正统论的变化

嘉靖年间私撰史书对正统观念的认识主要体现在对《宋史》的改编上，因为时局的原因，正统观念以强调夷夏之防为主。嘉靖末年正统观念有所变化，在夷夏之辨外，也蕴含着“一统”的思想，影响了万历朝私撰史书中的正统观念。万历朝私撰史书中的正统观念主要表现在两方面，一是因为元代完成了统一大业而承认元代的正统地位，二是以实际功业的大小论王朝的正统性。

（一）肯定元代的正统地位

李贽在《藏书》中肯定元代在统一方面所做的贡献，称元代完成了“华夷一统”；客观评价元代的皇帝和臣子，如称赞元仁宗任人唯贤是“大圣人”，赞哈剌哈孙在稳定内政上称得上是“贤相”；认为元代的灭亡是因为元顺帝“非行凶暴，而淫乱已甚”。[①] 对元代的态度不再因为夷夏之防而对其进行攻击，元代的灭亡不是汉民族反对少数民族统治的结果，而是元顺帝个人的不良行为造成的严重后果。李贽以客观的态度评价元代的历史人物和事件，充分肯定元代的历史贡献，承认元代是继承宋代的正统王朝。

与李贽态度一致的是万历末年的首辅于慎行。他在《读史漫录》中详细解释了三代天子位取得方式的不同，认为观念是因时因地发生变化的，后世不能墨守成规，最终得出的结论是：“尧舜之禅代，非后之禅代也，事不同也；汤武之放伐，非后之放伐也，势不同也。”[②] 尧舜时期的禅让是同姓之间的禅让，而后世的朝代更迭是异姓之间的争斗；汤武时期的战争是诸侯之间的战争，无论输赢仍是诸侯，而后世的战争大多是朝代更迭的战争。可见，发展变化是势不可挡的，不

---

① 李贽：《藏书》卷 8《华夷一统》，中华书局 1974 年，第 480、482、489 页。

② 于慎行：《读史漫录》第 1 卷，齐鲁书社 1996 年，第 5 页。

能用旧的传统观念衡量现有的实际情况。因此，于慎行在评价元朝时肯定其功绩，认为元朝应在正统王朝的统序之列，认为忽必烈“混一函夏，功高万古”,[①] 又肯定“元自世祖统一，诸帝相传，类皆中才之主，非有淫虐悖乱，失德之事也。亦能响用儒雅，兴起文教，颇采先王之法，以变旧俗，亦非有倾覆危乱之机也”。[②] 元代的皇帝基本都善治，兴文教、除夷俗等，使元朝难有倾覆的危险。正如《中国古代历史理论》评价于慎行对元朝的态度那样：“尽管他仍然站在汉族立场上，把少数民族称为虏，但却能够从民族融合的大处着眼，指出辽、金、元三朝的文明程度与他们统治的汉族地域和吸收的汉族文明成正比，这是正确的见解。”[③]

（二）以功业论正统

李贽、于慎行都以元代完成统一为最大功业，由此肯定元代的正统地位。王世贞则进一步分析历朝的成就，对历代王朝的统序做了新的阐释。如前文所述，否认元统的明代私人史家基本上承认三代、汉、唐、宋、明为正统，至于秦、晋等算闰统。而王世贞则据实际的功业，肯定秦、晋、隋的历史作用，贬低宋代的地位：

> 秦之取天下而不以道者，其罪不在始皇而在庄襄。以前之主所以失天下者，其罪不在始皇之取而在守也……秦之势不得不并六国，六国不得不并而为秦。且秦至是，非与周代也，与六国为代者也。夫六国者，非僭夷之楚，即篡晋之赵、魏、韩，而篡姜之田氏也，秦何以不得灭之？借令秦称皇帝，罢侯置守令，而轻

① 于慎行：《读史漫录》第 14 卷，齐鲁书社 1996 年，第 503 页。

② 于慎行：《读史漫录》第 14 卷，齐鲁书社 1996 年，第 514 页。

③ 瞿林东主编，罗炳良、江湄、徐国利、刘治立著：《中国古代历史理论》下卷，安徽人民出版社 2011 年，第 238 页。

徭薄税，以与天下相安于无事，夫谁曰不可善乎？[①]

他虽认为秦取得天下不符合道义，但这并不是秦始皇的错，况且秦得天下不是取代周，而是取代了通过僭越或篡位成为诸侯的六国，是合法的；并且秦始皇统一六国后开创了一系列制度，使天下迅速安定，并被后世继承，理应列入正统之列。王世贞以此为标准，认为宋代的功业反而不如晋，却被纳入正统之列，于秦、晋都是不公平的：

宋所以得称大继汉、唐者，独其君共俭崇礼让，斩然家范，蔼乎子惠之政而已；其他固不胜晋，余得略指数焉。艺祖贤非晋武帝比也，然而其所以取周，则又甚焉。武帝借累代之业，离君臣之分，势不得退而称臣矣。艺祖一殿帅耳，固周帝之所卵翼而手足者也，一旦乘隙而掩之若承蜩，然其何以见周帝地下哉？晋鼎革之际，其为敌者，偏霸之孙氏；而宋则遗统之刘钧也，重在刘氏，则轻不得不在赵氏也。晋自太康中下吴，即无尺地不入版者。而宋至太宗朝始取太原，降两浙。然卢龙十六州之地，契丹之割如故也，天下固已失九之一。李继迁割银夏，黎桓割交趾，天下又失九之二，而宋之君臣方日惴惴焉，奉岁币而昆事契丹，及二帝之比禽也，与遗主南窜迹相等也。晋之江左，其君忘中原矣，然未尝不诏胡羯而贼之；宋之江左，其君日夕不忘中原矣，然未尝不表金狄而君之伯父之。晋之亡也，犹有禅受之迹焉；宋亡而衔璧舆榇，再辱王庭，抑何甘志绌辱也！故宋之治，其于汉唐，弟也；其统于晋，亦弟也。语统者，伸宋不得独屈晋，屈晋

① 王世贞：《弇州山人四部稿》卷112《读秦本纪》，台北：伟文图书出版社1976年，第5247—5248页。

则不能独伸宋，且宋安能越晋而为汉唐也？[①]

王世贞认为晋、宋在如何取得政权这一问题上，宋太祖不如晋武帝光明磊落；在版图的控制上，宋代屡失国土，还向少数民族低头；晋被施行改革的刘宋政权取代，宋代则受辱于少数民族而亡。总之，宋不如晋，宋代唯一称得上继承了汉、唐正统地位的是其仁义道德。王世贞从秦朝取得的功业和晋、宋之比得出，如果宋在正统的统序之列，秦、晋也应当列入正统，而不是闰统。

王世贞没有讨论元朝的正统地位，但可以从王世贞之子王士骕的论述中看出他对元朝的态度。王士骕曾说："偏闰之气，一旦索然，适足为王者驱除耳。若秦之于汉，隋之于唐，元之于明是也。""秦晋隋元之盛时，何尝不与汉唐比隆，号一统耶？而不具定乱之才。"[②]他认为王朝的正、闰都是相对而言的，都是在对当前的统治有利的情况下确定的，就像秦朝之于汉朝、隋朝之于唐朝等。秦、隋、元代的建立都是在统一的基础上完成的，它们之所以成为"闰统"，是因为它们没有能够长时间地保持"定乱之才"。可见，王士骕判断正统的标准既不是"夷夏之辨"，也不是"一统"，而是既考虑了实际的功业，又考虑功业持续的时间。他论断的标准不偏不倚，应当是受其父亲的影响。至于王世贞为什么没有对元代的正统地位加以评述，他本人没有说明，但可以从他的家庭背景中推测一二。王世贞的父亲王忬是抗击瓦剌的名臣，从这一角度来看，王世贞如果直言愤恨元代，不符合他秉笔直书、客观求实的史家身份。因此，他干脆避过此问题。

① 王世贞：《弇州山人四部稿》卷 112《读宋史》，台北：伟文图书出版社 1976 年，第 5252—5254 页。

② 王士骕：《中弇山人稿》卷 4《正统论》，《四库禁毁书丛刊》集部第 32 册，北京出版社 1997 年，第 622 页。

但从他对秦、晋的态度上看，王世贞是以功业为准判定正统地位的，那么元朝也应该在正统统序之列；其子又以是否维持长治久安为准，将元朝划入“闰统”，也是有理有据、言之凿凿的。

此外，王圻《续文献通考》也淡化夷夏之防，积极肯定了辽、金、元少数民族建立的政权在历史发展中的作用。如《道统考》中认为宋亡以后“宋室诸儒既殁，寥寥二百余年几于绝响。然金元诸君子卒多明经谭道，卫正祛邪，宗程朱而演圣脉者，恶可以出处进退而概黜之”。“录其显者，以上绍宋儒之统，下启昭代文明之盛。”①肯定元代理学家在上承宋代理学、下启明代儒学中的作用，以彰显元代在道统中的重要作用，以“道统”确立元代的正统地位。

综上，万历年间私撰史书中的正统观念不再强调夷夏之防，对正统观念的讨论也不仅局限在对元代正统性的解释上。肯定元代的大一统地位，宋代没有彻底实现大一统，反而应当排除在正统之外。但是宋代理学的发展，为传承中华文明做出了卓越贡献，以此而论，宋代又可以算在正统之列，这是以功业为判断标准。以功业为判断标准，秦、晋也能算在正统之列，但是秦、晋又因为享国日短，没有很好地保存大一统的成果，因而只能算是“闰统”。可见，正统观的标准因时、因人而变化，对正统的理解除了学术上的交流外，也与时政的需要和史家个人的学识等相关。

四　小结

瞿林东先生认为，“从历史理论来看，其（正统论）重要性并不在于政治统治的‘合法性’问题，也不在于华夷之别的问题，其隐藏的深层次含义乃是政治统治的历史连续性问题”，“正统之辨，从

① 王圻：《续文献通考》卷 205《道统考 · 金元先儒》，现代出版社 1986 年，第 3062 页。

表象上看是探讨某一朝、某一帝、某一民族之政治统治的‘合法性’问题，而从深层次上看，这是对中华文明之连续性发展的种种论证”。[①] 当然，瞿林东先生的这一观点主要是针对中国古代社会而言的。

明代中后期私撰史书中的正统观念经历了强调“夷夏之辨”到“一统”再到“功业”为主的过程。嘉靖前期以“夷夏之辨”为主，是时代原因造成的，“至世宗并元君臣俱去之（享祀），时恨虏寇入犯，用汉武帝诅匈奴故事也”。[②] 吴漫认为这一时期的私撰《宋史》“试图在史著撰述中生出许多所谓的‘书法’来排斥少数民族的统治。从这一角度来防范民族矛盾，虽然是出于对朝代兴衰的责任感和忧患意识而做出的相应反应，但以正统论为指导去考察历史的治乱兴亡，无疑于以先验的结论给已有的现实下论断，这并不是史家探讨历史、总结经验教训所应秉持的正确态度，也偏离了史学正常发展的轨道”。[③] 吴漫的这一说法合理地解释了嘉靖前期改编《宋史》的私人史学活动中，正统观念以强调夷夏之辨为主的原因，体现出较强的现实意义。当这种现实需要退却时，这种观念也就渐被淡化。在万历朝就出现了“功业”的标准，“功业”既包括“一统”，也包括对中华文明的传承。这一标准不仅用来讨论宋、元的正统地位，其他朝代也被纳入讨论的范围，正统观念又重新成为学术问题，而不是像嘉靖朝那样为了应对现实问题而进行思想的阐述。当对正统观念的讨论变成学术问题时，私撰史书对客观历史事实的尊重程度也随之增加，它们不仅承认元代的正统地位，还揭示元、明在文化上的传承作用。总之，正视明代中后期私撰史书中的正统观念的变化及其原因，对更好

---

① 瞿林东：《中国古代历史理论发展大势》，《河北学刊》2011 年第 6 期。

② 沈德符：《万历野获编》卷 1“帝王配享”条，中华书局 1997 年，第 3 页。

③ 吴漫：《明代宋史学者关于历史文化认同的思想历程》，《云南民族大学学报》2008 年第 6 期。

地认识明代中后期的史学思想有积极作用。

第三节　历史变化观念的新表述

明代中后期私撰史书的史学思想在总体内容方面并无多大创见，以往史书也对正统观念、史学地位、编纂观念等史学思想进行探析，但是这一时期的私撰史书注重结合当时的历史情况，本着为现实服务的宗旨，强调变化，强调思想内容随着现实的变动和需求发生变化。简而言之，就是重视历史变化观念。

一　“势”“时”关系

明代中后期私撰史书阐明历史变化观念首先表现在对“道”和“时”关系的理解上。薛应旂曾言：“帝王致天下之治也，唯其道焉；而其行天下之道也，唯其时焉。”[①] 即皇帝治理天下要遵循“道”，而遵循“道”的同时又要注重时代变化，这里的“道”指的是社会发展的合理方向或道路，与道德、纲常伦理等“道”不同。他还说：“治匪其道，则涣而无纪；道匪其时，则泥而不通。时以从道，道以济时，夫然后顺其常而天下相安，通其变而天下不倦，而治化之成也。”[②] 不遵循道，国家就会涣散没有法纪，不注重时代变化，政策就会僵化而行不通，只有道、时相济才能使天下安定。薛应旂阐述了道、时的关系，提出“行道唯时”，即使是好的治理社会的方法，也必须符合时代的变化，否则就不能发挥作用，甚至还会起到相反的作用。

---

① 薛应旂：《方山先生文录》卷16《达常》，《四库全书存目丛书》集部第102册，齐鲁书社1997年，第386页。

② 薛应旂：《方山先生文录》卷16《达常》，《四库全书存目丛书》集部第102册，齐鲁书社1997年，第386页。

但在讨论具体的历史问题时，薛应旂又常用“势”来代替“道”。他在谈论中国古代社会由井田制变为郡县制、选举法改为科举制等社会制度的更迭时说：“盖道有升降，政由俗革，而情之所便，势之所趋，固有不可以人废者也。”[①] 这里他又提出了“势”的概念，道德变化由势所引起的，“道”便成了“道德”。可知，薛应旂是为了叙述时将道德的“道”和社会发展之“道”区分开来，才在论述时以“势”来代替“道”。明代中后期其他史家也谈“势”，他们所说的“势”是否与薛应旂一致呢？王世贞曾提出：“先王之法，有道穷而不得不变者，封建也，民之为君三年丧也；有势穷而不得不变者，井田也，古文也；于古有益之而善者，纪元也；有损之而善者，肉刑也；有略而善者，氏族也。於乎！时哉宜哉！宜哉时哉！”[②] 即三代的制度有的因为没有继续实行的道理而有所改变，有的因为形势发生变化而改变，改善之后有的可以继续施行，有的需要裁损才能施行，有的只能施行大概，这些是顺应时代而发生的变化，是适宜的改变。王世贞所说的“势”与薛应旂之论相同，都是指社会趋势的变化。

明代中后期私撰史书评价历史常以是否遵“势”为标准。王世贞在提出势的概念之后，用“势”对明代的政典做了评论：“夫国之有典也，则号令庆罚皆在焉。其曰典者何？志常也。曰异典者何？志非常也。诸创国者皆不为常者也。其业可大而法可久，习之则为常，是故曰典也……明兴，高帝取天下于腥秽之虏，势不得不有所更革，天造草昧，事取意裁，未及讨论，至末年而始截如矣，其始不能无异

① 薛应旂：《方山先生文录》卷 16《达常》，《四库全书存目丛书》集部第 102 册，齐鲁书社 1997 年，第 386 页。

② 王世贞：《弇州山人四部稿》卷 112《读秦本纪》，台北：伟文图书出版社 1976 年，第 5246 页。

也。虽然异而非异也，易世而后，或革或因，乘时变通，加以润色，固无论已。”[①] 王世贞认为典制是国家运行的有力保障，应该随着社会形势的变化有所改革。例如明初是在反抗元代秽政的情形下建立的，是“非常之典”，是尚未稳定的典制，随着时间的推移，后世应当不断地润色完善。陈建曾批评“方孝孺以《周官》辅建文君变更旧制，似亦未得时措之宜”。[②] 建文皇帝面临藩王强势的局面，方孝孺不建议采取措施削弱藩王的实力，却妄图用改换官制的方式整顿政治，是不符合时宜的做法。

王宗沐《宋元资治通鉴》也主张用“势”来认识历史：“初得天下者，必创制立法，往往鉴前代以为因革之宜。然鉴惩其弊，则不见其利；而得其一偏，则不知其全。故莫若权其始末，而归之于理势之不可以已，则所因所革不至于甚弊。即使其后不能无□轻重，而亦不至于极重而不可救也。”[③] 初得天下，必定要在殷鉴前代的基础上创制立法。但如果只讨论前代典制的弊端，就看不到它有利的一面，如果只注重其中的一个方面，就不能全面地认识它。因此要权衡始末，考虑“理势”是否可行，如此才能不致使所创的典制弊端太多。陈邦瞻《宋史纪事本末》认为明代之制度可承袭和借鉴宋代是“势固然已”，认为“宇宙风气，其变之大者有三：鸿荒一变而为唐虞，以至于周，七国为极；再变而为汉，以至于唐，五季为极；宋其三变，而吾未睹其极也”。宇宙的风气经历过三次变革，第一次由洪荒时代变革为三代，至周代末年社会发生混乱，二变为汉代至唐代，唐末又发生动乱，再变为宋，至今还未发生变化，因此才有了“非慕宋而

① 王世贞：《弇山堂别集》卷 6《皇明异典述一》，中华书局 1985 年，第 99 页。

② 陈建：《皇明通纪》卷 1“洪武三十一年按”，钱茂伟点校，中华书局 2008 年，第 310 页。

③ 王宗沐：《宋元资治通鉴》卷 52“王宗沐曰”，《四库未收书辑刊》第 1 辑第 14 册，北京出版社 2000 年，第 618 页。

乐趋之，而势固然已”[①] 的说法。陈邦瞻此处一是说明了历史的发展总是在不断的变化中前进，二是社会变革都要经历漫长的时间，要善于从中发现“变”和“不变”，只有相似的历史阶段才有借鉴的可能性。

“势”不是固定不变的，会随着时间的推移而有所改变。“天下之势不能以常，均则必至于偏有所重。偏有所重而不早为之所，则其势遂成而难反。故周子曰：识其重而亟反之。非灼见理道而极深研几者，不足与于此也。何者？势之来也，渐而莫觉，虽离朱之明，莫能见也。既其成也，大而难图，虽贲育之力，莫能支也。”[②]“势”即历史变动的趋势是不断变化的，“势”形成后朝着一定的方向发展，达到一定的程度就很难返回了，因此，在“势”形成的过程中，要善于把握动态和时机，使“势”朝着理想的方向发展，否则“势”一旦发展至极点，即“既成”，再想改变就难了。简而言之，势有轻重，贵在变通。

关于社会发展趋势或方向的问题，明代中后期私人史家提出了“道”或“势”的概念。由于“道”易与道德、天道等混淆，“势”成为他们常用的说法。“势”一直在微而显地发生着变化，当它发展至极端时有两种结果，一种是“既成”，人力很难改变，另一种是“势穷”而不得不变。因此，一方面人们要利用势的变化，把握时机，使事情朝着利于己的方向发展；另一方面改革要因时制宜，符合势的发展，才能有所作为。把“势”的概念运用到史学中，就是要反对保守，行道唯时，按照历史变化的观念撰写和评价历史。

---

① 陈邦瞻：《宋史纪事本末·叙》，中华书局 1977 年，第 1191、1192 页。

② 薛应旂：《方山先生文录》卷 16《识势》，《四库全书存目丛书》集部第 102 册，齐鲁书社 1997 年，第 387 页。

二 历史变化与史书修撰

明代中后期私撰史书在撰写时遵循历史变化的观念。陈建《皇明通纪》在评价明代制度的弊端时称："天下未有无弊之法也。法之不能无弊者，势也。或起于因循积渐，法久而弊滋也；或起于时异世殊，可行于一时，而不可行于异日也。"[①] 天下没有无弊端的法制，这是由"势"的特点所决定的，因为只有顺"势"时才无弊，但"势"是时刻变化的。如果一味地遵循一种制度，积久则滋生弊端，顺应一时之"势"并不能保证长久的适用，要随着"势"的变化随时改革。因此，如前文所述他对明代的吏治、军事、财政等都提出了改革的主张。王宗沐《宋元资治通鉴》认为宋代衰落的原因之一是因循宋太祖时的政策而不改革，才导致后期奸臣误国。宋初采用"杯酒释兵权"的方式解除了将领的兵权，同时又对待文臣优渥，后世子孙严格遵守这两条祖训，不加变革，最终一方面导致宋代后期国家军事力量弱小，另一方面文治发展到极端，非但没有使仁义之风沐浴社会，反而到处充满机权诈力。因此，王宗沐称宋初的这两项政策"最大而其害最甚"。[②] 王宗沐批评宋太祖以后的统治者不知适时变革的观点，正应了薛应旂所说："天下之理，终而复始，所以恒而不穷；恒非一定之谓也，一定则不能恒矣，惟随时变易乃常道也！"[③] 只有变化才是永恒的，要不断地根据历史变化做出相应的改变。当然，当社会发展的趋势没有发生改变时，也不能一味地强调变化。陈

① 陈建：《治安要议》卷首《自序》，《丛书集成续编》第 50 册，台北：新文丰出版公司 1989 年，第 8 页。

② 王宗沐：《宋元资治通鉴》卷 52"王宗沐曰"，《四库未收书辑刊》第 1 辑第 14 册，北京出版社 2000 年，第 619 页。

③ 薛应旂：《方山先生文录》卷 16《达常》，《四库全书存目丛书》集部第 102 册，齐鲁书社 1997 年，第 386 页。

邦瞻之所以改编《宋史》，其原因是“今（明代）国家之制，民间之俗，官司之所行，儒者之所守，有一不与宋近者乎？非慕宋而乐趋之，而势固然已”。[①] 明代与宋代在许多方面有类似的地方，社会形势也没有大的变动，宋代也就有许多能被明代取鉴的地方，这并非因为仰慕宋代，而是“势”所决定的。

历史变化观念影响了私撰史书评价标准的变化，要求改变旧的评价标准。王世贞说“是非之变若棼丝”。没有千古不变的是非标准，“有一人之是非，有一事之是非……有千古不决之是非”。[②] 因此，评论史事要因时制宜，例如前文提到的明代中后期私撰史书对历史评价观念的新探讨。李贽也明确反对践迹的历史观，认为事物都是与世推移的，“如岁时然，昼夜更迭，不相一也。昨日是而今日非也，今日非而后日又是也”。[③] 李贽对班固、班彪父子批评司马迁“是非颇缪于圣人”不满，认为：“《史记》者，迁发愤之所为作也，其不为后世是非而作也，明矣。其为一人之独见也者，信非班氏之所能窥也与。”[④] 司马迁的《史记》既不是为定后世垂鉴的范本而修撰的，也不是为继承孔子思想而修撰的，它只是抒发了司马迁个人的感慨，体现了他对历史的认识。班氏父子不以审时度势的眼光看待《史记》，得到的只是冷冰冰的史文，而无法真正窥探司马迁思想的真谛。再如明代中后期私撰史书中正统观念的演变，在嘉靖朝以夷夏之别的观念为主，万历朝以后不再过多地排斥少数民族，而是注重史实的记载和取鉴思想的发挥，原因是嘉靖朝以讨论正统为契机，排斥蒙古的历史情境已经过时。朱国祯《皇明史概》在评论明代放弃安南之地时评

---

① 陈邦瞻：《宋史纪事本末·叙》，中华书局1977年，第1191—1192页。

② 王世贞：《祝子罪知录序》，祝允明：《祝子罪知录》卷首，《四库全书存目丛书》子部第83册，齐鲁书社1995年，第609页。

③ 李贽：《藏书》卷首《世纪列传总目前论》，中华书局1974年，第18页。

④ 李贽：《藏书》卷40《司马迁》，中华书局1974年，第1331页。

论："安南地，人皆以吴、汉、东晋兼并为例，不知古今之事势强弱便利不同。宋末渐强，胜国三破之而不能有。我明三定之，悉郡县其地，而亦终归于弃，匪直形势之不便，亦事力有所不及也。"[①] 明代嘉靖年间曾经三次出兵安南，并取得胜利，但最终还是维持双方的平等地位，世人多有不解。朱国祯却认为明代中后期已经不如前期强大，安南在宋末以后就开始逐渐强大，明朝放弃该地是符合形势发展的。时移世异，不能再以安南以前的强弱和前代对安南的政策为准，而要正确分析当世的情况。

明代中后期私撰史书除了论史坚持因时制宜外，撰史也是如此。明代中后期出现了许多关于经济、军事、边疆等的私撰史书，这些与明代中后期的社会息息相关。在中国古代很少有专门记载经济内容的史书，一般只是在纪传体或编年体等综合性史书的个别志目中出现。但明代中后期国家财政出现危机，与经济有关的盐法、河漕等开始受到关注，如潘季驯《河防一览》、王圻《东吴水利考》、张鸣凤《漕书》、徐光启《农政全书》等。李贽《藏书》中还专列"富国名臣"，并论述了增加财政收入对国家治理的重要作用，认为财富"为国家大业，制四海安边足用之本，不可废也"，[②] 都是顺应时势而增加的史书内容。此外，明代自立国之初就受到"南倭北虏"的困扰，嘉靖、万历以后更是烽火数惊，边疆危机加重，这些刺激了明代中后期私撰专门的军事史作，如王士骐《皇明驭倭录》、茅瑞征《万历三大征》、王在晋《三朝辽事实录》、郑晓《皇明四夷考》《九边图志》、王宗沐《海运详考》等。有的反映明代中后期的抗倭斗争，有的反映北部边疆政事，有的反映明代中后期的海防，有的反映边疆地

① 朱国祯：《皇明史概·大事记》卷15"安南叛服"，台北：文海出版社1984年影印崇祯五年刊本，第4393页。

② 李贽：《藏书》卷17《富国名臣总论》，中华书局1974年，第978页。

理，等等，内容丰富，种类繁多。

但明代中后期私撰史书对现实认识的程度不够深。私人史家虽然意识到了明代中后期面临的形势，注重经济、军事等内容，因时制宜地撰写与社会变化密切相关的史书，对史书类型做了调整，但是仍主要以传统的内涵理解经济、军事，如经济仍以农业、赋税等为切入点论述，军事以地理、边备等为叙述对象，没有看到明代中后期商品经济发展的相关问题，也没有发现世界其他各地在新式武器方面的变化。他们讨论经济、军事的目的仍以如何维护衰落的明王朝为主，没有参考世界的进步，这与史家的个人眼界和整个明王朝的封闭状态有关。因此，明代中后期私撰史书虽然能因时制宜地关注经济、军事，不再以政治为主，但其出发点已经落后于世界上的其他国家和地区，从而限制了史学朝更深的层次和更广的范围拓展。

明代中后期私撰史书坚持"行道唯时"，即在对"势"的理解的基础上，因时制宜地撰写和评论历史。"势"是一直在变化着的，因此评论和撰写历史也要随着时代的变化而变化，否则史学就失去了记载的意义。只有合理地评价才会显出史学的意义，合理的评价需要在符合基本事实的基础上，用满足当代需要的标准评价史实，而不能墨守成规，一成不变地用同一标准评论古今。

三　小结

明代中后期私撰史书在"势"这一观念的基础上强调"行道唯时"，强调变化，关注不同历史时期的不同特点，关注人物做选择时身处的历史环境，不再笼统地以道德绳尺衡量事物。强调变化并不等于说推翻过往，变化是为了更加符合所处的时代，而不是为变化而变化。同样的措施也许在前代能够取得良好的效果，但并不适用于当代，就要改变。反之，在前代没有取得良好效果的措施，在当代也许就适用。因此，变化的出发点和归宿都是现实，只有顺应时代的变化才会促进社会的发展。“行道唯时”，强调变化是明代中后期私撰史书在史学思想上的一大进步，即使其没有完全脱离为统治者服务的意识，但从中可以看出私撰史书急切为现实服务的责任感，为史学思想的逐步深化做了重要准备。

结 语

明代史学以大量的私撰史书而被关注，而这些私撰史书又因为各种原因在当时就被刊刻并被保留至今，为我们今日研究明代史学提供了极大便利。虽然明代中后期（嘉靖至万历朝）的私撰史书中没有出现一部像《史记》那样的经典之作，但它们依然给后人留下了宝贵财富，有自己的史学地位。

这一时期的私撰史书呈现多线发展的态势。不同的政治环境影响下，私撰史书的编纂内容和思想会有不同于以往的侧重；随着官方资料的传播，私撰史书开始注重当代史的撰写，但受不同地域和经济条件的限制，私撰史书对官方资料的利用程度不一；心学的发展也对私撰史书中的史学思想产生了影响；史学发展到一定程度，史家的自觉撰史意识、对史学理论的追求等都有所提高。这种多线发展使明代中后期的史学呈现多元化的特点，为明代晚期私撰明代通史（如《国榷》）、史学理论（如《史纠》）的发展提供了可借鉴的积极因素。

史学思想是史学研究的一项重要内容，它对我们更深刻地认识史书、史家和史学活动有重要意义。而史学观念和历史观念是史学思想中的两项重要内容，两者既有区别，又有联系。史学观念是关于史学本身的思想，是史家对历史现象、史书、史学现象、史学方法等的认识；历史观念是史家对历史事件和历史人物的认识。从概念上来看，两者是不同的，是有区别的，但在实际的认识过程中，却很难将两者严格区分开。当把史学活动看成历史活动的一部分时，例如利用正统论的标准衡量某一朝代在历史统系中的位置时，对这一朝代正统地位的讨论就属于历史观念。但在讨论的过程中，又有可能会引发对正统论的新认识，这种认识转而又成为史学观念的一种。

明代中后期的私撰史书在史学思想如对史学地位的认识、史学功用、历史评价等方面出现了新的变化。“经史相为表里”“天地间无非史而已”的观念出现，在理论上为经、史分途提供了依据，为清代“六经皆史”的系统论述奠定了基础。只有史学脱离经学获得真正独立的地位，它的价值才会被充分发挥和广泛利用。《史学要义》《史书占毕》等史学理论著作的出现，表明私人史家对史学的重视以及史学批评意识的增强，经、史分离的观念被付诸实践。明代中后期私撰史书继承以往的史学功用，在“殷鉴”“将施有政”“树风声”等的基础上，以“资政”和“劝惩”为主发挥史学功用，并在此基础上初步提出了“经世”的概念，是明末清初顾炎武、黄宗羲、王夫之“经世致用”之学的发端。私撰史书中如正统观念的变化，最初就是因嘉靖朝的政局出现的，当边疆局势和缓时，正统论中的夷夏之防就开始淡化，这也是明代中后期私撰史书“经世”的表现之一。明代中后期私撰史书的历史评价注重发挥史家个人的思想意识，从史学发展的纵向上来看，既有对程朱理学“唯道德论”的批判，又为明末清初早期启蒙思想反对传统观念做了思想准备。对天人关系的认识是该时期史学思想发展的基础，回归“天人相分”的观念，充分意识到人的价值的重要性，注重发挥人的个性，不被传统束缚，打开了明末反对“君权神授”理论的缺口。除此之外，如清初钱谦益提出的“史家之取征者有三，国史也，家史也，野史也。于斯三者，考核真伪凿凿如金石，然后可以据事迹定褒贬”的思想，[①] 也是在王世贞的国史、家史、野史三史互证的思想中提炼而来。

明代中后期私撰史书虽然在史学编纂上没有革命性的突破，但它们一直在积极努力地尝试各种新体裁和新体例。刘元卿《诸儒学案》对学案体的贡献，王世贞《弇山堂别集》对章学诚“仍纪传之体而参本末之法”[②] 构想的影响，陈邦瞻断代纪事本末的思想流风对谷应泰《明史纪事本末》的影响，王圻《续文献通考》对清修续三通、薛应旂《宋元通鉴》对清代康熙年间徐乾学的《资治通鉴后编》和乾隆时期毕沅的《续资治通鉴》、王世贞《弇山堂别集·史乘考误》对清初钱谦益《太祖实录辨证》和潘柽章《国史考异》等的影响都是私撰史书在史料价值和修史思路方面对后世的贡献。在体例上，如吴士奇《皇明副书》中的《七大寇传》《土夷传》《山海外夷传》和郑晓《吾学编》中的《夷官考》等，为《明史》作《流贼传》、《外国传》和《土司传》开了先河。

明代中后期私撰史书对明代史学的一个重要贡献就是对官修史书的补阙。由于官、私撰史书不同的政治目的，参与撰写史书的史家的身份地位等也不相同，双方会在史学思想上产生分歧。官、私史学出现明显分途是在史馆制度建立以后，官修史书由史馆编修，从人员的选拔到史书内容、结构的确定都在政府的控制之下，其史学思想也主要为政治和统治者服务。私撰史书多出自个人之手，写作方法较为灵活，容易产生新的史书体裁和碰撞出新的思想火花。

明代中后期私家撰史兴盛，官方史学则逐渐走向没落。官方出于统治的需要，采取禁止私史流通的政策。明代中后期官方最早烧毁私撰史书的事件始于嘉靖年间。嘉靖中期官方曾刊刻“二十一史”，但

① 钱谦益：《牧斋有学集》卷14《启祯野乘序》，上海古籍出版社1996年，第686页。

② 《章学诚遗书》卷9外篇《与邵二云论修宋史书》，文物出版社1985年，第81页。

安都私撰《十九史节定》，将辽、金附于宋之后，把辽、金二史从中国正史中移除，他还将此书进呈给嘉靖帝，希望尊宋为正统，斥辽、金为夷。嘉靖帝阅后即下命烧毁该书中安都随己意编纂的部分。明代中后期出现了两次大规模地禁毁私撰史书的事件，分别是隆庆五年对陈建《皇明通纪》和万历三十年以后对李贽《藏书》的禁毁。其结果是，至万历中期《皇明通纪》的原版已经不见，后人对该书的具体卷数也不是很清楚；李贽在狱中用剃刀结束了自己的生命。但官方的举措并没有浇灭私人史家撰史的热情，《皇明通纪》被焚毁后，万历年间反而出现了续补《皇明通纪》的风气。当时续补《皇明通纪》的有卜世昌和屠衡《皇明通纪述遗》、沈国元《两朝从信录》、卜大有《皇明续记》、支大纶《世穆两朝编年史》等。续补《皇明通纪》体现了史家撰史的责任感。而被禁毁的《藏书》也依然在士人中间广泛传播。在李贽的影响下，明代后期出现了一些“冒天下之大不韪”的史作，如贺详《史取》“称《吕氏春秋》一书与《孟子》相表里，斥严光为光武之罪人，赞丁谓为荣辱两忘之异人，皆所谓小言破道者。书中数称李贽，岂非气类相近欤？”[①] 万历末年张燧《千百年眼》、天启年间以后王志坚《读史商语》和钟惺《史怀》等，都明确反对纲常礼教，主张以全新的标准评史、写史。

明代中后期私撰史书无论是史学思想的进步还是史学编纂的发展，都是在史家对明代社会现状认识的基础上取得的。一方面他们不能摆脱旧的思想价值观念而存在，另一方面又积极适应社会新因素的要求，努力突破。官修史书中的史学思想代表了传统的普适成熟的价值观，而私人史家因为教育背景、经历等不同，追求个性的价值观，开启新的论述角度，勇于打破旧的思想观念，提出新看法。明末清初

① 永瑢等：《四库全书总目提要》卷 90 史部 46《史取》，王云五主编：《万有文库》本，商务印书馆 1931 年，第 100 页。

早期启蒙思想的形成不是在一夕之间完成的，它是在继承和因袭中形成的，正确认识中国古代史学的发展历程，就不能缺少明代中后期的史学这一环节。当然，也应当辩证地看待明代中后期的私撰史书。由于私撰史书多出自个人之手，无论是史料的搜集还是史料的真实性都难免有所缺陷，如部分史书存在记载不实、评价有失公允、内容过简、视野狭隘等不足。其史学思想既有促进时代进步的一面，也存留着腐朽思想的痕迹。在明代中后期复杂的社会形势下，并非每位史家都能静下心来潜心修史，撰史速成、撰史量大等，都影响了史书的质量，这也难怪后人多诟病明代的私撰史书。明代中后期私人史家积极地介入时代生活，虽然会被一时的政治权势等打击，但他们追求自由、独立思考问题的实践给后人留下了深刻印象。

附录一　明代中后期主要的私撰史书

序号	著作名称	作者	完成或刊刻年代	《明史·艺文志》	《四库全书总目提要》	《千顷堂书目》	内容、特点或版本信息
1	《十九史节定》	安都	嘉靖十三年	卷97《艺文志二》，正史类，一百七十卷		卷4通史类，一百七十卷	天津古籍出版社2009年
2	《九边图论》	许论	嘉靖十七年	卷97《艺文志二》，地理类，三卷		卷8地理类下，三卷	《明代蒙古汉籍史料汇编》第12辑，内蒙古大学出版社2015年
3	重刻《旧唐书》	闻人诠	嘉靖十七年				天津古籍出版社2009年
4	《圣驾南巡录》《大驾北还录》	陆深	嘉靖十八年	卷97《艺文志二》，杂史类，各一卷	卷53史部杂史类存目二，各一卷	卷5别史类，各一卷	记嘉靖十八年扈行相度显陵，随所见而录之。国家图书馆藏
5	《皇明九边考》（现通用版本为《九边考》）	魏焕	嘉靖二十年		卷75史部地理类存目四，十卷	卷8地理类下，十卷	九边镇戍、粮马等情况；多采奏章案牍，大抵纸上谈兵。《明代蒙古汉籍史料汇编》第6辑，内蒙古大学出版社2009年

续表

序号	著作名称	作者	完成或刊刻年代	《明史·艺文志》	《四库全书总目提要》	《千顷堂书目》	内容、特点或版本信息
6	《革朝五忠传》（《革朝志》）	许相卿	嘉靖二十年		卷 53 史部杂史类存目二，十卷		记建文朝君臣始末；纪传之体，以门目分褒贬；当时建文朝革除年号未复，私著此书以复之。《金陵全书》史料类，南京出版社 2013 年
7	《龙飞纪略》	吴朴	约嘉靖二十一年成书，嘉靖二十三年初刻		卷 48 史部编年类存目，八卷	卷 4 编年类，十卷	记明太祖事；明号未建时，削至正年号，唯书甲子。温州图书馆、国家图书馆藏
8	《宋史质》	王洙	嘉靖二十五年	卷 97《艺文志二》，史钞类，一百卷	卷 50 史部别史类存目，一百卷		以明继宋，记辽、金为外国
9	《群忠备遗录》	罗汝鉴	嘉靖三十一年		卷 61 史部传记类存目三，两卷		记建文朝殉节诸臣事；每传后附尹直、陈建等论，“外史氏”者乃自论。吉林大学出版社 1996 年
10	《善行录》	张时彻	嘉靖三十二年		卷 61 史部传记类存目三，八卷	卷 10 传记类，八卷	采猎史传，取先哲行谊之高者，萃次成编
11	《海运编》	崔旦	嘉靖三十三年	卷 97《艺文志二》，故事类，两卷	卷 84 史部政书类存目二，两卷	卷 9 典故类，两卷	嘉靖年间欲复海运，遣官勘视是否可行，因检所作议考诸篇，录而存之。沈阳师范大学图书馆、中国科学院自然科学史研究所图书馆藏

续表

序号	著作名称	作者	完成或刊刻年代	《明史·艺文志》	《四库全书总目提要》	《千顷堂书目》	内容、特点或版本信息
12	《皇明通纪》(《皇明资治通鉴》)	陈建	嘉靖三十四年	卷97《艺文志二》，正史类，明史，二十七卷		卷4编年类，二十七卷	
13	《宋史新编》	柯维骐	嘉靖三十四年成书	卷97《艺文志二》，正史类，通史，两百卷	卷50史部别史类存目，两百卷	卷4正史类，两百卷	《道学》《儒林》分传；辽、金各自为史
14	《弘简录》	邵经邦	嘉靖三十五年成书，三十六年刊刻				
15	《鸿猷录》	高岱	嘉靖三十六年	卷97《艺文志二》，杂史类，统纪明代，十六卷	卷49史部纪事本末类存目，十六卷	卷5别史类，十六卷	所录凡六十事，每事标四字为题，皆事之关于用兵者也
16	《皇明名臣言行录》	徐咸	嘉靖三十九年	卷97《艺文志二》，传记类，前集十二卷，后集十二卷	卷61史部传记类存目三，前集十二卷，后集十二卷	卷10传记类，前集十二卷，后集十二卷	
17	《闽南道学源流》	杨应诏			卷61史部传记类存目三，十六卷		
18	《宋元通鉴》	薛应旂	嘉靖四十五年初刻	卷97《艺文志二》，正史类，通史，一百五十七卷	卷48史部编年类存目，一百五十七卷	卷4编年类，一百五十七卷	续《资治通鉴》而作；未参考《宋史》《元史》的表志；特详道学宗派；文繁事复

续表

序号	著作名称	作者	完成或刊刻年代	《明史·艺文志》	《四库全书总目提要》	《千顷堂书目》	内容、特点或版本信息
19	《国朝列卿纪》	雷礼	嘉靖四十五年	卷97《艺文志二》，职官类，一百三十九卷	卷61史部传记类存目三，一百六十五卷	卷9职官类，一百三十九卷	洪武至嘉靖间职官姓名、籍贯、简略事迹；唯《内阁行实》颇为详细；论断多公道
20	《七修类稿》	郎瑛	嘉靖末年首刻	卷97《艺文志二》，小说类	卷127子部杂家类存目四，五十一卷		笔记；补《明会典》《明史》不足；又有考证，采掇庞杂，不详检出处
21	《吾学编》	郑晓	隆庆元年初刻	卷97《艺文志二》，正史类，明史，六十九卷		卷4正史类，六十九卷	《四库禁毁书丛刊》史部第45册，北京出版社2005年；《北京图书馆古籍珍本丛刊》第12册，书目文献出版社1990年
22	《九边图说》	霍冀	隆庆三年	卷97《艺文志二》，地理类，一卷		卷8地理类下，一卷	《明代蒙古汉籍史料汇编》第12辑，内蒙古大学出版社2015年
23	《函史》（先著成下编，两年后著成上编）	邓元锡	隆庆五年著成，随写随刻，直至万历二十年全部完成		卷50史部别史类存目，下编二十一卷，上编八十一卷		纪传分立多名，录宋、元，不涉辽、金；志多因袭
24	《海运志》	王宗沐	隆庆六年	卷97《艺文志二》，故事类，两卷	卷84史部政书类存目二，两卷	卷9典故类，两卷	请复海运，海运运粮至天津；阐明海运的便捷

续表

序号	著作名称	作者	完成或刊刻年代	《明史·艺文志》	《四库全书总目提要》	《千顷堂书目》	内容、特点或版本信息
25	《海运新考》	梁梦龙	隆庆六年	卷97《艺文志二》，故事类，三卷	卷84史部政书类存目二，三卷	卷9典故类，三卷	漕运总督王宗沐请复海运，下梦龙任其事，结果运粮失败
26	《宪章录》	薛应旂	万历元年完成，二年初刻	卷97《艺文志二》，正史类，明史，四十六卷	卷48史部编年类存目，四十七卷	卷4编年类，四十六卷	续《宋元通鉴》；采摭杂书，颇失甄别
27	《革除逸史》(《逊国记》)	朱睦㮮	万历二年	卷97《艺文志二》，杂史类，两卷	卷51史部杂史类，两卷	卷5别史类，两卷	建文朝事迹编年；独辩建文帝剃发而去，正统间迎入大内
28	《史记评林》	凌稚隆	万历四年			卷5史学类，一百三十卷	
29	《史学要义》	卜大有	万历五年刊刻				
30	《汉书评林》	凌稚隆	万历九年				
31	《皇明肃皇外史》	范守己	万历十年		卷54史部杂史类存目三，四十六卷	卷4编年类，四十六卷	明世宗一代朝政；编年系月，立纲分目；然词近琐屑，不合史体
32	《今献备遗》	项笃寿	万历十一年初刻	卷97《艺文志二》，传记类，四十二卷	卷58史部传记类二，四十二卷	卷10传记类，四十二卷	洪武至弘治名臣事迹；叙述详赡
33	《续文献通考》	王圻	万历十四年	卷97《艺文志二》，故事类，二百五十四卷	卷138子部类书类存目二，二百五十四卷	卷9典故类，二百五十四卷	欲于《通考》之外兼擅《通志》之长
34	《史书占毕》	胡应麟	万历十七年				

续表

序号	著作名称	作者	完成或刊刻年代	《明史·艺文志》	《四库全书总目提要》	《千顷堂书目》	内容、特点或版本信息
35	《元儒考略》	冯从吾	万历十七年	卷98《艺文志三》，儒家类，四卷	卷58史部传记类二，四卷	卷11儒家类，四卷	以《元史·儒学传》为主，以学术高下详略；体例从杂，姓名多舛；仍足资考证
36	《弇山堂别集》	王世贞	万历十八年	卷97《艺文志二》，杂史类，一百卷	卷51史部杂史类，一百卷	卷5别史类，一百卷	明代典故；辨析精核，有裨考证
37	《历代史书大全》	魏显国	万历十八年				
38	《皇明书》	邓元锡	万历二十一年成书，万历三十四年初刻	卷97《艺文志二》，正史类，明史，四十五卷	卷50史部别史类存目，四十五卷	卷3正史类，四十五卷	仿《后汉书》以《后妃》为纪；《道学》之外别立《心学》；传、志繁碎
39	《两朝宪章录》	吴瑞登	万历二十一年	卷97《艺文志二》，正史类，二十卷	卷48史部编年类存目，二十卷	卷4编年类，二十卷	嘉靖、隆庆两朝事
40	《经籍志》	焦竑	约万历二十二年				万历年间修国史成果之一
41	《世穆两朝编年史》	支大纶	万历二十四年	卷97《艺文志二》，正史类，六卷	卷48史部编年类存目，六卷	卷4编年类，六卷	
42	《皇明大政记》	雷礼	万历中应天周时泰刊刻	正史类，明史	编年类存目		所记多采撮《实录》
43	《昭代明良录》	童时明		传记类			
44	《建文朝野汇编》	屠叔方	万历二十六年	卷97《艺文志二》，杂史类，二十卷	卷54史部杂史类存目三，二十卷	卷5别史类，二十卷	采野史传闻，不足为信史

续表

序号	著作名称	作者	完成或刊刻年代	《明史·艺文志》	《四库全书总目提要》	《千顷堂书目》	内容、特点或版本信息
45	《皇明嘉隆两朝闻见纪》	沈越	万历二十七年由子沈朝阳修订完成	卷97《艺文志二》，正史类，十二卷	卷48史部编年类存目，十二卷		
46	《藏书》	李贽	万历二十七年成书并初刻	卷97《艺文志二》，史钞类，六十八卷	卷50史部别史类存目，六十八卷	卷5史钞类，六十卷	世纪、列传两部分；别立褒贬
47	《皇明典故纪闻》	余继登	万历二十八年，万历末年刊刻	卷97《艺文志二》，故事类，十八卷	卷54史部杂史类存目三，十八卷	卷5别史类，十八卷	洪武至隆庆故事；记注《实录》润色之词；颇及琐屑杂事
48	《史通评释》（李氏著，郭氏续）	李维桢、郭孔延	万历三十年以后成书		卷89史部史评类存目一，二十卷	卷5史学类，郭孔延二十卷	略为评论，基本不出游谈之习，所征引也不著其出典
49	《史裁》	吴士奇	约万历三十年成书	卷97《艺文志二》，史钞类，二十六卷	卷65史部史钞类，二十六卷		
50	《皇明副书》	吴士奇	约万历三十年以后成书	卷97《艺文志二》，正史类，明史，一百卷			体例上杂糅以往史书
51	《续藏书》	李贽	万历三十年成书，万历三十七年初刻	卷97《艺文志二》，史钞类	卷50史部别史类，二十七卷		
52	《皇明通纪述遗》	卜世昌、屠衡	万历三十三年刊刻		卷48史部编年类存目，十二卷		补陈建《皇明通纪》；多拾稗史之言，冗杂特甚
53	《宋史纪事本末》	陈邦瞻	万历三十四年	正史类，通史	卷49史部纪事本末类，二十六卷		墨守袁枢纪事本末体体例；厘清《宋史》，有寻绎之功；失于断限，舛讹疏漏

续表

序号	著作名称	作者	完成或刊刻年代	《明史·艺文志》	《四库全书总目提要》	《千顷堂书目》	内容、特点或版本信息
54	《两朝平攘录》	诸葛元声	万历三十四年	卷97《艺文志二》，杂史类，五卷	卷54史部杂史类存目三，五卷	卷5别史类，五卷	隆庆、万历两朝平攘事；得之目睹为多
55	《读史漫录》	于慎行	万历三十五年	卷97《艺文志二》，史钞类，十四卷	卷90史部史评类存目二，十四卷	卷5史学类，十四卷	评论历代史事，无甚乖舛，亦无所阐发
56	《稗史汇编》	王圻	万历三十五年成书		卷132子部杂家类存目九，一百七十五卷		所载的引用书目多虚列其名
57	《万历野获编》	沈德符	万历三十五年成书，万历四十七年《续编》，明代末年方刊刻	杂史类			书中所记多为目睹耳闻，所述内阁诸事的原委亦考证切实，议论平允，足以补苴史阙
58	《世庙识余录》	徐学谟	万历三十六年	卷97《艺文志二》，杂史类，二十六卷	卷53杂史类存目二，二十六卷	卷5别史类，二十六卷	于《世宗实录》多所驳正
59	《诸儒学案》	刘元卿	万历三十七年		卷96子部儒家类存目二，八卷		
60	《明大政纂要》	谭希思	万历三十八年成书，万历四十年刊刻	卷97《艺文志二》，正史类，六十三卷	卷48史部编年类存目，六十卷		万历以前事，每帝皆有论赞
61	《国史纪闻》	张铨	万历三十九年成书，天启年间刊刻	卷97《艺文志二》，正史类，明史，十二卷	卷48史部编年类存目，十二卷	卷4编年类，十二卷	太祖起兵至武宗末年事；仅取各家之书，讨论异同

续表

序号	著作名称	作者	完成或刊刻年代	《明史·艺文志》	《四库全书总目提要》	《千顷堂书目》	内容、特点或版本信息
62	《万历武功录》	瞿九思	万历四十年完成并初刻	卷97《艺文志二》，杂史类，十四卷		卷5别史类，十四卷	访求六科纪事、实录、邸报等纂成，清代被列为禁毁书目
63	《廉吏传》	黄汝亨	万历四十三年		卷62史部传记类存目四	卷10传记类	
64	《国朝献征录》	焦竑	约万历四十四年成书	卷97《艺文志二》，传记类，一百二十卷	卷62史部传记类存目四，一百二十卷	卷10传记类，一百二十卷	
65	《东西洋考》	张燮	万历四十五年		卷71史部地理类四，十二卷		载海国之通互市者；每国先列沿革事迹；篇末诸论，乃称功颂德，曲笔实多
66	《史怀》	钟惺	万历四十七年		卷90史部史评类存目二，十七卷		自《左传》至《三国》，随事摘录，断以己见
67	《史通训故》	王惟俭	万历四十八年		卷89史部史评类存目一，二十卷	卷5史学类，二十卷	引证较李维桢书详细
68	《涌幢小品》	朱国祯	天启元年冬成书	卷98《艺文志三》，小说类，三十二卷	卷128子部杂家类存目五，三十二卷		杂记见闻，间有考证
69	《皇明兵制考》	史继偕	天启元年刊刻				
70	《武备志》	茅元仪	天启元年刊刻				四库禁毁书，中国古代规模最大、篇幅最多、内容最全的综合性史书

续表

序号	著作名称	作者	完成或刊刻年代	《明史·艺文志》	《四库全书总目提要》	《千顷堂书目》	内容、特点或版本信息
71	《西园闻见录》	张萱	天启七年				
72	《皇明开国功臣事略》	钱谦益	天启七年				
73	《两朝从信录》	沈国元	崇祯二年	卷97《艺文志二》，正史类，三十五卷		卷4编年类，三十五卷	
74	《皇明史概》	朱国祯	崇祯五年	卷97《艺文志二》，正史类，一百二十卷	卷48史部编年类存目，一百二十卷	卷4正史类，一百二十卷	
75	《名山藏》	何乔远	约万历四十四年完成，崇祯十三年刊刻	卷97《艺文志二》，正史类，三十七卷		卷4正史类，一百八卷	

附录二 明代中后期主要的私人史家

序号	姓名	出身和籍贯	主要事迹	主要官职	主要著作	《明史》出处	备注
1	安都	太原人	愤诸史书法不公，改正为是书，世宗命毁其书		《十九史节定》		
2	许论	嘉靖五年进士，灵宝人	好谈兵，幼从父历边境；多次打败进犯北边边境的蒙古	兵部尚书	《九边图论》	卷186《许进传附子论传》	
3	闻人诠	嘉靖五年进士，浙江余姚人			重刻《旧唐书》		
4	陆深	弘治十八年进士，上海人	庶吉士；忤逆刘瑾、辅臣，两次被谪	编修；浙江提学；四川左布政使；詹事（掌翰林院）	《圣驾南巡录》《大驾北还录》	卷286本传，文苑二	为文章有名，为人颇倨傲
5	魏焕	嘉靖八年进士，长沙卫人	留心边防	嘉兴府推官；四川佥事；兵部职方司主事	《皇明九边考》《皇明拱卫录》		

续表

序号	姓名	出身和籍贯	主要事迹	主要官职	主要著作	《明史》出处	备注
6	许相卿	正德十二年进士，浙江海宁人	为给事三年，所言皆不听，谢病归，不复职；上书要求严惩犯罪的宦官、中官；参与“大礼议”之争，支持杨廷和	兵科给事中	《革朝五忠传》（《革朝志》）	卷208本传	
7	吴朴	福建诏安人			《龙飞纪略》《洪武大政记》		
8	黄佐	正德中，举乡试第一名，世宗嗣位，始成进士，香山人	庶吉士；与王守仁论知行合一之旨	编修；侍读（掌南京翰林院）	《南雍志》	卷287本传，文苑三	王守仁称其直谅
9	王洙	正德十六年进士，临海人	监河南试事	刑部尚书郎	《宋史质》		
10	张时彻	嘉靖二年进士，鄞人		南京兵部尚书	《善行录》	卷201《张邦奇传附族父时彻传》	有文名
11	崔旦	山东平度人			《海运编》		因嘉靖三十二年黄河溃堤而作
12	陈建（1497—1567）	嘉靖七年举人，广东东莞人	校《十三经注疏》；集编《程氏遗书类编》	福建侯官县教谕；江西临江府教授	《皇明通纪》		《皇明通纪》乾隆时被列为禁书

续表

序号	姓名	出身和籍贯	主要事迹	主要官职	主要著作	《明史》出处	备注
13	柯维骐（1497—1574）	嘉靖二年进士，福建莆田人	经历倭乱；嗜读书	未尝为官，居家五十年	《宋史新编》	卷287本传，文苑三	
14	邵经邦	正德十六年进士，浙江仁和人	批嘉靖帝以一己之喜重用张璁，遭贬，不被赦	工部主事	《弘简录》	卷206本传	认为“议礼贵当，临政贵公”
15	高岱	嘉靖二十九年进士		刑部郎中	《鸿猷录》		
16	应廷育	嘉靖二年进士，浙江永康人		按察司佥事	《金华先民传》		
17	顾应祥	弘治十八年进士，长兴人	曾巡抚云南	广东佥事；南京刑部尚书	《人代纪要》		
18	田汝成	嘉靖五年进士，钱塘人	大破公丁、断藤峡群贼，一方遂靖	礼部主事；贵州佥事；福建提学副使	《炎徼纪闻》	卷287本传，文苑三	博学工古文，尤善叙述
19	薛应旂（1500—1575）	嘉靖十四年进士，江苏武进人	不接受严嵩的拉拢，被诬罢官；提拔、扶持东林学派	慈溪县令；建州通判；浙江提学副史	《宪章录》《宋元通鉴》《考亭渊源录》《四书人物考》		
20	杨应诏	嘉靖十年举人，福建建安人	讲学		《闽南道学源流》		
21	雷礼（1505—1581）	嘉靖十一年进士，江西丰城人	督造明故宫三大殿；修卢沟河岸	福建兴化府推官；工部尚书；右都御史	《皇明大政记》《真定府志》《国朝列卿纪》		

续表

序号	姓名	出身和籍贯	主要事迹	主要官职	主要著作	《明史》出处	备注
22	郎瑛（1487—1566）	浙江仁和人	家中藏书众多；《七修类稿》成后被盗，重写		《七修类稿》《萃忠录》		
23	郑晓（1499—1566）	嘉靖二年进士，浙江海盐人	“大礼议”中被廷杖；督兵斩倭九百余；与严嵩不和	副都御史（总督漕运）；刑部尚书；右都御史（协理戎政）	《吾学编》《西域行程记》《北虏事迹》《今言》	卷199本传	《吾学编》被清列为禁书；《明史》评价郑晓谙熟掌故，博洽多闻，兼资文武
24	霍冀	嘉靖三十二年进士，山西孝义人	抚宁夏、山东	中台御史；兵部尚书	《九边图说》		
25	邓元锡（1529—1593）	嘉靖三十四年举人，江西南城人	十七岁行社仓法；游罗汝芳门；居家著述三十余载		《函史》《皇明书》《五经绎》《潜学稿》	卷283本传，儒林二	生平博极群书，而要归于《六经》
26	王宗沐（1524—1592）	嘉靖二十三年进士，浙江临海人	修宣成书院；于白鹿洞书院答诸生疑；总督漕运，提高淮河防洪能力；欲复海运失败；与李攀龙、王世贞以诗文相友善	刑部主事；广东参议；江西提学副使；右副都御史（总督漕运）；山西右布政使；兵部尚书	《宋元资治通鉴》《巡视三边纪略》《台州府志》《海运志》《海运详考》	卷223本传	
27	梁梦龙	嘉靖三十二年进士，真定人	庶吉士；巡抚山东；跟随王宗沐自淮入海达天津，运粮失败；率劲卒三千出山海关，声援李成梁	兵科给事中；顺天府丞	《海运新考》	卷225本传	深得张居正喜爱，张居正亡后，受弹劾致仕

续表

序号	姓名	出身和籍贯	主要事迹	主要官职	主要著作	《明史》出处	备注
28	朱睦㮮				《革除逸史》		
29	凌稚隆				《史记评林》《汉书评林》		
30	卜大有	嘉靖二十六年进士，浙江秀水人	令无锡，执法不扰，权贵称强项		《史学要义》《皇明续纪》		
31	范守己	万历二年进士，河南开封洧川人		按察司佥事	《皇明肃皇外史》		《皇明肃皇外史》删改自郑晓《大政记》、高岱《鸿猷录》、薛应旂《宪章录》
32	项笃寿（1521—1586）	嘉靖四十一年进士，浙江秀水人	筑"万卷楼"收藏、刊刻图书	兵部郎中；广东参议	《今献备遗》《全史论赞》		刊刻《今言》《今献备遗》
33	郭大有	江宁人			《评史心见》		
34	王圻（1530—1615）	嘉靖四十四年进士，南直隶上海人	耄耋之年仍彻夜写作；因赵贞吉与张居正、高拱与徐阶的矛盾，奏议多不被采纳	御史；陕西布政参议	《续文献通考》《谥法通考》《两浙盐志》	卷286《陆深传附王圻传》	
35	胡应麟	万历四年举人	中举后久不第，携诗谒王世贞，王世贞喜而激赏，益自负		《史书占毕》《四部正讹》	卷287本传，文苑三	

续表

序号	姓名	出身和籍贯	主要事迹	主要官职	主要著作	《明史》出处	备注
36	冯从吾	万历十七年进士，长安人	改庶吉士；受业许孚远；上奏批评万历不理朝政、喜欢饮酒、易怒等；与邹元标共建首善书院；以争红丸、梃击事乞归	御史；左副都御史	《元儒考略》	卷243本传	
37	王世贞（1526—1590）	嘉靖二十六年进士，江苏太仓人	数次忤于严嵩之子；忤张居正；独操文坛二十年	刑部主事；右副都御史（抚治郧阳）；南京刑部尚书	《弇山堂别集》《嘉靖以来首辅传》	卷287本传，文苑三	右都御史王忬之子，因父亲之死与严嵩交恶
38	魏显国	隆庆年间举人，江西豫章人		华容县教谕	《历代史书大全》		《历代史书大全》中国境内无全本，日本内阁文库藏有全本
39	吴瑞登	贡生，武进人	抄撮邸报而成《两朝宪章录》	光州训导	《两朝宪章录》		
40	焦竑（1540—1620）	万历十七年状元，江宁人	嗜书、集书、抄书、刻板印书；与李贽相交；从耿定向学，质疑罗汝芳；为皇长子讲学	修撰；南京司业	《澹园集》《焦氏笔乘》《国朝献征录》《国朝经籍志》《熙朝名臣实录》	卷288本传，文苑四	徐光启以师礼待之
41	支大纶	万历二年进士，浙江嘉善人		泉州府推官；知县			

续表

序号	姓名	出身和籍贯	主要事迹	主要官职	主要著作	《明史》出处	备注
42	童时明	选贡出身，浙江淳安人		常熟县丞	《昭代明良录》《三吴水利便览》		
43	屠叔方	万历五年进士，浙江秀水人		监察御史	《建文朝野汇编》		
44	沈越	嘉靖十一年进士，南京锦衣卫人		监察御史	《嘉隆两朝闻见纪》		《嘉隆两朝闻见纪》取征《吾学编》《两朝宪章录》《肃皇大纪》
45	李贽（1527—1602）	嘉靖三十一年举人，福建泉州人	女儿饿死；天台书院讲学论道；芝佛院读书著述	河南共城教谕；国子监博士；云南姚安知府	《藏书》《续藏书》《焚书》《续焚书》	卷221《耿定向传附李贽传》	
46	余继登（1544—1600）	万历五年进士，北直隶人	参加撰修《大明会典》；上书请罢矿税、税使；正史副总裁	日讲官；侍读学士；礼部尚书；詹事（掌翰林院）	《皇明典故纪闻》《淡然轩集》	卷216本传	两部著作均收入《四库全书总目》
47	李维桢	隆庆二年进士，京山人	庶吉士，浮沉外僚多年	修撰；陕西提学副使；南京礼部尚书	《史通评释》		《史通评释》篇末“评曰”乃李维桢语，“附评”乃郭孔延语
48	吴士奇	万历二十年进士，安徽歙县人	以拒魏忠贤致仕	太常寺卿	《史裁》《皇明副书》		

续表

序号	姓名	出身和籍贯	主要事迹	主要官职	主要著作	《明史》出处	备注
49	陈邦瞻（1557—1623）	万历二十六年进士，江西高安人	建滏阳书院；巡抚陕西；讨擒土酋岑茂仁；总督两广军务；巡抚广东；烧毁澳夷巢穴	左布政使；右副都御史；兵部左侍郎	《宋史纪事本末》	卷 242 本传	好学，敦风节
50	卜世昌、屠衡				《皇明通纪述遗》		
51	诸葛元声	会稽人			《两朝平攘录》		《两朝平攘录》得之目睹为多也
52	于慎行	隆庆二年进士，东阿人	改庶吉士，充日讲官；对万历、张居正均能够直言不讳	编修；礼部尚书；内阁首辅	《读史漫录》	卷 217 本传	翰林大僚直日讲，无及史官者，独慎行、张位、王家屏、沈一贯、陈于陛咸以史官得之
53	沈德符（1578—1642）	万历四十六年举人，浙江秀水人	曾就读于国子监；跟随祖父在自家藏书楼中读书		《万历野获编》《秦玺始末》《清权堂集》等		自幼长于北京，十二岁回乡；父亲是史官
54	徐学谟	嘉靖二十九年进士，苏州嘉定人					
55	刘元卿	隆庆四年乡试中夺魁，安福人	师从王守仁弟子刘阳；召为国子监博士；会试不第，遂绝意科名			卷 283 本传，儒林二	

续表

序号	姓名	出身和籍贯	主要事迹	主要官职	主要著作	《明史》出处	备注
56	张铨（1577—1621）	万历三十二年进士，山西沁水人	多次参与抗建州的机密会议；天启元年被建州统帅关押，自刎	浙江道御史；巡按江西；辽东巡按	《国史纪闻》《胜游草》	卷291本传，忠义	
57	谭希思（1542—1623）	万历二年进士，湖南茶陵州人	抨击宦官、外戚；巡抚四川	南京御史；江西道监察御史；翰林院检讨	《明大政纂要》《四川土夷考》	卷221《袁洪愈传附谭希思传》	两部著作均收入《四库全书》
58	瞿九思（1545—1615）	万历元年举人，湖北黄梅人	十五岁作《定志论》抨击严嵩；蒙冤入狱约八年；事罗洪先，从耿定向游；岳麓书院讲学	广平知府	《万历武功录》《乐章》	卷288本传，文苑四	著述多，有《乐章》《仿古编》《孔庙礼乐考》《边略》等，存世少
59	张燮（1574—1640）	万历二十二年举人，福建龙溪人	二十岁中举后，从父亲张廷榜被无故罢官一事中，深感官场竞争激烈，于是无心仕途，不再进京考进士		《文集》《东西洋考》《群玉楼集》		
60	钟惺	万历三十八年进士，竟陵人		南京礼部郎中；福建提学佥事	《史怀》	卷288本传	《史怀》偏颇者多
61	王惟俭	万历二十三年进士，祥符人	万历三十年，辽东总兵官忤税使被逮，兵部尚书等救之，帝怒，相关人等受罚，惟俭亦削籍归家二十年	兵部职方主事；大理少卿	《史通训故》	卷288本传，文苑四	

续表

序号	姓名	出身和籍贯	主要事迹	主要官职	主要著作	《明史》出处	备注
62	朱国祯（1558—1632）	万历十七年进士，浙江乌程人	议均田；致书巡抚力请救荒	国子监祭酒	《涌幢小品》《皇明史概》		主要记述万历年间的经历
63	史继偕	万历二十年进士，晋江人	万历二十五年开史局，领《兵制志》	编修；文渊阁大学士	《皇明兵制考》		《皇明兵制考》的完成是官方史学与私家史学间互动、互补的一例
64	张萱				《西园闻见录》		
65	沈国元				《两朝从信录》		《两朝从信录》纯用邸奏，既未见《实录》，又无他引用之书
66	何乔远	万历四十年进士，晋江人	万历二十八年弃官回家，讲学、著述二十余年	刑部主事		卷 242 本传	

参考文献

（一）基本文献

（南朝梁）刘勰著，范文澜注：《文心雕龙》，人民文学出版社1958年。

（唐）柳宗元：《柳河东集》，上海人民出版社1974年。

（唐）刘知几著，白云译注：《史通》，中华书局2014年。

（唐）魏征等：《隋书》，中华书局1973年。

（宋）范祖禹：《唐鉴》，武汉大学出版社1998年。

（宋）欧阳修：《新五代史》，中华书局1974年。

（宋）黎靖德编：《朱子语类》，王星贤点校，中华书局1986年。

（元）脱脱等：《宋史》，中华书局1977年。

（明）陶宗仪：《辍耕录》，中华书局1997年。

（明）宋濂等：《元史》，中华书局1976年。

（明）宋濂：《龙门子凝道记》，浙江古籍出版社1999年。

（明）方孝孺：《逊志斋集》，宁波出版社2000年。

（明）薛瑄：《敬轩文集》，《文渊阁四库全书》第1243册，上海古籍出版社1987年。

（明）周叙：《石溪周先生文集》，《四库全书存目丛书》集部第31册，齐鲁书社1997年。

（明）陈献章：《陈献章集》，中华书局1987年。

（明）王锜：《寓园杂记》，中华书局1984年。

（明）祝允明：《祝子罪知录》，《四库全书存目丛书》子部第83册，齐鲁书社1995年。

（明）祝允明：《国朝典故》，北京大学出版社1993年。

（明）王守仁：《王阳明全集》，上海古籍出版社1992年。

（明）邵经邦：《弘简录》，《续修四库全书》第304册，上海古籍出版社 1996 年。

（明）王廷相：《王廷相集》，中华书局 1989 年。

（明）文征明：《莆田集》，西泠印社出版社 2012 年。

（明）王洙：《宋史质》，《四库全书存目丛书》史部第 20 册，齐鲁书社 1996 年。

（明）柯维骐：《宋史新编》，台北：新文丰出版公司 1974 年。

（明）郎瑛：《七修类稿》，上海书店出版社 2001 年。

（明）黄佐：《翰林记》，商务印书馆 1936 年。

（明）陈建：《皇明启运录》，线装书局 2003 年。

（明）陈建：《学蔀通辨》，《文渊阁四库全书》子部第 11 册，上海古籍出版社 1987 年。

（明）陈建：《皇明通纪》，钱茂伟点校，中华书局 2008 年。

（明）郑晓：《吾学编》，《四库禁毁书丛刊》史部第 45 册，北京出版社 2005 年。

（明）杨慎：《升庵集》，《文渊阁四库全书》第 1270 册，上海古籍出版社 1987 年。

（明）何良俊：《四友斋丛说》，中华书局 1997 年。

（明）薛应旂：《考亭渊源录》，《续修四库全书》第 517 册，上海古籍出版社 2002 年。

（明）薛应旂：《方山先生文录》，《四库全书存目丛书》集部第 102 册，齐鲁书社 1997 年。

（明）薛应旂：《宋元通鉴》，《四库全书存目丛书》史部第 9 册，齐鲁书社 1996 年。

（明）薛应旂：《宪章录》，全国图书馆文献缩微复制中心 1988 年。

（明）高岱：《鸿猷录》，上海古籍出版社 1992 年。

（明）雷礼：《国朝列卿纪》，《续修四库全书》第 522 册，上海古籍出版社 2002 年。

（明）项笃寿：《今献备遗》，《文渊阁四库全书》第 453 册，台北明文书局 1991 年影印。

（明）王世贞：《弇山堂别集》，魏连科点校，中华书局 1985 年。

（明）王世贞：《读书后》，《文渊阁四库全书》第 1285 册，上海古籍出版社 1987 年。

（明）王世贞：《弇州山人四部稿》，台北：伟文图书出版社

1976 年。

（明）王世贞：《艺苑卮言》，上海书店 1925 年。

（明）王世贞：《纲鉴会纂》，万历刊本。

（明）王世贞：《嘉靖以来首辅传》，《景印文渊阁四库全书》第 452 册，台北：台湾商务印书馆 1986 年。

（明）王宗沐：《宋元资治通鉴》，《四库未收书辑刊》第 1 辑第 14 册，北京出版社 2000 年。

（明）邓元锡：《潜学稿》，万历刻本，华东师范大学图书馆藏。

（明）邓元锡：《函史》（上下编），《四库全书存目丛书》史部第 25—28 册，齐鲁书社 1996 年。

（明）王圻：《稗史汇编》，《四库全书存目丛书》子部第 139—142 册，齐鲁书社 1995 年。

（明）王圻：《续文献通考》，现代出版社 1986 年。

（明）梁梦龙：《史要编》，《四库全书存目丛书》史部第 138 册，齐鲁书社 1996 年。

（明）焦竑：《澹园集》，李剑雄点校，中华书局 1999 年。

（明）焦竑：《玉堂丛语》，中华书局 1981 年。

（明）焦竑：《国史经籍志》，商务印书馆 1939 年。

（明）焦竑：《国朝献征录》，上海书店 1987 年。

（明）唐顺之：《荆川先生文集》，《四部丛刊初编》本，商务印书馆 1929 年。

（明）吴士奇：《皇明副书》，上海图书馆藏清抄本。

（明）李贽：《焚书　续焚书》，中华书局 2009 年。

（明）李贽：《四书评》，上海人民出版社 1975 年。

（明）李贽：《藏书》，中华书局 1974 年。

（明）李贽：《续藏书》，中华书局 1959 年。

（明）于慎行：《读史漫录》，齐鲁书社 1996 年。

（明）陈邦瞻：《宋史纪事本末》，中华书局 1977 年。

（明）陈子龙等：《明经世文编》，中华书局 1962 年。

（明）朱国祯：《朱文肃公集》，《续修四库全书》第 1366 册，上海古籍出版社 2002 年。

（明）朱国祯：《皇明史概》，台北：文海出版社 1984 年影印崇祯五年刊本。

（明）朱国祯：《涌幢小品》，中华书局 1959 年。

（明）胡应麟：《诗薮》，上海古籍出版社1979年。

（明）胡应麟：《少室山房笔丛》，中华书局1958年。

（明）袁宏道参评，屠隆点阅：《虞初志》，中国书店1986年影印扫叶山房1926年。

（明）范守己：《皇明肃皇外史》，《四库全书存目丛书》史部第52册，齐鲁书社1996年。

（明）沈德符：《万历野获编》，中华书局1997年。

（明）张居正：《张太岳集》，上海古籍出版社1984年。

（明）张铨：《国史纪闻》，《四库全书存目丛书》史部第17册，齐鲁书社1996年。

（明）朱睦㮮：《革除逸史》，中华书局1991年。

（明）张萱：《西园闻见录》，明文书局1940年。

（明）何乔远：《名山藏》，北京大学出版社1993年。

（明）孙承泽：《春明梦余录》，上海古籍出版社1993年。

（明）朱明镐：《史纠》，《景印文渊阁四库全书》第688册，台北：台湾商务印书馆1983年。

（明）谈迁：《枣林杂俎》，中华书局2006年。

（明）谈迁：《国榷》，张宗祥校点，中华书局1958年。

（明）方以智著，庞朴注：《东西均注释》，中华书局2001年。

（明）万斯同：《石园文集》，《续修四库全书》第1415册，上海古籍出版社2002年。

（清）张尔岐：《蒿庵闲话》，北京图书馆馆藏清康熙徐氏真合斋磁版印本。

（清）黄宗羲：《明儒学案》，中华书局2008年。

（清）张廷玉等：《明史》，中华书局1974年。

（清）全祖望：《鲒埼亭集》，上海商务印书馆1936年。

（清）顾炎武著，陈垣校注：《日知录校注》，安徽大学出版社2007年。

（清）李慈铭：《越缦堂读书记》，上海书店出版社2000年。

（清）赵翼：《廿二史札记》，中国书店1987年。

（清）刘继庄：《广阳杂记》，中华书局1985年。

（清）钱谦益：《牧斋有学集》，上海古籍出版社1996年。

（清）朱彝尊：《静志居诗话》，人民文学出版社1990年。

（清）顾炎武：《亭林诗文集》，商务印书馆1937年。

（清）鄂尔泰、张廷玉：《词林典故》，辽宁教育出版社 2003 年。

（清）永瑢等：《四库全书总目提要》，王云五主编：《万有文库本》，商务印书馆 1931 年。

《明实录》，台北：中研院历史语言研究所 1962 年影印。

赵尔巽等主编：《清史稿》，中华书局 1998 年。

薄音胡、王雄编辑点校：《明代蒙古汉籍史料汇编》，内蒙古大学出版社 2006 年。

厦门大学历史系主编：《李贽研究参考资料》，福建人民出版社 1975 年。

杨翼骧主编，乔治忠、朱洪斌编著：《增订中国史学史资料编年（元明卷）》，商务印书馆 2013 年。

（二）近、今人著述

容肇祖：《明代思想史》，开明书店 1941 年。

侯外庐：《中国思想通史》，人民出版社 1956 年。

徐复观：《学术与政治之间》，台北：台湾学生书局 1980 年。

谢国桢：《增订晚明史籍考》，上海古籍出版社 1981 年。

谢国桢：《明清笔记谈丛》，上海古籍出版社 1981 年。

张建业：《李贽评传》，福建人民出版社 1981 年。

谢国桢：《明末清初的学风》，人民出版社 1982 年。

刘承干编著：《明史例案》，文物出版社 1982 年。

罗正钧：《左宗棠年谱》，岳麓书社 1983 年。

孙德谦：《古书读法略例》，上海书店 1983 年。

仓修良、魏得良：《中国古代史学史简编》，黑龙江人民出版社 1983 年。

吴泽、杨翼骧主编：《中国历史大辞典 · 史学史》，上海辞书出版社 1983 年。

高国抗：《中国古代史学史概要》，广东高等教育出版社 1985 年。

白寿彝：《中国史学史》，上海人民出版社 1986 年。

陶懋炳：《中国古代史学史略》，湖南人民出版社 1987 年。

杨国荣：《王学通论》，上海三联书店 1990 年。

〔美〕牟复礼、〔英〕崔瑞德主编：《剑桥中国明代史》，中国社会科学出版社 1992 年。

许凌云主编：《儒学与中国史学》，山东大学出版社 1992 年。

李零：《中国方术考》，东方出版社1996年。

嵇文甫：《晚明思想史论》，东方出版社1996年。

姜胜利：《清人明史学探研》，南开大学出版社1997年。

侯外庐等主编：《宋明理学史》，人民出版社1997年。

罗仲辉编：《谈迁诗文集》，辽宁教育出版社1998年。

李小林：《万历官修本朝正史研究》，南开大学出版社1999年。

任冠文：《李贽史学思想研究》，广西师范大学出版社1999年。

瞿林东：《中国史学史纲》，北京出版社1999年。

金毓黻：《中国史学史》，河北教育出版社2000年。

柳诒征：《国史要义》，华东师范大学出版社2000年。

瞿林东：《中国古代史学批评纵横》，中华书局2000年。

钱茂伟：《明代史学编年考》，中国文联出版社2000年。

杜泽逊：《文献学概要》，中华书局2001年。

葛兆光：《中国思想史》，复旦大学出版社2001年。

钱茂伟：《明代史学的历程》，社会科学文献出版社2003年。

吴怀祺主编，向燕南著：《中国史学思想通史·明代卷》，黄山书社2002年。

傅玉璋、傅正：《明清史学史》，安徽大学出版社2003年。

许凌云：《儒家伦理与中国史学》，齐鲁书社2004年。

张秋升、王洪军主编：《中国儒学史研究》，齐鲁书社2004年。

杨艳秋：《明代史学探研》，人民出版社2005年。

白寿彝主编，向燕南、张越、罗炳良著：《中国史学史》第5卷《明清时期（1840年前）》，上海人民出版社2006年。

汪荣祖：《史学九章》，生活·读书·新知三联书店2006年。

谢国桢：《明末清初的学风》，上海书店出版社2006年。

孙卫国：《王世贞史学研究》，人民文学出版社2006年。

杨翼骧：《中国史学史讲义》，天津古籍出版社2006年。

吴怀祺：《中国史学思想史》，商务印书馆2007年。

阚红柳：《清初私家修史研究——以史家群体为研究对象》，人民出版社2008年。

乔治忠：《中国官方史学与私家史学》，北京图书馆出版社2008年。

孟森：《明史讲义》，中华书局2009年。

钱茂伟：《中国传统史学的范型嬗变》，黑龙江人民出版社

2010 年。

吴怀祺主编，白云著:《中国史学思想通论·历史编纂学思想卷》，福建人民出版社 2011 年。

段润秀:《官修〈明史〉的幕后功臣》，人民出版社 2011 年。

朱志先:《明人汉史学研究》，湖北人民出版社 2011 年。

瞿林东主编:《中国古代历史理论》，安徽人民出版社 2011 年。

廉敏:《明代历史理论研究》，中国社会科学出版社 2012 年。

刘开军:《晚清史学批评研究》，上海古籍出版社 2017 年。

瞿林东主编:《中国古代史学批评史》，湖南人民出版社 2020 年。

后　记

2014年，我从云南师范大学历史与行政学院硕士研究生毕业，来到天津师范大学读博。硕士研究生期间，导师白云每个月都督促读书、撰写读书札记，其间我对明代史学家李贽产生了兴趣。读博期间，导师张秋升对学生极尽耐心，又尊重学生的想法，我得以继续在明代史学的道路上探索。2017年回到母校云南师范大学工作，虽然博士毕业了，但始终觉得自己书读得不够，对两位导师的教诲和期望常感惶恐。

本书基本是在我的博士学位论文的基础上修改完成，有导师的辛勤指导，也凝聚了从硕士到博士期间我对明代史学的感悟。一路走来，无论是在学术上还是在生活上，我都得到了许多师长、亲人的提携和关爱。在博士毕业论文答辩会上，南开大学的乔治忠教授、姜胜利教授、李小林教授，天津师范大学的肖立军教授、毛曦教授都提出了很好的建议。本书得以出版，还要感谢云南师范大学的资助。

做学问本身就不是一件容易的事，更难的是能一直做自己喜欢的学问。感谢我的家人，他们没有休息日地帮我带孩子，照顾家庭。作为女儿，作为妻子，作为母亲，我是不称职的，读博和工作的六年间，我内心充满歉意和感激。

本书希望能借读者诸君之慧眼，助自己找到不足，也激励自己不畏前路漫漫，在感兴趣的领域继续耕耘。

曹姗姗

2021年2月于云南师范大学明德3号楼

图书在版编目(CIP)数据

明代中后期私撰史书研究 / 曹姗姗著. -- 北京：社会科学文献出版社，2023.5
（云南师范大学学术精品文库）
ISBN 978-7-5228-0284-8

Ⅰ.①明… Ⅱ.①曹… Ⅲ.①史籍-研究-中国-明代 Ⅳ.①K248.04

中国版本图书馆 CIP 数据核字(2022)第 103876 号

· 云南师范大学学术精品文库 ·
明代中后期私撰史书研究

著　　者 / 曹姗姗

出 版 人 / 王利民
责任编辑 / 赵　晨　汪延平
责任印制 / 王京美

出　　版 / 社会科学文献出版社 · 历史学分社（010）59367256
地址：北京市北三环中路甲 29 号院华龙大厦　邮编：100029
网址：www.ssap.com.cn
发　　行 / 社会科学文献出版社（010）59367028
印　　装 / 三河市龙林印务有限公司

规　　格 / 开　本：787mm × 1092mm　1/16
印　张：19.75　字　数：255千字
版　　次 / 2023 年 5 月第 1 版　2023 年 5 月第 1 次印刷
书　　号 / ISBN 978-7-5228-0284-8
定　　价 / 128.00 元

读者服务电话：4008918866